LES TROIS SIÈCLES PALINODIQUES

OU

HISTOIRE GÉNÉRALE

DES PALINODS DE ROUEN, DIEPPE, ETC.

PAR

Jos.-André GUIOT, de Rouen

Publiés pour la première fois, d'après le Manuscrit de Rouen,

Par l'Abbé A. TOUGARD

TOME PREMIER

ROUEN	PARIS
A. LESTRINGANT	A. PICARD ET FILS
Libraire de la Société de l'Histoire de Normandie,	Libraires de la Société de l'Ecole des Chartes,
11, RUE JEANNE-D'ARC, 11	82, RUE BONAPARTE, 82

1898

PALINODS

LES TROIS SIÈCLES PALINODIQUES

OU

HISTOIRE GÉNÉRALE

DES PALINODS DE ROUEN, DIEPPE, ETC.

PAR

Jos.-André GUIOT, de Rouen

Publiés pour la première fois, d'après le Manuscrit de Rouen,

Par l'Abbé A. TOUGARD

TOME PREMIER

ROUEN	PARIS
A. LESTRINGANT	A. PICARD ET FILS
Libraire de la Société de l'Histoire de Normandie,	Libraires de la Société de l'Ecole des Chartes,
11, RUE JEANNE-D'ARC, 11	82, RUE BONAPARTE, 82

1898

EXTRAIT DU RÈGLEMENT

Art. 16. — Aucun volume ou fascicule ne peut être livré à l'impression qu'en vertu d'une délibération du Conseil, prise au vu de la déclaration du Commissaire délégué, et, lorsqu'il y aura lieu, de l'avis du Comité intéressé, portant que le travail *est digne d'être publié*. Cette déclaration est imprimée au verso de la feuille du titre du premier volume de chaque ouvrage.

Le Conseil, vu la déclaration de M. Héron, *commissaire délégué, portant que* les Trois Siècles palinodiques *lui ont paru dignes d'être publiés par la* Société de l'Histoire de Normandie, *après en avoir délibéré, décide que cet ouvrage sera livré à l'impression.*

Fait à Rouen, le 6 janvier 1898.

Le Secrétaire de la Société,
P. Le Verdier.

INTRODUCTION

L'un des vétérans de l'histoire et de l'archéologie locales se demandait, il y a quelque trente ans, si l'heure n'était pas venue de rétablir l'Académie des Palinods.

Sans examiner, question toujours délicate, si l'état des esprits rendrait plus aisée aujourd'hui cette entreprise, on peut sûrement constater que les Palinods ont bien conquis leur modeste place dans nos anciennes institutions littéraires ; et les traités les plus élémentaires leur accordent au moins une mention à la suite des Jeux floraux. D'ailleurs, un de nos érudits justement estimés en annonce une histoire étendue (1).

Toute institution religieuse de quelque importance acquiert par la force des choses une influence sociale considérable : nos foires créées à la suite des pèlerinages, nos paroisses et nos bourgs agglomérés auprès des prieurés et des abbayes en sont des preuves bien connues. Ainsi en fut-il des Palinods, dont Millin écrivait en pleine Révolution : « Cette association était dans son origine purement religieuse. Les membres ne s'occupaient qu'à des exercices de dévotion : mais quand les lettres commen-

---

(1) M. Eug. de Beaurepaire, en tête de la réimpression des *Palinods* de Vidoue pour les Bibliophiles normands. Rouen, 1897 ; pet. in-4°.

cèrent à sortir de la barbarie (1), cette Société devint à la fois littéraire et religieuse (2). » Un petit groupe de fidèles réunis pour offrir à la Mère de Dieu quelques pieuses poésies, souvent œuvres de plumes novices, parfois assez pauvres de pensées et de style, n'en a pas moins développé sans prétention et sans bruit une pépinière poétique dont les écrits rempliraient aujourd'hui plusieurs gros volumes (3).

Le 8 décembre, date où s'assemblait cette Académie, était, comme chacun sait, *la fête aux Normands*. On en a conclu que les Normands avaient les premiers solennisé ce jour. Deux éclaircissements sont nécessaires. C'est à Paris que la Conception de la Sainte-Vierge s'était appelée « la fête aux Normands », à cause de la dévotion spéciale dont l'entouraient les élèves de la nation normande dans l'Université. Quant à l'origine de la fête, contrairement à plusieurs autres qui se sont d'abord célébrées en France, celle-ci vient de l'Église orientale, et a naturellement traversé l'Italie avant d'arriver jusqu'à nous. Un document positif prouve qu'à Rouen elle est tout au plus contemporaine de la dédicace de la Cathédrale par le B^x Maurille. Car Jean d'Avranches, dans le

---

(1) « La barbarie » est le trait de plume que les contemporains de Voltaire passaient sur les auteurs et leurs œuvres depuis Claudien jusqu'à Malherbe.

(2) *Antiquités nationales*, III, Palais-de-Justice, p. 13.

(3) Pour les Palinods comme en tout le reste, le *Manuel* d'E. Frère reste le *principium et fons* bibliographique. Il a été donné au savant libraire de reprendre cette question en tête (p. xix-xxvi) de la réimpression qu'il a faite pour les Bibliophiles de l'*Approbation de cette Confrérie par Léon X*. Rouen, 1864 ; pet. in-4°.

célèbre traité *de Officiis ecclesiasticis* qu'il offrit à ce pontife, ne nomme même pas la Conception (1); ce qui la fait descendre à la seconde moitié du xie siècle.

Malgré leur légitime réputation, les Palinods sont devenus l'objet d'assez curieuses méprises. Pour un estimable académicien de Toulouse, ils ont été fondés après la Réforme pour défendre l'honneur de la Mère de Dieu contre les blasphèmes de l'hérésie (2).

Cela suppose que leur nom n'est qu'une variante de *palinodie*, alors qu'il paraît bien emprunté directement aux deux mots racines. Cette erreur, malgré les bonnes explications déjà données par Ménage et Moreri, a si bien fait son chemin que Littré l'a adoptée (3).

Nos pères, en général, avaient trop peu le souci de leurs actes et de leurs écrits. Ce ne fut que de loin en loin qu'on s'avisa de faire des recueils des Palinods; et leurs premiers fascicules imprimés ne sont guère plus grands ni mieux soignés que nos plus vulgaires classiques. Dans la seconde moitié du xviiie siècle, le perfectionnement des moyens de publicité enhardit à faire des volumes plus grands et plus forts.

(1) Après son long et curieux cérémonial de l'Assomption, l'auteur ajoute seulement : *Eodem modo et Nativitas ejusdem* [B. M. V.] *et Purificatio et Annuntiatio* (p. 81, éd. 1679). Voir en outre le remarquable article de M. l'abbé Vacandard, *Revue des questions historiques,* janvier 1897 (LXI, 166).

(2) Des Barreaux-Bernard, *Les Lanternistes* (Académie de Toulouse), p. 27-28. (Paris, 1858; in-8°).

(3) Littré s'est soigneusement corrigé dans son supplément (p. 372). Mais une faute de lecture l'y a fait alléguer un auteur imaginaire : « G. Descard », pour *Godescard.*

On n'en allait pas moins au jour le jour (sauf pourtant la liste alphabétique de tous les poètes palinodiques du xviiie siècle, publiée à la suite de l'année 1781), quand parut le seul historien de l'institution vers le temps même où elle allait disparaître. C'était le prêtre rouennais Guiot (1), dont l'Histoire de Normandie imprime aujourd'hui le travail le plus considérable sur le Puy de la Conception (2).

Guiot semble avoir été avant tout un grand chasseur de toutes les notes plus ou moins utiles qui venaient à sa portée, mais il paraît n'avoir eu aucun goût pour la sécheresse des statistiques modernes; puisque, sauf le nom *Perchehaye*, il ne s'est jamais borné à inscrire un nom, une date ou un titre de pièce : cela est si vrai, qu'il n'a pas minutieusement repris tous les documents de la liste de 1781, pas plus qu'il n'a écrit un article sur chacun des auteurs que Vidoue nous a conservés vers 1525.

Nos procédés actuels de travail ne conçoivent guère qu'avant d'aborder sa tâche, il n'ait pas tenu à en mesurer l'étendue, en recueillant et en classant les noms de tous les poètes, de tous les juges et de tous les Princes du Palinod. Il eût ainsi marché d'un pas plus ferme au

---

(1) Guiot était si bien connu comme l'annaliste attitré du Puy, que ce fut à lui que Godescard demanda la note qu'il a insérée dans sa *Vie des saints*, au 8 décembre.

(2) La Bibliothèque de Rouen possède sept autres manuscrits de Guiot relatifs aux Palinods : l'*Histoire de l'Académie*... 2 vol.; — Registre concernant les règlements; — *Copie de chants royaux*, 3 vol.; — *Table chronologique*... (Catalogue Omont, n°s 1050, 2678, 2679, 2680, 2681, 1066, 1061).

milieu même des obscurités et des déceptions de ses enquêtes biographiques.

De quelque soin que témoigne sa rédaction, ses notes sommaires n'ont qu'un intérêt médiocre. En revanche, ses articles les plus développés rivalisent avec les bons écrits du temps, sauf parfois certains relatifs qui rendent la phrase embarrassée et obscure.

Durant près de quarante ans, Guiot dut avoir présentes à la pensée ces annales palinodiques (1). En dépit des lacunes et des endroits faibles de son livre, il en fit une œuvre utile et plus méritoire encore : car, malgré tant de publications excellentes qui touchent de près ou de loin à son sujet, elle reste, un siècle après son auteur, une fructueuse contribution à l'histoire littéraire de la Normandie.

Le plan de l'ouvrage l'a rehaussé d'un intérêt plus général et non moins piquant. Les centaines de vers, perdus ou à peu près inaccessibles à la majorité des lecteurs, qu'il entremêle à ses notices, ajoutent un notable chapitre à l'histoire des lettres françaises et offrent un manuel varié de poésies sacrées depuis Charles VIII jusqu'à Louis XVI. A des stances des meilleures années du grand siècle, à des odes de second ordre, mais d'une inspiration et d'une facture excellentes, succèdent çà et là des fragments étranges, non seulement par la rime encore irrégulière, et la langue encore mal assouplie, mais surtout par des idées baroques et extravagantes qui

---

(1) Comme on le voit par l'article Villoison, Guiot travaillait encore à son ouvrage, au moins par des retouches, en mai 1805, c'est-à-dire deux ans avant sa mort.

feraient fuir nos contemporains ou provoqueraient leurs railleries.

Il semble en vérité qu'une sorte d'influenza intellectuelle attaque parfois les cerveaux lettrés. Après nous être demandé avec stupéfaction comment les équipées oratoires de nos braves échevins rouennais rappellent si fidèlement la triomphale éloquence de Petit-Jean :

> Quand je vois les Césars, quand je vois leur fortune ;
> Quand je vois le soleil....;

il nous faut aujourd'hui examiner quel phénomène mental a réduit nos pères à se creuser assez l'imagination en arrière du bon sens pour en extraire, par motif religieux, des élucubrations aussi pitoyables. Peut-être les chicanera-t-on moins sur les pauvres jeux de mots dont ils les ont émaillées. Ces infirmités de la plume ont résisté à toute la verve de Molière (1) dans la cour du grand roi ; ne demeurent-elles pas le fonds de nombreuses chansons populaires, auxquelles les hommes les plus sérieux ne se défendent pas toujours d'applaudir ?

Ces *Trois Siècles palinodiques* sont ici publiés d'après le ms. Y 50 (*Omont*, n° 2677), ancien fonds Martainville, bien connu des nombreux travailleurs qui l'ont souvent mis à contribution (2).

---

(1) « La jolie façon de plaisanter... ; et qu'un homme montre d'esprit lorsqu'il vient vous dire : « Madame, vous êtes dans la place Royale ; et tout le « monde vous voit de trois lieues de Paris, car chacun vous voit de bon œil ; » à cause que Boneuil est un village à trois lieues d'ici. Cela n'est-il pas bien galant et bien spirituel ! (*Critique de l'École des Femmes*, sc. 1.) »

(2) Il a été impossible d'obtenir communication du ms. de la Biblio-

C'est un petit in-folio de 537 pages, relié en parchemin vert. Il comprend quatre parties :

Les Trois siècles palinodiques, p. 1-402. C'est le corps même de l'ouvrage, et la seule partie dont l'impression fût vraiment désirable ;

Table comparative des trois siècles réduits à un seul (chaque page y est divisée en quatre, puis en trois colonnes, chacune étant affectée à un siècle et donnant pour chaque année le Prince, les juges et les poètes), p. 403-504 ;

Prix des Palinods, leurs fondateurs et leurs symboles, avec les auteurs qui les ont remportés, p. 505-534.

État de l'Académie de la Conception en 1789, p. 535-537.

Pour qui publie quelque écrivain d'un autre âge, une tâche souvent laborieuse est celle d'en offrir à ses lecteurs un portrait d'une exacte ressemblance. Le digne abbé Guiot y a doublement pourvu de fort bonne grâce.

Au cours même de son livre, il a inséré un bon modèle de déposition en sa propre cause. Et là il renvoie à des « mémoires olographes », qui peuvent laisser une moins favorable impression par quelques retours plus personnels. L'ensemble en est d'ailleurs satisfaisant, et touche assez à notre histoire littéraire pour les faire imprimer avec l'orthographe où nous les a conservés un ms. de Rouen (Omont, 2012, p. 278-290). Ce morceau se rencontre aussi dans un ms. de Guiot que possède la

---

thèque de Caen, qu'on croit être l'original. Mais l'extrême obligeance de M. Gasté, notre éminent confrère, a bien voulu collationner les lignes vraiment douteuses.

Bibliothèque de Corbeil. L'année dernière, M. le bibliothécaire Dufour en a fait l'objet d'un intéressant article intitulé *une Autobiographie*, qu'il a inséré dans le *Bulletin de la Société historique et archéologique de Corbeil* (III, 28-46). Les variantes notables de son texte seront signalées en note.

Chacune des notices pourrait être l'objet d'une véritable monographie. C'est trop dire combien l'éditeur est demeuré au-dessous de sa tâche ; et combien les membres de l'Histoire de Normandie auront à regretter qu'un savant parfaitement versé dans notre passé local, M. Bouquet, par exemple, n'ait pas donné ses soins à cette galerie palinodique.

L'abbé A. TOUGARD.

Petit Séminaire de Rouen
(Ancien prieuré du Mont-aux-Malades)
19 mars 1898.

MÉMOIRES (1)

CONCERNANT LE DERNIER PRIEUR DE SAINT-GUENAULT

Plusieurs personnes ont donné leur propre vie au public. S. Grégoire de Nazianze l'a fait dans un long poème à la tête de ses poésies, dans lesquelles il revient souvent à son histoire. Huet, évêque d'Avranches, a composé un ouvrage *De rebus ad eum pertinentibus*. Beaucoup d'autres les ont imités, même des femmes ; et leurs écrits, sous le nom de mémoires ou de confessions, sont assés connus. Ils ont écrit sans affectation et seulement pour l'amour de la vérité. C'est dans les mêmes dispositions qu'on a mis sur le papier ce qui suit.

Urbain IV étoit né à Troïes dans une des plus basses conditions ; et les biographes ne l'ont pas dissimulé à son article, ni à celui de tant d'autres, tels que Jean Baluë, J.-B. Rousseau (2), et de nos jours, dit-on, Jean Maurry (3), dont la naissance n'étoit pas relevée à beau-

---

(1) Pour ces *Mémoires* seuls nous conservons l'orthographe du manuscrit, et nous en indiquons les variantes.

Dans l'*Autobiographie* le titre est : *Mémoires olographes du soixantième et dernier prieur-curé de Saint-Guenault, à Corbeil.*

(2) Les huit mots suivants en surcharge. « Dit-on » ajouté à la seconde rédaction.

(3) Malgré l'orthographe, il s'agit évidemment du fameux abbé Maury,

coup près (1). Telle fut aussi l'origine de Joseph-André Guiot à Rouen, le 31 janvier 1739. Ses père et mère étoient de Jumiéges, et sont morts dans cette ville, après avoir été près d'un demi-siècle au service d'une petite paroisse, ditte de Saint-Cande-le-Jeune. C'est dans cette église et comme à l'ombre de l'autel qu'il fut élevé. Alors en étoit curé Pierre Auber, à qui une éducation à peu près semblable rendit cher cet enfant, dont il voulut être le premier maitre dans le chant qu'il possédoit parfaitement. Les dispositions de son élève lui en firent découvrir pour d'autres sciences ; et afin de l'y former, il le mit en d'excellentes mains en le confiant à Louis Morizet, un de ses parens et habitué à Saint-Maclou, Maître ès arts en l'Université de Paris.

La détresse des tems obligea d'économiser en profitant des répétitions gratuites du séminaire de Saint-Nicaise. On perdit beaucoup au changement, et l'enfant se trouva au-dessous des médiocres au milieu de ses humanités. Il

dès lors membre de l'Académie française, et qui devait plus tard devenir cardinal.

Fils d'un cordonnier, comme J.-B. Rousseau, il paraît qu'il rougissait comme lui de cette origine et en faisait mystère, puisque Guiot n'en parle qu'avec hésitation. Malgré une prophétie plus ou moins authentique sur sa future célébrité, Maury eut les débuts les plus laborieux, à en croire la Harpe :

« Cet auteur est une preuve de ce que peut le travail obstiné et la force des organes. Il a travaillé jusqu'à l'âge de quarante ans dans l'obscurité et la pauvreté, sans pouvoir vaincre ni l'une ni l'autre. Il était né avec de l'esprit ; et, se levant tous les jours à cinq heures du matin, étudiant jusqu'au soir, il avait acquis des connaissances littéraires. Cependant il ne subsistait encore que de répétitions de latin ou de géographie qu'il faisait en ville, et d'épreuves d'imprimerie qu'il corrigeait (*Correspondance littéraire*, II, 38). »

(1) Ces trois derniers mots ajoutés.

revint à son premier instituteur, et sa rhétorique finit par des succès marqués. Dès auparavant, le maître avait cru pouvoir abandonner le disciple à lui-même, sauf à le redresser encore s'il venait à s'écarter. Et cette liberté, loin d'être un écueil, fut au contraire l'époque d'une application constante qui ne se démentit jamais. Elle fut même portée si loin qu'on étoit obligé de le surveiller pour l'empêcher de passer les nuits à l'étude. On doit juger par là si le jeu, la promenade, ou autre dissipation étoient et pouvoient être du goût du laborieux adolescent. C'étoit à des choses qui pouvoient exercer son industrie qu'il s'occupoit en forme de délassement, comme hydraulique, machines et décorations, ecclésiastiques surtout ; ce qui décelait son penchant pour un état qu'il s'est souvent félicité de n'avoir embrassé par aucune considération humaine. Il y fut irrévocablement fixé par le soudiaconat, en septembre 1760, sous et par M. de la Rochefoucauld, son métropolitain. Il fut ordonné diacre à Lisieux pour Noël 1761, et reçut la prêtrise à Meaux la veille de la Trinité en 1763.

Le vicariat de sa paroisse natale l'attendait à son retour, et il le desservit durant trois ans environ. Les détails qu'il exigeoit avec un curé toujours infirme empêchant le jeune prêtre de se livrer à l'étude, dont il sentoit de jour en jour le besoin, l'obligèrent de quitter cette place dès 1765, sans toutefois refuser ses services au même troupeau. Trois autres années à peu près se passèrent ainsi dans l'application à l'étude et dans l'exercice de la chaire. Quelques nuages s'élevèrent sur des jours si tranquilles et si heureux ; et malgré les plus fortes attaches, il préféra le séjour de la capitale du roïaume à celui de Rouen, et se retira à Paris en juin 1769.

La Providence le plaça dans une des premières paroisses (à Saint-Roch), et il ne tarda pas à s'y distinguer parmi les plus zélés ecclésiastiques. Son goût pour l'étude et par conséquent pour la retraite y étoit cependant trop contrarié par les charges du ministère, pour ne pas chercher une situation plus analogue à cette inclination dominante. L'abbaye de Saint-Victor lui parut préférable à toute autre communauté pour la permanence, et il s'y ensevelit en février 1772, la veille de S. Mathias. Il aimoit souvent à rapprocher les circonstances de sa naissance dans une paroisse, anciennement de Saint-Victor, le jour (1) d'un autre martyr aussi célèbre (S. Ignace d'Antioche), avec le second baptême qu'il se disposa à recevoir par la profession religieuse, la vigile d'une fête d'apôtre. Jamais année ne lui parut plus courte ni plus tranquille que celle de son noviciat. Il n'en fut pas plus tôt sorti comme disciple, qu'il y rentra comme maître et directeur par l'ordre de ses supérieurs.

Il le quitta malgré eux, au bout de dix-huit mois, pour trouver ce qu'il avoit toujours désiré, la jouissance de lui-même. Son désintéressement servoit merveilleusement l'ambition de ses confrères, et il ne fut remis que long-tems après en place ; mais c'étoit celle dont le choix honoroit davantage ceux qui le firent, et celui sur qui il tomba : il s'agissoit de la garde de la bibliothèque. Nourri de livres toute sa vie, au milieu de ceux qu'il avoit en

---

(1) Toute l'Église fête S. Ignace le 1ᵉʳ février. La phrase de Guiot peut faire supposer que Saint-Cande l'anticipait au 31 janvier.

grand nombre à Rouen, il ne se trouva point étranger dans l'antique musée de Saint-Victor (1). Cette bibliothèque étoit alors partagée en deux corps séparés et fort éloignés l'un de l'autre. Le premier soin du nouveau bibliothécaire fut de réunir cette immensité de volumes sous une même clef. Et si l'ordre qu'il y mit n'étoit pas absolument le meilleur (2), du moins il n'étoit pas sans exemple; et il eût subsisté, si lui-même n'eût pas quitté cette place pour un prieuré-cure à Corbeil-sur-Seine (3). Il falloit qu'il eût de grandes raisons pour en agir ainsi,

(1) L'école de l'abbaye de Saint-Victor fut, au moyen âge, « une des plus fameuses de toute la chrétienté (D. Félibien, *Hist. de Paris*, I, 147). »

Quant à sa bibliothèque, que Mgr de Harlay vantait déjà en 1645 dans son *Histoire ecclésiastique*, Guiot semble en avoir été le premier historien dans la *France littéraire* de 1784. Voici son article (p. 33) :

« Cette Bibliothèque est une des plus anciennes et des plus nombreuses, soit pour les livres imprimés, soit pour les manuscrits. Elle a été successivement augmentée par les donations de MM. du Bouchet de Bournonville, Cousin et de Tralage. C'est à la mort du premier de ces trois principaux bienfaiteurs [en 1654], qu'elle est devenue publique les lundis, mercredis et samedis, excepté depuis le 15 août jusqu'au 18 octobre. Le service en a été interrompu à cause du nouveau bâtiment ajouté à l'ancien. Cette vacance cessera dès qu'il sera entièrement achevé.

« *Bibliothécaire*, M. Guiot, chanoine régulier.

« Sous-Bibliothécaire, M. Laurent, *item*. »

Dans le *Bulletin du Bibliophile* du 15 mars dernier, M. Léopold Delisle a cité un certain nombre de mss. de Saint-Victor, pour les soins particuliers dont ils avaient été l'objet.

(2) Selon la remarque d'un bibliophile des plus distingués, quel que soit l'ordre adopté dans le classement des livres, on n'en est jamais pleinement satisfait.

Aussi M. Funck-Brentano a-t-il pu compter cent trente systèmes de classement dans les bibliothèques (*La Quinzaine*, 16 janvier 1898, p. 288).

(3) Corbeil, chef-lieu d'arrondissement de Seine-et-Oise.

et sacrifier l'objet de sa plus chère inclination. Ce fut en mai 1785.

Une vaste masure à détruire, un plus vaste édifice à élever, tout à créer et à payer, telles furent les charges du nouveau bénéficier (1). Il étoit sur le point de jouir de ses travaux, lorsqu'arriva la révolution de 1789 qui l'en priva entièrement.

La variété des lieux et des situations où s'est trouvé le prieur de Saint-Guenault, celle des fonctions et des devoirs qu'il s'est toujours picqué de remplir avec exactitude, ont décidé des différentes sortes de compositions dont il s'est occuppé durant sa vie. Le cours des études ordinaires étant fini de très bonne heure (2), il se trouva engagé à se tourner du côté de l'éducation; mais il ne consentit à en suivre que de particulières; et après en avoir fait ou plutôt achevé deux, il composa un poème intitulé *Aristopedia,* à l'instar et en forme de supplément à la *Pédotrophie* de Sainte-Marthe, et à la *Callipédie* de Quillet. Si cet ouvrage manque d'une certaine perfection, c'est que le temps et les circonstances n'ont jamais permis à l'auteur de la lui donner.

Auparavant, et durant le cours de ces éducations privées, il avoit formé à l'usage de ses élèves et à celui des collèges un recueil de poésies françoises traduites en vers latins, à l'exemple de feu l'abbé Saas, chanoine de Rouen et son ami, lequel en 1738 en avoit publié un semblable (3),

---

(1) Le prieuré reconstruit par Guiot est aujourd'hui la mairie de la ville de Corbeil.

(2) Suivent deux mots effacés : *pour lui.*

(3) *Fables choisies de La Fontaine,* 1 vol. in-12.

mais moins étendu et moins méthodique que celui-ci, qui est cependant resté manuscrit, quoique plusieurs fois accepté par les libraires pour l'impression.

De là élancé dès la prêtrise, et même antérieurement, dans la carrière évangélique, d'assés nombreux discours furent le fruit de son application. Mais il ne conserva que ceux qui pouvoient entrer dans les stations qu'il prêcha pendant près de vingt ans à Rouen et à Paris. Pour y réussir, il s'étoit fait un répertoire de tout ce qui pouvoit lui servir dans ses sermons. Et persuadé qu'il pourroit être un jour de quelque utilité à d'autres, il y a ajouté des tables, pour en donner la clef. Ce gros in-folio a pour titre *Tyrocinium apostolicum*.

Dans sa jeunesse il avoit aimé à suivre les prédicateurs, surtout les étrangers; et c'est autant aux pieds des chaires qu'il s'étoit instruit et formé que dans les livres, c'est-à-dire dans l'Ecriture et les Pères : car c'est une chose vraye, quoique difficile à croire, les sermonaires, dont il avoit néanmoins un très grand nombre n'étoient pas ceux qu'il lisoit le plus, et il leur préféroit les ouvrages ascétiques. Son système étoit de ne copier personne, et il eût craint qu'en se rendant trop familiers les anciens prédicateurs, il n'adoptât presque malgré lui leurs plans et leurs descriptions. Arrivé dans la capitale avec la plus haute idée de ceux qui s'y distinguaient dans la prédication, il n'en eut pas moins d'ardeur à les entendre; et pas une des listes où leurs noms s'inscrivoient chaque année ne lui échappa. Ce catalogue s'étant grossi au bout d'un certain temps, il en fit un manuel qui pouvoit être agréable au public, en rédigeant son *Indicateur aposto-*

lique, in-4° de 358 pages. Le livre étoit approuvé à la censure, lorsque vint à mourir M. de Beaumont, archevêque de Paris (1). Ce contretems fit perdre courage au rédacteur, et le recueil ne parut point.

Une autre nomenclature de cette espèce manquoit au diocèse. C'étoit un *Almanach ecclésiastique,* différent de celui connu sous le nom d'*Almanach spirituel,* et beaucoup plus détaillé. Ce qui regarde l'Église de Paris est à la vérité répandu dans diverses éphémérides, telles que l'*Almanach royal* et la *France ecclésiastique;* mais tout ce qui a trait à l'Église et au diocèse de Paris ne s'y trouve pas; et il se proposa de le renfermer dans un petit ouvrage exprès, dont le succès lui paroissoit assuré. Déjà l'*Histoire du Diocèse* par l'abbé Lebeuf avoit été composée et abrégée dans ce dessein (2), lorsque le désastre arrivé dans le clergé en 1789 fit avorter ce projet et abandonner encore cette entreprise.

Toute espèce de lecture avoit servi à la compilation apostolique dont mention a été faite ci-dessus, mais surtout celle de l'Écriture sainte. La moisson parut si abondante dans ce seul champ qu'il en sépara tout ce qui ne pouvoit entrer dans la composition de ses sermons, pour en faire à part un recueil intéressant pour les savans, sous le titre de *Bible des gens de lettres* (3). Ce n'était au

---

(1) Cette phrase prouve que l'*Indicateur* fut achevé au plus tard en 1781, Mgr de Beaumont étant mort le 12 décembre de cette année.

(2) Une réimpression de l'*Histoire du diocèse de Paris,* entreprise par le savant H. Cocheris, n'a pas été terminée. Mais une seconde édition de cette *Histoire* estimée a récemment paru.

Quant à l'*Abrégé* dont parle Guiot, il n'en est fait mention nulle part. Ne serait-ce pas lui qui l'aurait rédigé?

(3) « Grand in-folio, » ajoute l'*Autobiographie.*

fond qu'une extension d'une partie de la *Bibliothèque sacrée* du P. Lelong. Ce bibliographe avoit oublié ou ignoré quantité de poésies sacrées relatives à son sujet. Et c'est comme pour réparer cette négligence que l'auteur Victorin s'est tracé un plan différent, pour embrasser mille choses importantes que ne renfermoit pas celui de l'oratorien.

Un ouvrage plus complet et sorti de la même plume est la traduction de l'*Avertissement* de Vincent de Lérins (1). Il avoit été entrepris à la sollicitation de M. Bégile, ancien supérieur du séminaire de Saint-Nicolas-du-Chardonnet à Paris, qui avoit dessein de faire entrer cette nouvelle version dans deux volumes de pièces polémiques en faveur de la religion.

La poésie, on l'a déjà dû observer, étoit un des premiers talens du prieur de Saint-Guenault. Après s'être essayé sur des sujets de peu d'étendue, il en embrassa de plus longue haleine. Deux ébauches de poème (2), l'un sur *la Ruine de Jérusalem,* l'autre sur *la Conception de la Vierge* en sont la preuve. Il n'a manqué que le tems au poète pour mettre l'un des deux en ordre et à exécution. Le canevas du premier est le plus avancé ; et cependant c'est au second qu'il se fût attaché de préférence, s'il n'eût pas été continuellement détourné par des affaires et des peines de toute espèce.

L'hymnographie, dont il a commencé un traité, eut

---

(1) En 1747 on connaissait au moins cinq traductions françaises du *Commonitorium* (D. Ceillier, *Histoire gén. des Auteurs ecclés.*, XIII, 580).

(2) « De poëmes épiques, » dit l'*Autob.* ; et plus loin : « Il n'a manqué que des lecteurs au..... »

toujours pour lui beaucoup d'attraits. Elevé dans l'Eglise, et sans cesse emploïé au culte divin, le chant dans lequel il passoit pour exceller, lui parut toujours (1) peu de chose, s'il n'étoit pas accompagné d'images et d'expressions dignes de la religion et de ses mystères. Et comme l'hymne demandoit moins de temps qu'un long poème, il se livroit plus facilement à son génie, quand il se présentoit quelque occasion de l'exercer. On canonisoit à Paris la bienheureuse de Chantal en 1772 ; aussitôt il voulut payer son tribut à la nouvelle sainte : et il renferma toute sa vie dans un certain nombre d'hymnes pour tous ses offices. Un de ses plus dignes amis l'invite à prêcher le Rosaire dans une de ses paroisses seigneuriales : il en revint (2) tout au rebours de la Motte, qui sortit de la Trappe avec les matériaux d'un opéra dans sa poche. De nouvelles hymnes pour cette solennité furent composées, partie au château d'Acq..... (3), partie en retournant à la capitale. Une autre occasion de se distinguer (4) dans ce genre l'y attendoit. Le feu curé de Saint-Roch vouloit établir une fête en l'honneur du Triomphe de la Foi. Le Victorin fut prié d'en composer les hymnes ; mais sa mauvaise étoile voulut que d'autres lui fussent préférés. Il eut cependant le mérite de leur avoir tracé la route ; et la comparaison des hymnes imprimées avec les

---

(1) *Autob.*, «..... parut toujours trop peu de chose. »

(2) Cette phrase manque dans l'*Autobiographie*.

(3) L'*Autob.* a le mot en toutes lettres : Acquigny (près de Louviers, *Eure*). L'ami qui vient d'être nommé est M. d'Esneval, seigneur de Pavilly et d'Acquigny.

(4) « De travailler en ce genre. » *Autob.*

manuscrites feroit voir ce que les vainqueurs doivent à leur rival.

Une troisième collection pareille aux précédentes est celle des hymnes en l'honneur de S. Spire (1), patron de Corbeil. Il s'agissoit d'effacer le P. Gourdan, auteur de celles usitées dans la collégiale de ce nom depuis 1715; et longtems il respecta les productions de son bienheureux devancier. A la fin néanmoins il céda à des invitations puissantes et travailla à des hymnes nouvelles pour la fête du saint et pour sa translation. Il fit plus ; et comme il étoit question d'une dévotion publique et populaire, il mit le tout en vers françois, sous le titre de *Cantiques*. Les airs exigeoient de la gravure ; il n'eut pas recours à d'autre art pour en imprimer les paroles. Ce cahier est in-8°, la musique en est exacte et soignée. Une neuvaine (2) pour chaque jour de l'octave dans la Translation de S. Spire fut aussi composée dans le même esprit, et n'attend pour sa publication qu'un tems plus favorable et plus tranquille.

Dans l'intervalle de ces divers essais, le studieux solitaire avait (3) entrepris de mettre en vers latins l'*Imitation de Jésus-Christ*. Il ne connoissoit que la traduction de Boisguilbert, lorsqu'il y pensa, et ne désespéra pas de faire mieux. Ce fut dans ses promenades aux Thuileries et à l'ancien palais Roïal qu'il traduisit le premier livre ; le second le fut dans le jardin de Saint-Victor durant son

---

(1) L'*Autob*. ajoute : « Evêque de Bayeux. »

(2) *Autob*. : « Une neuvaine d'exercices pour chaque jour dans l'octave de la translation... »

(3) Autrefois, *effacé*.

noviciat. Il versifia à la même époque la règle de S. Augustin dont il alloit faire profession (1). La prédication qu'il reprit en 1773, et la connoissance qu'il eut d'une seconde version poétique de l'Imitation par un bénédictin (2), lui firent interrompre ce travail, malgré le désir de finir les deux autres livres, surtout le quatrième dont il n'a traduit qu'un seul chapitre. Quelque temps après (en 1776) la Société littéraire de Rotterdam proposa un programme sur l'*Horreur que Dieu a du péché*. Ce sujet fut traité en vers élégiaques par l'auteur des poésies précédentes et imprimé au burin, comme depuis les cantiques de S. Spire.

Sa dévotion constante à la Vierge lui fit rassembler avec soin tous les faits qu'il a réunis par dattes dans un *Parthénologe*; et tous les *Magnificat* en vers latins et françois, pour enrichir un livre de méditations partagées en autant de chapitres qu'il y a de versets à ce cantique.

Il n'étoit pas encore bibliothécaire de Saint-Victor, lorsque d'une station à l'autre il se mit à un travail bien différent des précédents, en continuant *la France littéraire*, commencée par Duport du Tertre, et suivie par l'abbé Delaporte. Le quatrième volume parut presque la première année de sa gestion dans cette place (en 1784), et ce fut comme son morceau de réception (3). Le change-

---

(1) L'*Autob.* ajoute : « Et il l'intitula *Horologium Augustinianum*. »

(2) Cette traduction ne doit pas avoir été imprimée. Car elle n'est pas citée dans la *Bibliothèque..... de la Congrégation de Saint-Maur*, par de Lama; 1882, in-12.

(3) On s'accorde à dire que ce volume est bien inférieur aux deux premiers (1769). Il n'en suppose pas moins une grande application, eu égard au peu de temps employé à sa rédaction.

ment d'état et plus encore les troubles civils ont depuis éloigné jusqu'à l'idée de refondre un ouvrage jugé jusqu'alors essentiel dans la littérature française.

Le goût de l'histoire ne paraissoit guère devoir être dominant dans le prédicateur et le poëte : mais il se développa du moment qu'il eût intérêt à faire des recherches pour sa propre instruction. La place de juge, puis de secrétaire qu'il occupa dans l'académie de l'Immaculée Conception à Rouen, où il avoit été plusieurs fois couronné, le mit dans la nécessité de travailler aux antiquités de cette compagnie ; et son éloignement ne put jamais ralentir son zèle et son dévoûment (1). Au défaut de matériaux pour en composer l'histoire, il recueilloit tout ce qui avoit rapport à celle de la ville et de la province dont cette association étoit le premier lycée : de manière que, le nombre de ses mémoires s'étant accru, il se mit à les classer pour en faire avec le tems un cours complet d'histoire. Aucune partie toutefois n'a pu être traitée de suite, ni avec assés de perfection, à raison des événemens publics et particuliers qui ont amené tant de changemens dans les choses et dans les conditions. Il n'y a peut-être d'un côté que la partie littéraire qui pourroit être fondue avec quelque succès ; et d'une autre part que l'histoire de l'Académie de la Conception qui soit avancée.

(1) « Nous avons dans la Bibliothèque de Corbeil, en écrit le conservateur, plusieurs volumes sur les palinods qui viennent de l'abbé Guiot. Il y a huit volumes in-12, interfoliés de papier blanc, où Guiot a consigné de nombreuses notes. Lui-même a formé ce recueil, composé de pièces détachées et imprimées à Rouen, avec titre particulier le plus souvent. Il s'y trouve des lettres manuscrites et quelques gravures. Les dates extrêmes de ces pièces vont de 1700 à 1781. » (*Lettre de M. A. Dufour*, 15 mars 1898.)

Dans la province, c'étoit Rouen et sa plus ancienne Académie qui l'attachoient et faisoient l'objet de ses recherches ; et ce soin ne perdit rien de son activité, étant à Paris. Elle fut même d'autant plus grande qu'il avoit plus de secours pour réussir dans son entreprise. Il alla plus loin, et les deux communautés où il fut successivement reçu devinrent également l'objet de son application. De là un projet d'histoire de la paroisse de Saint-Roch dans le goût de celle de Saint-Jacques-de-la-Boucherie par feu l'abbé le Vilain. De là celui d'une refonte générale de l'ouvrage du P. Gourdan (1), sur les hommes illustres de Saint-Victor, invoqués à Marseille, à Paris, à Rouen, etc. (*Victoriados libri tres*) ; autant de divisions qu'il se proposoit de remplir à loisir.

Il n'en fut pas autrement de son séjour à Corbeil. L'intérêt d'y apprendre l'histoire du pays fut d'autant plus grand qu'y étoit lié celui de son temporel ; et il fut bientôt en état d'instruire ses nouveaux concitoyens de leurs propres antiquités, et il le fit par un Essay qui fut d'une utilité plus générale et à portée de tout le monde. Le nom d'*Almanach* fut trouvé trop modeste ; mais il n'en persista pas moins à garder cette forme dans la suite des découvertes dont il se proposoit de faire part chaque année aux habitans du pays (2).

(1) *Autob.* « ... Gourdan, et la vie de ce vertueux Victorin, puis un poème latin sur S. Victor, invoqué... remplir et dont on trouve les matériaux dans le *Dictionnaire des chanoines réguliers de Saint-Victor* (in-fol.), et dans les Mémoires particuliers sur le prieuré et les prieurs de Saint-Guenault à Corbeil. »

(2) On ne cite que deux années de cet almanach, qui est important pour l'histoire de Corbeil.

Les *Fasti Corbolienses* furent conçus et entrepris dans le même dessein et avec les mêmes matériaux, mais pour plaire à un petit nombre de savans. Une des raisons qui le décidèrent à tourner son talent de ce côté-là fut l'impossibilité de completter les *Fasti Rotomagenses* d'Hercules Grisel, dont il chercha en vain durant plus de trente ans le dernier trimestre (1). Il se proposoit d'en donner une nouvelle édition avec des supplémens à tout ce qui manquoit à ce poème historique depuis la mort de son auteur.

Les devoirs d'état partageant singulièrement chaque journée étoient un obstacle à un travail suivi ; ce qui restoit de tems ne suffisoit qu'à des recherches qu'on peut laisser pour quelques heures sans que rien n'en souffre. Ainsi se sont formées suivant les rencontres toutes les compilations de mémoires et d'anecdotes sur quantité de sujets utiles ou seulement agréables. Ces derniers étoient spécialement dans le dessein de dissiper les nombreux chagrins qu'eut à essuyer le prieur de Saint-Guenault dans le cours de sa vie, avant même le tems de la Révolution. Souvent il y eût succombé sans ces heureuses distractions. Il ne faudra donc point s'étonner de trouver dans ses papiers mille bagatelles en apparence, dont l'ensemble devoit faire autant de petits ouvrages de pur agrément : et c'est à cela qu'il faut reporter ce qu'il a recueilli dans ses lectures sur le *Diable* par exemple. L'histoire sous ce nom, traduite de l'an-

---

(1) De cet aveu M. Bouquet conclut définitivement, avec beaucoup de raison (*la Normandie*, janvier 1898 ; V, 7), que le trimestre d'automne n'a jamais été imprimé.

glois (1) lui paroissoit depuis longtemps insuffisante, dans le système même de son auteur ; et ce fut une raison pour chercher de tous côtés de quoi l'étendre et la redonner au public avec des augmentations et des commentaires considérables.

La destruction du S. Christophe de N.-D. de Paris fut une des principales occasions qui réveillèrent à la fois ses talents historiques et poétiques. Tout fut mis à contribution pour donner une seconde édition d'une élégie de S. Christophe publiée en 1784 (in-8° de 8 pp.) (2). Une sainte dont le nom étoit porté par une personne qui lui fut chère par devoir et par inclination, lui fit naître l'idée de faire également toutes les perquisitions possibles sur ce qui peut concerner la Madeleine, si connue dans le monde profâne et chrétien.

L'histoire naturelle ne pouvoit manquer de fournir une ample matière à un homme de cette trempe. Et parmi les singularités dont le choix pouvoient l'embarrasser, le sien tomba sur l'âne et sur l'oye. Le recueil sur l'animal de Silène fut intitulé *Asinaria ;* le frontispice pour l'oiseau du Capitole portoit *Ansérologie*. Le *Flora genialis* qui se trouve avec ces cahiers, semble annoncer quelque traité de botanique ; mais ce n'est ni un livre latin, ni un mémoire sur les fleurs. Ce n'est autre chose qu'un assemblage de bouquets en vers pour toute l'année. Peu de temps auparavant avoit été fait un dépouillement

---

(1) Il s'agit de la traduction du livre de D. de Foé, publiée à Amsterdam en 1729, 2 vol. in-12, sur laquelle parut un long extrait dans la *Bibliothèque raisonnée des ouvrages des savants de l'Europe*, III, 149-171.

(2) « Avec des notes », ajoute l'*Autobiographie*.

de tous les noms de batême des grands hommes cités dans Ladvocat et ses continuateurs, à dessein de ranger sous la bannière de chaque saint tous ceux qui avoient porté son nom. Cette réunion de cliens ne laisse pas d'être amusante à cause des rencontres (1). La compilation précédente et celle-ci ne devoient faire qu'un seul et même livre.

Un des livres de goût, qui étoit (2) le plus du sien, et dont il avoit toujours désiré de donner une nouvelle édition étoint les *Poemata didascalica*, donnés par l'abbé Dolivet en 1749. Souvent il en avoit parlé à deux de ses amis, dont l'un bibliothécaire de (3) la cathédrale de Rouen avoit promis d'exécuter ce projet lorsque l'abbé Guiot quitta cette ville; l'autre, bibliothécaire de Sorbonne, parut encore s'intéresser à cette nouvelle édition. Mais ni l'abbé Mauger ni l'abbé Deshoussayes n'eurent pas assés de loisir pour mettre les choses en état de satisfaire le désir du public éclairé. Ce dernier souhaitoit avant de mourir que cette collection fût recommandée à son ami M. de Couronne, l'un des secrétaires de l'Académie de Rouen, et ses nombreuses notices lui furent en effet envoyées pour mettre le tout en œuvre sous le titre de *Musæ doctiores*. Cet envoi n'opéra rien, et tout le travail revint à son premier instigateur. Un peu d'humeur s'en mêla, et la table générale de tous les poèmes didactiques dont on avoit pu avoir connoissance ne tarda

(1) *Autob.* « ... de la singularité des rencontres, ce qui pourrait bien donner un jour l'idée de nouveaux dialogues des morts. La... »

(2) *Première main* étoient.

(3) *Sorb.* (sic) effacé.

pas à être dressée. Elle forme un in-4° de près de 200 pages, et l'ancien nom a été conservé à l'ouvrage : *Poemata didascalica,* avec l'annonce de l'ordre nouveau qu'on y a mis : *gentilitio quælibet ordine collecta* (1).

Le pendant de cet ouvrage pourroit être une très ample collection de pièces sur *les Boissons,* dont les premiers articles lui furent confiés par un imprimeur de Paris (Nyon), pour completter et refondre le tout, suivant les genres et les matières. C'est là que se trouvent quantité de poésies latines et françoises sur le vin, l'eau, le lait, la bière, etc. La publication (2) ne s'en est point encore faite; mais on ne perdra rien à ce délai avec le tems.

Tel est à peu près l'usage qu'a fait de ses cinquante ans le prieur de Saint-Guenault, et des talens qu'il n'a cessé de cultiver durant ce demi-siècle (3). S'ils n'ont pas été couronnés par de plus grands avantages, c'est peut-être autant par indifférence pour la gloire et même pour la fortune, que par la faute des circonstances qui ne lui ont pas permis d'achever la plûpart des sujets qu'il avait conçus. Il pourroit être comparé à un homme qui veut

---

(1) Tout ce travail et ces divers matériaux ont dû disparaître dans la tourmente révolutionnaire. Ils restèrent du moins absolument inconnus à Delalain, quand cet habile imprimeur donna en 1813 une seconde édition des *Poemata didascalica,* qu'il augmenta de moitié (3 forts vol. in-12). Le P. Adry, de l'Oratoire, en dirigea la publication. L'ouvrage devait comporter un quatrième volume qui n'a point paru.

(2) « La publication n'en est que retardée », dit simplement l'*Autobiographie.*

(3) L'article GUIOT, vers la fin du volume, complète en quelques points ces *Mémoires.*

toujours (1) gagner quelque port, et qui s'en trouve sans cesse éloigné par les gros tems, et manque de moyens pour manœuvrer avec succès.

Ses qualités personnelles ont plus fait le bonheur d'autrui que le sien propre. Il étoit naturellement timide, et ce n'a été qu'avec les plus grands efforts qu'il est parvenu à parler en public avec une certaine confiance. Très réservé dans la société, il laissoit volontiers le champ libre aux autres ; et s'il avoit quelque chose à raconter, c'étoit avec un laconisme qui rendoit bientôt le dez à ses auditeurs. Ennemi des gazettes et du jeu, ou plutôt d'une apathie étonnante pour l'un et l'autre, son rôle étoit bientôt rempli, surtout dans les grandes compagnies. Il s'ouvroit plus aisément avec ses amis ; et les vers de société qu'il accorda à leurs instances prouvent que, pour être froid et silencieux, il n'en étoit pas moins capable de faire les honneurs de sa muse et les agrémens de la vie civile, quoique pourtant enclin à la causticité.

Ce flégme habituel tenoit en grande partie à sa constitution physique ; non qu'il n'en sortît pas quelquefois, soit pour le plaisir, soit par humeur. En ce dernier cas l'explosion étoit forte, et d'autant plus violente que le feu avoit été plus longtems à s'animer. Ces sortes d'oublis au reste étoient rares, et son attention à se vaincre en tout, fortifiée par la Religion, le rendoit plus tranquille. Aussi l'épithète lui en fut souvent donnée, lors même qu'intérieurement il souffroit le plus des autres. Elle éclatta quelquefois cette intolérance ; et ce lui fut une source de chagrins, qui se convertirent à la longue en

---

(1) *Autob.* : « ... aborder à quelque rivage, et qui... »

3

leçons utiles, mais tardives, dont il sut profiter pour son propre bonheur.

La cause de la plupart de ses épreuves fut une dévotion peut-être outrée et mal-entendue, après une éducation très soignée du côté de la Religion surtout. Ce fut la piété la plus tendre qui produisit en lui les premiers fruits. Ceux qui les avoient cultivés, les virent croître avec plaisir, tant que leur élève ne leur porta point ombrage; mais une fois en place, et dans le cas de leur dire, au moins par son exemple, quelle différence il y avoit entre eux et lui, dès lors commença l'envie et une sorte de persécution. Il crut s'y soustraire en se retirant dans un cloître, et il se trompa. Elle y fut plus vive et plus ouverte que dans le monde. La tête qui en avoit déjà été affectée, le fut encore davantage. Et le fruit de tant d'efforts et de vertu fut le relâchement et la tolérance. Falloit-il combattre quarante ans, se disoit-il souvent, pour céder ainsi la victoire et (1) s'écrier presque avec le Romain : *Vertu, tu n'es donc qu'une chimère!*

Un de ses désirs les plus fréquens, comme un de ses regrets les plus vifs de ne l'avoir jamais satisfait, a été la fréquentation des spectacles. Les larmes solitaires qu'il versoit à la simple lecture de plusieurs pièces de théâtre, prouvoient un fonds de sensibilité qu'il eût été peut-être indiscret d'exposer à trop d'occasions et de combats. Il pouvoit néanmoins prétexter, comme tant d'autres, l'avantage de se former à la déclamation ; mais la délicatesse de sa conscience, la crainte du scandale et le respect humain s'y opposèrent constamment; et il le disoit

---

(1) *Autobiographie* : « ... et être réduit à s'écrier... »

quelquefois à ceux qui lui reprochaient sa simplicité :
« *Je ne connois point Babylone*, et ne l'ai jamais vue. »

Autre passion, mais qui lui en épargna beaucoup d'autres : celle des livres. Sans d'autres fonds que ses épargnes, il s'étoit déjà formé une bibliothèque choisie et assés nombreuse avant de quitter la ville de Rouen, où elle fut mise en vente pour s'en aider à Paris. Heureusement il se vit à la source dans la capitale et dans la célèbre abbaye où il choisit sa retraite ; et il n'eut rien à désirer de ce côté-là, que lorsqu'il prit le bénéfice de Corbeil où il fut réduit à se suffire à lui-même. Il est vrai qu'avant d'épuiser son fond, il avoit de quoi n'être pas oisif ; mais ceux qui écrivent, savent combien de secours il faut à qui veut donner la dernière main à des matières qui ne sont qu'ébauchées.

On ne reviendra point ou fort légèrement sur certaines aptitudes naturelles où brille l'industrie et qui décèlent le goût qu'on a pour les beaux-arts. On a déjà parlé des germes de dispositions pour la méchanique. La sculpture ou plutôt l'art qui sait multiplier ses chefd'œuvres, étoit sa récréation favorite ; et, à l'exemple des anciens solitaires, longtems avant de se mettre en communauté, il aimoit à se délasser de l'étude par des bagatelles manuelles, en copiant surtout les plus beaux modèles des reliefs qu'il pouvoit se procurer, tant dans le sacré que dans le profane. Cette ressource contre l'ennui lui étoit si chère, qu'il en a fait le sujet d'un poème didactique sur la manière de mouler, *Plastica*, lequel manque à ce genre descriptif ; mais il n'en existe que le canevas.

Le dernier trait à donner, ce semble, à cette esquisse

historique sera de dire qu'il fut d'une stature grande, mais mince et peu robuste, la physionomie longue et pâle, les ïeux et la bouche d'une médiocre grandeur, le nés d'une forme très commune, poil châtain, air sérieux et réfléchi, son de voix doux et modéré dans la conversation, mâle et soutenu dans le chant, argentin et précipité dans la chaire. Rien de recherché ni de négligé dans la parure; une marche aussi lente dans la ville que forte et continue à la campagne; un maintien de bonhomie en général, et rarement d'étiquette. Tempérament sec et propre au travail, sans avoir jamais connu de maladies graves. Il ne s'en occuppoit pas moins de ses fins dernières, et d'autant plus douloureusement qu'il se rappelloit celles de ses amis, et qu'il comptoit plusieurs morts sinistres dans sa famille. La plus grande partie de ce tableau naturel, il l'envoïoit un jour à M. Ancillon, pasteur de l'Église françoise à Berlin, avec lequel il étoit en correspondance; et il se trouva que le ministre ressembloit parfaitement au prieur, qu'il soupçonna d'intelligence avec un tiers pour deviner si juste.

Il a composé trop d'épitaphes en l'honneur des autres pour oublier la sienne (1) :

---

(1) *Autobiogr.* « Il a recueilli (in-folio), et composé... oublier ici la sienne. »

D. O. M.

REMUNATORIS INQUIRENTIBUS SE
MISERICORDIAM HÎC PRÆSTOLATUR
JOSEPHUS ANDRÆAS GUIOT
S. CANDIDI (OLIM S. VICTORIS) IN PARŒCIA
EX HUMILI LOCO, ROTOMAGI, NATUS,
IMMACULATÆ B. V. M. CONCEPTIONIS
IN EJUSDEM PODIO EADEMQUE CIVITATE
POETA-LAUREATUS, JUDEX VETERANUS ET HISTORICUS :
PATRIAM SACERDOS RELIQUIT ET SÆCULUM
PARISIIS IMMORATURUS ;
UBI
HYPPONENSIS EPISCOPI REGULAM
VERSIBUS À SE EXPRESSAM
(AUREIS UTINAM SEMPER ET MORIBUS !)
IN SANCTI VICTORIS REGALI CŒNOBIO
PROFESSUS EST :
NOVITIORUM DIRECTOR ET BIBLIOTHECÆ PRÆFECTUS,
S^i GUINAÏLI CORBOLIENSIS PRIOR ET PAROCHUS (1),
AC SANCTI EXUPERII IBIDEM CANONICUS TUM PASTOR (2),
VERBI DIVINI PRÆCO NON DESIDIOSUS
RERUM NEUSTRIACARUM ET CORBOLIENSIUM
INDEFESSUS INDAGATOR ;
NOCTEM IN QUA NEMO POTEST OPERARI, INGRESSUS EST,
ANNO REPARATÆ SALUTIS 1794
VITÆ TEMPORALIS 56, REGULARIS AUTEM 22
DENIQUE PRIORALIS (3) ET PASTORALIS REGIMINIS 5 (4)
RESPICIAT HUNC DOMINUS IN BONUM.

(1) Première main *curatus*, effacé.
(2) Ces deux mots addition postérieure.
(3) Récrit sur *pastoralis*.
(4) Ce chiffre est barré, aussi bien que le dernier des trois nombres précédents. Guiot mourut curé de Bourg-la-Reine, près Sceaux, *Seine,* le 21 septembre 1807.

LES

TROIS SIÈCLES PALINODIQUES

« Quoique les usages dont il s'agit ici n'existent plus, il ne doit pas laisser d'être utile de savoir qu'ils ont existé. Si la variété qui règne dans les costumes des nations offre un vaste champ à la réflexion, les changements qui arrivent dans les opinions du même peuple n'en offrent pas un moindre. Les lieux où un usage a commencé et ceux où il a cessé, les circonstances qui l'ont occasionné ou qu'il a fait naître, celles qui en ont amené ou suivi la fin, la moindre particularité en un mot sont autant de choses dans lesquelles les génies du premier ordre étudient l'histoire de l'esprit humain et trouvent des raisons de conduite pour les siècles à venir. Il est donc dans ce cas de quelque utilité que l'on entretienne la connaissance de ces choses. »

Ainsi s'exprimait le *Conservateur* en janvier 1757, n° 4, et l'on n'a pas cru pouvoir mieux commencer cet ouvrage qu'en adoptant ses pensées. Celles qui vont suivre ne sont que le recouvrement d'un morceau dont on avait enrichi l'article des Académies dans le 4ᵉ volume de la *France littéraire* en 1784 (1).

(1) En effet, cette introduction reproduit, mot pour mot, sauf certains verbes qui ne pouvaient rester au présent, les pages 117-123, du *Nouveau supplément à la France littéraire,* première partie.

« L'Académie de l'Immaculée-Conception n'était, avant le xiie siècle, dans la paroisse de Saint-Jean de Rouen, que ce qu'ont été en celui-ci dans les églises de Saint-Germain-l'Auxerrois et de Saint-Séverin à Paris les associations qui y étaient établies sous la même invocation. Cette société, depuis littéraire, n'eut, durant quatre cents ans, d'autres exercices que ceux d'une piété soutenue; elle n'y en joignit de nouveaux qu'en 1486. A ne remonter qu'à cette époque, il y avait peu de sociétés qui pussent prétendre à une prééminence marquée du côté de l'ancienneté. Elle ne le cédait guère, dans ses derniers temps surtout, aux modernes académies qui s'étaient multipliées dans le royaume.

« Cet institut n'a longtemps été connu que sous un titre qui n'avait rien de singulier au siècle où il prit naissance. On connaissait alors dans plusieurs villes des assemblées qui s'y tenaient par les meilleurs esprits, et dont l'objet était la galanterie ou la frivolité. Elles s'appelaient « Jeux floraux » à Toulouse, « Gieux sous l'Ormel » à Amiens, plus souvent « Jeux partis, Puys d'amour », ou simplement « Puys », à Lille, à Douai, etc. Cette dernière dénomination parut plus convenable à l'établissement qui se formait à l'exemple des autres, mais dans un meilleur dessein. Il fut appelé le *Puy de la Conception;* il prit ou reçut en même temps un autre nom, tiré du premier genre de poésies qu'on y couronna, le nom de *Palinod.* Ces deux expressions extraordinaires ne se trouvent que dans les lexicographes et n'ont été bien définies, ainsi que les opérations du Puy, que dans le Dictionnaire étymologique de Ménage, dans le Grand Vocabulaire et Moreri. L'une, empruntée du grec πόδιον, signifie un lieu élevé, une tribune ou jubé, d'où étaient lues les pièces qui concouraient aux prix; l'autre, composée de deux autres mots en la même langue, πάλιν et ᾠδή (1), qui veulent dire « Chant répété », marquait les refrains qui revenaient souvent dans les chants royaux, les ballades et les rondeaux que l'on présentait. Ces deux termes ont cessé d'être en usage, à mesure que l'on s'est plus rapproché de la forme des académies actuelles. Le Palinod ou Puy de Rouen a pris comme elles la qualité d'académie, en y ajoutant toujours son caractère distinctif, celui de l'Immaculée Conception.

« Cette Compagnie, formée par la piété, éclairée par le goût, fut de tout temps protégée par l'autorité, illustrée par les talents, soutenue par le zèle ; et, néanmoins, ce qui est étonnant, sans un certain fond pécuniaire ; et malgré les différentes révolutions arrivées depuis sa fondation, soit dans l'Église, soit dans l'État et la ville qui fut son berceau, jusqu'à la dernière qui a tout enseveli dans son tombeau.

« Ses fondateurs et ses protecteurs ont toujours été des plus qualifiés de la province de Normandie, dans l'Église, la noblesse et la magistrature. Le premier qui en ait conçu le projet, Me Pierre Daré de Châteauroux, était lieutenant-général au bailliage de Rouen ; le Parlement n'y existait pas encore ou n'était qu'ambulatoire, et connu sous le nom d'Echiquier. L'exemple du fondateur ne fut suivi jusqu'au commencement du xvie siècle que par des ecclésiastiques titrés et de riches négociants. La Cour du Parlement donna bientôt des Mécènes à cette académie naissante ; et si l'on en compte près de quarante dans l'Église, tant abbés que prélats et cardinaux, on en trouve presque le même nombre dans la robe, en y comprenant la Chambre des Comptes et la Cour des Aydes. On doit

---

(1) Le ms. et l'imprimé portent « Παλμν et Ωδσι. »

y ajouter la plupart des gouverneurs de la ville de Rouen, des intendants de la Généralité et des premiers seigneurs qui forment la noblesse de la Province : chaîne d'autant plus précieuse que chaque anneau tient à un bienfait envers l'Académie.

« L'appât dont on se servit pour engager les auteurs à s'exercer sur des sujets de piété, fut celui qu'on employa et qu'on emploiera toujours avec succès : l'attrait des récompenses. Elle furent simples d'abord, comme les heureux temps où elles étaient proposées : un Chapeau de laurier, une Tasse d'argent furent les premiers prix ; les jetons frappés au coin de la Vierge Immaculée vinrent longtemps après les Targes ou reliefs d'argent, chargés de quelque attribut relatif à la conception de la Sainte Vierge, comme le Soleil, l'Étoile, la Tour et autres allégories. Ils furent successivement fondés par différents Princes : car c'est le nom que prenaient les personnes de qualité qui géraient la première place de l'Académie, nom qui n'y signifie autre chose que « chef » ou « premier », et que n'ont point dédaigné de joindre à leur titre MM. de Harlay et de Luynes dans l'épiscopat, MM. de Longueville et de Harcourt dans le gouvernement de la province, MM. de Pont-Carré et de Miromesnil dans la magistrature.

« Les prix n'ont pas toujours eu ni la même forme ni la même valeur. L'une et l'autre ont varié suivant la détresse des temps ou la générosité des Princes. Plusieurs ont donné des portraits enrichis de diamants, d'autres des figures d'argent, quelques-uns des vases précieux et autres présents, tous emblématiques, suivant l'esprit et l'usage de l'institut. Ç'a été depuis des médailles d'argent assez grandes, dont le revers était analogue à la face principale. Sur celle-ci était la Vierge environnée des rayons du soleil, une couronne d'étoiles sur la tête, un serpent sous les pieds, avec cette légende : *Immaculatæ Conceptionis* (1) *Beatæ Virginis Mariæ Academia Rotomagensis ;* l'autre côté présente, outre les symboles dont on a parlé, ceux de l'Anneau, du Miroir, de la Croix et du Lis, le tout en cercle autour d'un David touchant sa harpe, avec cette inscription : *Posuit Immaculatam viam meam* [Ps. xvii, 33] (2). Quelquefois ces médailles sont dorées, pour en augmenter le lustre et la valeur.

« Les auteurs qui se sont disputé ces palmes ont été la plupart de la province où elles croissaient, et où sans elles peut-être plusieurs d'entre eux n'eussent jamais songé à cultiver leur talent. On les a vues moissonnées par les Jean et Clément Marot, par les Corneille et les Fontenelle, par les Hallé et les Mauduit, et beaucoup d'autres également célèbres dans l'histoire de la littérature. Les étrangers au reste ne les ont point ignorées ni dédaignées, ces récompenses annuelles, et on les a vues briguées par les Cretin, les Doujat, les Servet même et autres écrivains de nom qui firent au Puy de la Conception l'essai de leurs talents pour la poésie latine et française. Les dames y sont aussi quelquefois entrées en lice, comme à nos jeux floraux ; telles sont Jacqueline Pascal (sœur de Blaise), Mlles Coulon et d'Argences, au milieu du dernier siècle ; telles sont en celui-ci Mme la comtesse de Laurencin à Lyon, Mme de Courcy à Paris, Mmes du Bocage et de l'Etoile, l'une et l'autre de la ville de Rouen.

« Les pièces couronnées prouvaient que l'on embrassait tous les genres de poésie latine, grecque, française et

---

(1) Ce mot manque au ms.
(2) Au temps de Guiot, ces mots se récitaient à Rouen dans l'introït de la messe du 8 décembre.

italienne, excepté le drame et l'épopée; encore trouve-t-on des pièces à personnages représentées dans le xvie siècle au banquet qui suivait la distribution des prix, mais elles ne concouraient pas. On commença par couronner des chants royaux, des ballades et des rondeaux. On y joignit bientôt des odes, des allégories ou épigrammes latines, puis des hymnes. Vinrent ensuite les stances et les odes françaises, le sonnet et l'idylle, avec l'épître et le poème. Les premières poésies ne sont plus d'usage : elles ont été remplacées par les dernières. Toutes étaient jadis examinées en public et couronnées de même. Les jugements se portent actuellement en particulier, comme partout ailleurs. On a de tout temps conservé soit manuscrit, soit imprimé, ce qui avait obtenu les suffrages ; et quoi qu'on ait fait beaucoup de pertes à cet égard pendant les troubles du xvie siècle, on possède néanmoins la plus grande partie de ces anciennes poésies avec les modernes.

« L'éloquence n'a pas toujours été également cultivée au Puy de Rouen. L'Académie française sembla en donner l'idée en proposant, en 1681 et 1683, des sujets sur la sainte Vierge. En 1700, un prix semblable à celui de M. de Balzac fut fondé à Rouen par M. de Bonnetot, premier président en la chambre des Comptes, pour un discours français sur la Conception. Cette nouveauté réveilla l'émulation, et l'on eut d'abord quelques bons discours. Cette ardeur parut bientôt diminuer; du moins n'en trouve-t-on presque aucune trace pendant tout un demi-siècle, si ce n'est un sermon par lequel on ouvrait la séance publique et pour lequel le prédicateur recevait le prix fondé. Ce n'a été qu'assez tard qu'on a rétabli les choses suivant l'esprit de la fondation. D'heureux sujets furent proposés et remplis avec succès. La plupart sont les premiers ornements des Recueils imprimés depuis cette époque. C'est là que l'on trouve les discours de MM. Formé et de Sacy, de MM. Talbert, Ancillon, de Mende, etc. Les éloges que les secrétaires étaient chargés de faire à la mort des Princes ou des juges forment une autre branche d'éloquence, ni moins agréable ni moins instructive; et pour s'en convaincre il suffira de lire ceux de MM. de Rouville et de Bailleul par M. l'abbé de Lurienne; de MM. Le Roy et des Houssayes par M. l'abbé Hamel, etc.

« Avant qu'il existât aucun ouvrage périodique en quelque genre que ce fût, on affichait dans les principales villes de la Province et dans sa capitale ce qui devait se traiter dans le Puy de la Conception, et ce qui s'était passé à sa séance publique. On s'était contenté depuis d'un placard assez considérable pour la forme et le détail des choses qu'il exposait. On y lisait le nom du Prince qui donnait le prix, celui des auteurs qui les avaient remportés, puis une invitation en vers latins et français, suivie d'un abrégé des règles à observer dans le choix, la composition et l'envoi des pièces qu'on devait mettre au concours. A ce moyen longtemps usité, on a substitué la voie des feuilles hebdomadaires de Normandie et des différents journaux qui avaient cours dans le royaume, ce qui eut tout le succès qu'on en devait attendre; et cette ancienne carrière, mieux connue, fut aussi plus fréquentée.

« Deux endroits principaux ont servi de Portique et de Lycée à l'Académie de la Conception. Le premier est l'église de Saint-Jean de Rouen, où elle a été environ trente ans. Cette paroisse étant devenue trop resserrée par l'affluence du peuple qui assistait à la cérémonie après l'office de la fête de la Conception, ou celui du dimanche dans l'octave, on se vit obligé de choisir un lieu plus spacieux et plus commode chez les Carmes qui l'ont possédée depuis 1515 jusqu'en 1789, année de leur chute commune. C'est là qu'avait été conservé tout ce qui concernait le Puy : chartres, fondations, recueils, manuscrits, imprimés, avec une grande partie des armoiries des Princes. Elles étaient rangées dans le chœur et la nef de l'église. Celles qu'on voyait tour à tour à la porte du chœur étaient du dernier seigneur qui avait la Principauté de l'Académie ; et elles y restaient attachées jusqu'à ce qu'il eût un successeur. Lorsque l'empereur Joseph II passa à Rouen en 1777, cette suite intéressante ne manqua pas de fixer la curiosité du prince, dans cette église où il entendit la messe, avant de partir pour le Havre.

« Après tous les titres dont on vient de parler, les ouvrages les plus anciens sur cette matière sont :

« 1º Palinods, chants royaux, ballades, rondeaux et « épigrammes à l'honneur de l'Immaculée Conception de « la toute Belle Mère de Dieu Marie, patronne des Nor- « mands, présentés au Puy à Rouen, composés par scien- « tifiques personnages, etc. (1). » In-8º Paris, gothique, sans date (vers 1530) ;

2º *Puteus Rotomagensis pro Immaculata Virginis*

---

(1) Voici la fin du titre : « ... personnaiges desclairez par la table cy-dedans contenue. Imprimez à Paris. (Ici une grande vignette de 68 m/m × 88 représentant la sainte Vierge entourée de textes bibliques et de curieux emblèmes.)

« Ils se vendent à Paris à l'enseigne de l'éléphant ; à Rouen, devant Sainct-Martin, à la rue du grand Pont ; et à Caen, à Froide-Rue, à l'enseigne Sainct-Pierre. »

Ce volume in-8º de 100 ff., appelé communément le Recueil de Pierre Vidoue, et qu'on croit dater de 1525, vient d'être réimprimé par M. E. de Beaurepaire pour les Bibliophiles normands (Rouen, 1897, in-4º gothique).

Conceptione, cujus putei hoc anno Princeps Priorque est Marinus Pignius, Ecclesiæ Rotom. archidiaconus et canonicus, à Joanne Roënno ; in-4º, Parisiis;

3º Œuvres poétiques sur le sujet de la Conception de la très sainte Vierge Marie, mère de Dieu, composées par divers auteurs, recueillis par Adrien Boccage. Rouen, Robert Feron, 1615 ; petit in-12.

« En général, les poésies couronnées au Puy formaient plusieurs manuscrits in-fº et in-4º ; les autres, depuis près de deux siècles, sont imprimées en presque autant de recueils que d'années ; le dernier publié à Paris chez Berton en renferme quatre fort intéressantes, savoir : 1772-1773-1774 et 1775. La suite se trouve à Rouen, chez Boucher. La bibliothèque de la Cathédrale de cette ville possédait trois manuscrits précieux sur cette matière, l'un in-4º, les deux autres in-fº. Celle du roi a encore plusieurs de ces anciens recueils, avec de magnifiques miniatures, et les Bénédictins de Jumiéges avaient quelques recueils imprimés. On en a trouvé d'aussi rares chez les Célestins de Paris (1)», d'autres aussi, et en plus grand nombre, dans la bibliothèque de M. le duc de la Vallière, d'où ils sont passés en celle du roi, avec des manuscrits sur le même sujet, avant la Révolution.

(1) Cet alinéa (qui n'est que la note de la page 121) se termine ainsi dans la *France littéraire de 1784* : « Combien d'autres bibliothèques, où l'on pourrait trouver les suppléments nécessaires pour remplir les vides qui se rencontrent dans l'Histoire générale de cette Académie .»

Guiot n'a pas repris le paragraphe qui (p. 123) met fin à sa notice : « L'histoire complète de cette Académie ne tardera pas à paraître. Elle en doit déjà une partie considérable à M. Guiot, chanoine et bibliothécaire de Saint-Victor, un des anciens juges et secrétaire de cette société. C'est un présent qu'il paraît lui réserver pour sa troisième année séculaire, en 1786 .»

LES TROIS SIÈCLES PALINODIQUES

OU HISTOIRE DES PALINODS DE ROUEN, ETC.

Lauréats ou Auteurs, Princes ou Présidents, Juges ou Académiciens, depuis 1486.

A

Abraham (Charles), chanoine régulier de la Congrégation de France, né à Paris en 1688, professait la théologie au prieuré de Saint-Lô de Rouen en 1717 (1), et fut, en cette qualité de régent, juge-né du Palinod : il fut reçu avec Richer, le fabuliste, qui y avait été couronné. Il ne siégea que deux ans parmi les académiciens de cette société religieuse et littéraire, ayant été pourvu d'autre place et d'un bénéfice de son ordre, où il est mort en 1759. Il était très sévère dans les examens; et en mettant sous le chandelier les vers qu'il ne goûtait pas, il avait coutume de dire : *Expectate hic.*

Acarie (Pierre), conseiller aumônier et prédicateur de la reine, chanoine et pénitencier en l'église métropolitaine de Rouen, vicaire général de François II de Harlay,

---

(1) Dès le xiie siècle une école de chant, qui devint célèbre, avait été ouverte à Saint-Lô. Mais on voit par cette mention que les nombreux juges du Palinod empruntés à ce prieuré devaient y enseigner les sciences ecclésiastiques.

et official de l'archevêché en ladite ville, avait été député aux États-Généraux de Normandie en 1629 pour le clergé du diocèse.

On le regarde comme le premier fondateur de la bibliothèque de la Cathédrale, où l'on conserve son portrait avec cette inscription :

Petrus Acarie, doctor theologus, archidiaconus Augi, canonicus, ecclesiastes, et officialis Ecclesiæ Metropolitanæ Rotomagensis, hujus Bibliothecæ instaurator : obiit cal. martii an. dñi 1637, æt. 51.

Il avait fait don de tous ses livres dès 1633 au Chapitre dont il était membre.

Il était porté le cent quatre-vingt-onzième sur l'ancien tableau des confrères et Princes du Puy de la Conception, sans qu'on sache toutefois l'année à laquelle il y donna les prix aux candidats du Palinod. Jusque-là il fut du nombre des juges académiciens de l'institut ; la date de sa mort porte à croire qu'il ne fut que nommé Prince et qu'un autre le remplaça.

Acquigny (*Pierre-Robert le Roux d'*), président à mortier au Parlement de Normandie, né à Rouen le 6 août 1716, décédé en sa terre d'Acquigny le 17 septembre 1788.

Ce n'a été qu'en novembre de cette année que l'éloge de ce riche et pieux seigneur a paru dans le *Journal de Normandie*, n° 89, qui avait succinctement annoncé sa mort en septembre, n° 76. Ce tribut de louange lui fut payé par M. Baudart, curé d'Andely (1). « Il a existé, dit

(1) Ce curé a publié une notice sur le président d'Acquigny. On a également de lui : *Lettre d'un curé à un ami..., suivie d'un Discours;* s. l. 1791; in-8°.

cet éloquent pasteur, au milieu de nous un homme qui crut que la vertu pouvait atteindre à la hauteur de la naissance et soutenir l'éclat des dignités. Il n'est plus, cet homme ; pleurons sur son tombeau et adoucissons notre douleur par le souvenir de ses vertus. Elles brillèrent dans la personne du baron d'Esneval, de Pavilly et d'Acquigny, marquis de Grémonville, seigneur d'Yvecrique, d'Estouteville, d'Amfreville-les-Champs, de Criquetot, Villette, Virouvray-les-Planches, etc. Et cette énumération n'est pas ici de la nature de celles dont on charge sèchement et gratuitement les épitaphes des grands : ce sont autant de noms qui rappellent presque autant de réparations considérables, reconstructions à neuf et entières des lieux saints et des temples consacrés à la religion.

« Le château de Grémonville, en particulier, n'a pas été continué ni achevé, parce qu'il y avait à construire une des plus jolies églises du canton. Mais ce n'est là qu'une partie du mérite religieux de M. d'Acquigny : la décence et la dignité rétablie partout dans le service divin, toutes les espèces de misères soulagées par des bienfaits perpétuels après sa mort, furent d'autres titres à l'adoration, pour ainsi dire, du peuple. Aussi, descendu du sanctuaire de la justice, combien de fois, malgré l'ombre de la nuit, dont il s'enveloppait et les stratagèmes de sa modestie, ne le surprenait-on pas, entrant furtivement dans la maison des pauvres, et là, ouvrir son âme à tous les mouvements de la sensibilité ; l'or et les consolations, voilà ce qu'il y laissait ; des bénédictions, ses habits mouillés des larmes de la reconnaissance, le tendre nom de père, la qualité auguste de sauveur des mœurs, voilà ce qu'il en remportait. Magistrat religieux, la piété qui l'animait était douce, sensible, aimable ; elle semblait ajouter aux charmes des qualités sociales qui le faisaient aimer ; vrai genre de piété trop rare dans les personnes qui se consacrent à la dévotion, qu'elles rendent repoussante et chagrine, et que par conséquent elles dénaturent. »

Ce magistrat vertueux ne fut pas à la tête du Palinod de Rouen comme ses ancêtres (*V.* Esneval et Le Roux); et cependant il doit trouver place au milieu des agonothètes du Puy. C'est que, fuyant toute espèce d'éclat, il aima mieux contribuer en secret à soutenir celui de cette Académie par des mains amies et fidèles. Il en fut véritablement le bienfaiteur; et quand on annonçait dans le programme un nouveau prix gratuit, c'était souvent le fruit de ses libérales profusions. Le secret en dut être inviolablement gardé pendant sa vie; mais la mort lève et déchire le voile qui les couvrit, pour rendre à la générosité de son zèle le même hommage qu'à ceux en qui il ne put se produire qu'avec magnificence. Ce serait ici le lieu d'ajouter combien il entretenait de sujets dans les pensions et les séminaires, pour donner à l'Eglise de dignes ministres, pour connaître, dès l'enfance ceux qu'il avait lui-même à mettre à la tête des troupeaux dont le spirituel le touchait excessivement et plus que le temporel. Mais les fruits heureux de ce qu'il a semé au milieu de tant de bénédictions le louent bien mieux que de faibles discours. Sa mort fut le sommeil du sage; il était né bon et vertueux : il mourut de même. Son corps repose avec ses aïeux à Acquigny; son cœur au sein de la pauvreté religieuse, aux Gravelines de Rouen, auprès de son épouse. Cette communauté pauvre et fervente lui était spécialement chère, sans préjudice néanmoins à tant d'autres où il dota nombre de filles, à qui la fortune n'eût jamais permis d'aspirer à un état si saint et si parfait : autant de bouches qui célébrèrent sa charité pendant sa vie; et qui ont sollicité avec ardeur le repos de son âme, la grâce de le goûter dans le sein de Dieu qui est le partage de ceux qui sont doux et humbles de cœur.

Agneaux de Vienne (*dom Claude-Jean-Baptiste d'*), né à Paris, suivant la *France littéraire*, en 1728, et selon d'autres, à Caen, où il paraît qu'il est mort jeune encore en 1765 (1). Il s'était engagé dans la Congrégation de de Saint-Maur, en 1745, et il s'y exerça en plusieurs genres. Ses principaux ouvrages sont :

L'Administration générale et particulière de la France; — *l'Histoire de la ville de Bordeaux;* — un *Eloge de Michel de Montaigne, avec une dissertation sur la Religion;* — *Point de vue concernant la défense de l'Etat religieux;* — Quelques poésies, dont une ode sur la *Paix*, envoyée de Caen à l'Académie de la Conception à Rouen en 1763, et qui y fut couronnée. Les strophes suivantes pourront faire juger s'il possédait son Rousseau, et quelle pièce en particulier du Pindare français :

> Hélas ! j'ai vu la messagère
> Des vérités et de l'erreur,
> Accourant d'une aile légère,
> Semer en tous lieux la terreur ;
> Nous peindre des villes en cendre,
> Interdire à notre cœur tendre
> Les doux vœux, les souhaits flatteurs;
> Et nous raconter des ravages
> Dont les peuples les plus sauvages
> Rougiraient de se dire auteurs.

(1) Plus connu sous le nom de de Vienne, où il est cité par D. Tassin et M.U. Robert, ce bénédictin ne mourut, d'après Quérard, qu'en 1792. Peut-être avait-il cherché à se faire oublier. On estime particulièrement ses recherches sur Bordeaux.

J'ai vu nos héros magnanimes
Gémir d'une prospérité
Contraire à leurs nobles maximes ;
J'ai vu mollir leur fermeté.
Troublés à l'aspect des ruines,
Des fleuves de sang, des rapines,
Des palais changés en tombeaux ;
Affligés au sein de la gloire,
Ils se plaignaient de leurs victoires
Et de leurs succès les plus beaux.

La fortune en vain les couronne,
En vain les rend des demi-dieux ;
L'éclat trompeur qui l'environne,
Ne saurait éblouir leurs yeux.
Faut-il, par des coups de tonnerre,
Obtenir un frivole honneur ?
Leur grande âme en est désolée,
Et la nature renversée
Ne peut servir à leur bonheur.

Aigleville, page du duc de Longueville, l'un des Princes du Puy de Rouen, y concourait en 1659, et y fut couronné pour une ode française sur *Atalante*. Il avait aussi composé un sonnet sur *Laodice ;* mais ces derniers vers ne furent que *donnés*, c'est-à-dire offerts en hommage à l'Académie et à sa patronne, sans aucune prétention, en voyant sur les rangs une demoiselle de Rouen, nommée Canu, à laquelle lui et ses rivaux n'osèrent disputer l'Anneau d'or, prix de ce genre.

Albert (Léon d'), sieur de Barante, duc de Luxembourg, pair de France, gentilhomme ordinaire de la chambre du roi, capitaine d'une compagnie du régiment de Sa Majesté, était le cent soixante-seizième sur l'ancien tableau des confrères du Puy, et fut élu Prince de l'association, quelques années après François II de Harlay, archevêque de Rouen, c'est-à-dire en 1628. Le siège de La Rochelle était alors l'événement dominant et le sujet de toutes les poésies. Le médecin Guérante et l'imprimeur Du Petival en firent la description, l'un dans un chant royal, l'autre dans un sonnet. L'auteur le plus distingué, qui fut couronné des mains du duc et Prince, fut Antoine Halley, pour une allégorie latine que l'on lit dans ses œuvres.

Alexandre de Saint-François, religieux de l'ordre du Carmel, en la maison de cet institut, à Rouen. Il y prononça un discours pour l'ouverture du Puy, en 1692 ; il fut jugé digne de l'impression et se lit en effet dans le Recueil des pièces couronnées en cette année. On y trouve une certaine chaleur et de l'érudition ; et parmi ses citations historiques on remarque le témoignage de Luther et de Mahomet lui-même (1) sur l'Immaculée Conception, et surtout des vers de Mantouan, qu'il appelle le Virgile chrétien. « Voilà, Messieurs, continue l'orateur en finissant, voilà comment la conception de Marie a été pure, voilà comme Dieu l'a prévenue de sa grâce pour l'exempter de la malédiction commune qui fait que nous sommes les malheureux objets de sa colère ; voilà enfin ce qui a fait jusqu'ici la matière, l'objet et la fin de vos travaux, ce qui a occupé et animé votre verve et ce qui doit à l'avenir plus que jamais exciter votre zèle ; puisqu'il ne peut choisir une matière plus féconde, pour mériter une gloire immortelle, après avoir été couronnés sur la terre de plusieurs lauriers pour récompense de vos travaux. »

(1) La Beaune, *Analyse du Koran*, p. 204. Paris, 1878 ; gr. in-8o; avec l'*Eclaircissement* de l'abbé Contant de la Molette ; 2 vol. in-12, 1777.

Alexis (Guillaume), religieux de l'ordre de Saint-Benoît, dans l'abbaye de Lyre, puis prieur de Bussy au Perche. On a de lui différentes poésies, bonnes pour le temps, dit Ladvocat; quatre chants royaux présentés aux jeux du Puy à Rouen, in-4° sans date, dit encore le même auteur, qui le fait vivre encore en 1500 ; d'autres marquent sa mort en 1486, et en ce cas il n'aurait pu concourir auxdits jeux (1).

Alorge (dom Laurent), grand prieur de Saint-Ouen de Rouen, est le cent quatre-vingt-dix-neuvième sur le tableau des Princes du Puy de la Conception en cette ville, sa patrie. Il vivait au xviie siècle, et Pommeraye le trouve et le cite dans un acte de 1635. Ses ancêtres occupaient les premières charges municipales, et il comptait plusieurs maires de villes dans sa famille, ainsi qu'on le trouve sur les épitaphes de plusieurs paroisses, rapportées par Farin.

Alyne (Jehan), un des anciens athlètes du Palinod au commencement du xvie siècle et lorsqu'il était encore en l'église de Saint-Jean. Il remporta, en 1510, le Chapeau de laurier pour le second prix du chant royal. Voici la cinquième strophe du sien :

> Quand Dieu gecta hors de subjection
> Le fils Jacob et toute sa séquelle,
> Le texte sainct fait déclaration
> Qu'ils ostèrent d'Egypte la vesselle,

(1) Ce poète a une notice dans tous les recueils littéraires. Du Verdier signale ses poésies du Palinod, mais les croit à tort publiées par Vidoue, qui n'en a recueilli (f° 64) qu'un chant royal. Alexis a également écrit la *Résolution de ni trop [? tôt] ni trop tard marié ;* in-16 gothique. (Catalogue de Pont de Vesle, n° 140). M. le chanoine Chevalier place sa mort avant 1505.

> Que premier-nais souffrirent mort cruelle.
> Et tout cela ne fut peché ne injure,
> Car Dieu hayt mal, et toujours bien procure.
> Par quoy s'il a voulu garder entière
> Celle qui eust virginité féconde,
> Il a bien fait en parfaite matière
> Pour le tout beau la plus belle du monde (1).

Deux ans après il remporta la Palme, symbole du premier prix du chant royal. Tel était son envoi :

> Historien d'arrogante insolence,
> Laissez passer sous obscure silence
> Les vieux Romains, Grecs, Arabes, Hébrieux,
> Thèbes, Carthage, et Troye en conséquence ;
> Et descripvez par sublime éloquence
> Le seur repos du grand thresor des cieulx (2).

Amboise (Georges d') premier, archevêque de Rouen, ministre de Louis XII, n'a été ni Prince, ni lauréat, ni juge du Palinod. Et cependant on a cru devoir lui donner une place honorable au milieu d'eux, moins au reste pour embellir la galerie où sont leurs tableaux que pour rendre à sa mémoire toute la justice qui lui est due. L'Académie a proposé son Eloge en 1773, et ne l'a cou-

---

(1) Les autres strophes nous ont été conservées par Vidoue (f° 28). Son texte présente les variantes que voici :

> ... hors *la* subjection,
> ... toute *leur* sequelle...
> Par quoi s'il *l'a*...

(2) Dans Vidoue, ce chant précède celui qui vient d'être cité (f° 27) et donne ces variantes :

> Historiens *d'arrogance* insolence...
> Les *lieux* Romains...

ronné qu'en 1775, pour qu'il fût plus parfait. Elle a même décerné deux palmes aux orateurs pour leur en témoigner toute sa satisfaction. Un d'eux a parfaitement jugé des intentions de ce cardinal célèbre, en le peignant comme préparant la grande révolution de l'esprit humain (discours de M. de Sacy) (1). « S'il fût monté sur le trône de l'Eglise, ajoute le même écrivain, François Ier. aurait trouvé dans tout leur éclat les sciences qu'il trouva dans leur berceau, et le siècle qui porta le nom de Léon X eût porté celui d'Amboise. L'ignorance, bannie de cette contrée, régna sur le reste de l'Europe, parce que l'empire de d'Amboise ne s'étendait pas au-delà de nos frontières. »
Il est vrai qu'il ne parut point arrêter son regard bienfaisant sur ce Lycée, dont les fondements venaient d'être posés. Sans doute que si la mort ne l'eût pas frappé avant le terme ordinaire de la vie humaine, il aurait travaillé lui-même à la splendeur de ce corps consacré à la religion et aux lettres.

Avant M. de Sacy et l'abbé Talbert, qui reçut la première couronne pour avoir traité le même sujet, Louis le Gendre, l'un des bienfaiteurs et fondateurs du Puy, avait donné l'éloge de d'Amboise in-4º, et n'était pas le seul qui en eût parlé dans le genre oratoire.

V. le *Gallia Christiana*, t. XI et l'*Almanach de Corbeil* 1769 (2), pour son emprisonnement dans le château de cette ville.

> Ainsi, vainqueur des temps, d'Amboise vit encore :
> Son nom rappelle un roi, d'un peuple qui l'adore
> Le père et le soutien.

(*Ode sur le choix des ministres,* par M. le B. Paris, in-8º, p. 13, 1775.)

(1) C'est C.-L.-Michel de Sacy, censeur royal, né à Fécamp.
(2) Cet almanach était publié par l'abbé Guiot.

Ancillon (Louis-Frédéric), pasteur de l'Eglise française à Berlin, où il naquit en 1740. L'année 1776, l'Académie n'avait pas assigné de sujet particulier pour le prix d'éloquence, en laissant aux orateurs la liberté du choix. Elle avait marqué sa prédilection pour cette importante question : quels sont, outre l'inspiration, les caractères qui assurent aux Livres saints la supériorité sur les profanes. Ce prix n'a été remporté qu'en 1778. Jusqu'alors les mémoires qu'on lui avait adressés n'avaient pas répondu à ses désirs : ce ne fut qu'à la troisième année qu'elle reçut un ouvrage où la question est présentée à son véritable point de vue ; un ouvrage qui annonce un écrivain nourri de la lecture des Livres saints et orné de l'érudition des livres profanes. En lui décernant le prix, l'on a plutôt considéré la bonté, le choix, le nombre, la solidité des preuves, que la manière dont elles étaient énoncées. D'ailleurs, si l'on rencontre quelquefois dans ce savant ouvrage des tours d'expression capables de blesser les oreilles délicates, il n'est pas moins vrai qu'il offre un genre d'éloquence nerveux, abondant, majestueux, rapide. L'Académie a trouvé, tout à la fois, la justification de l'estime qu'elle a conçue pour l'auteur du mémoire et l'excuse des défauts qu'elle aurait pu reprocher à son style, lorsqu'elle a connu qu'un étranger, un théologien peut-être plus familier avec les langues grecque et hébraïque qu'avec la nôtre, M. Ancillon, pasteur de l'Eglise française de Berlin, lui avait envoyé ce discours avec l'épigraphe :

Cedite Romani scriptores, cedite Graii.

Tel fut le compte rendu par le secrétaire de l'Académie dans la séance de 1778, et il ajoute dans le recueil imprimé des pièces couronnées en cette année. « En 1782,

M. Ancillon a fait imprimer à Berlin le discours couronné à Rouen. L'auteur y a joint une préface et des notes intéressantes. L'ouvrage, tel qu'il est imprimé, s'est considérablement accru et a été heureusement changé. Dans la nécessité de se renfermer dans un extrait, on a pris les matériaux indistinctement et dans le ms. couronné et dans l'édition de Berlin, in-8º. » Voir cette analyse dans ledit recueil, p. 91-120. Un des ouvrages périodiques qui en ait parlé avec une certaine étendue est le *Journal de Monsieur*, par l'abbé Royou, t. V, in-12, 1783.

M. Ancillon est encore auteur de plusieurs oraisons funèbres, prononcées à Berlin, et d'un Eloge de Saumaise, couronné à Dijon en 1781. Sur quoi il faut lire le *Journal encyclopédique* et l'*Esprit des Journaux* de cette année.

Andry n'est connu au Palinod de Rouen que par une épigramme ou allégorie latine sur le *Colibry* en 1671; et elle est honoraire, comme deux autres pièces de poésies de Fontenelle en la même année.

Anfrye (noble homme Me Guillaume), sieur de Chaulieu, conseiller du roi en sa cour du Parlement de Rouen, et commissaire aux requêtes du Palais audit lieu, fut Prince du Palinod en 1617; et parmi les poètes qu'il couronna, Pierre de Marbeuf est un des moins inconnus dans la littérature française : un des parents de ce magistrat s'y est fait une réputation immortelle par ses vers (1). La sépulture de sa famille était aux Capucins de Rouen.

(1) Il s'agit de Chaulieu, triste abbé commendataire d'Aumale. (*Bulletin de la Commission des Antiquités de la Seine-Inf.*, X, 220.)

C'est à ce magistrat que Thomas Sonnet dédie sa *Défense apologétique* contre les *censures de sa satyre du mariage,* in-12. Paris, 1609. Il était de Vire, et le poète médecin lui dit dans sa préface :

> Ainsi que nous voyons les petits feux célestes,
> Vénus, Mars, Jupiter et les autres planètes,
> Mendier leur clarté du soleil lumineux ;
> Notre patrie ainsi tire de vous sa gloire :
> Vous êtes le flambeau et l'astre qui l'éclaire,
> Gravant par vos vertus son los en mille lieux.

Angué (Nicolas-Etienne-Alexandre), du diocèse de Rouen, instituteur au Séminaire de Joyeuse en cette ville, couronné au Puy de la Conception, en 1748, pour une ode latine sur les victoires de Louis XV (1).

Anquetil, de Bayeux, couronné au Puy de Caen, en 1778, pour des stances sur *Didon.*

Anquetin (Claude), né à Rouen, le 31 mars 1708, curé de Saint-Jean de cette ville, représenta au Palinod ses prédécesseurs, en 1745 ; et au même droit il y siégea environ dix ans, étant mort en 1755, le 11 juillet. Il avait le talent de la chaire.

Anfrie fut un de ses aïeux, au dire des *Annales poétiques* (XIX, 221), et il était parent de Th. Sonnet. La *Défense apologétique,* dont l'édition de 1609 semble inconnue, fut réimprimée dès 1610, à la suite de la *Satyre Ménippée sur les poingnantes traverses et incommoditez du Mariage.* (Catal. de la bibliothèque Ambroise-F. Didot, 1878, n° 344.)

(1) Angué est compté, au mois de décembre suivant, parmi les onze rhétoriciens de cette maison. Ordonné sous-diacre au mois d'avril 1753, il était encore l'un des pensionnaires de Joyeuse pendant l'année scolaire 1753-1754.

Antini (scientifique personne Mᵉ Guillaume d'), prieur du Mont-aux-Malades et chanoine de Notre-Dame de Rouen (1), était le vingt-cinquième sur le tableau des confrères du Palinod, et il en fut Prince en 1520. C'est sous sa principauté que fut obtenue de Léon X la bulle en faveur du Puy de Rouen (2), et que fut représentée la moralité de Guillaume Tasserye, intitulée le *Triomphe des Normands.* Guill. Crétin, un de nos anciens poètes français, était du nombre de ceux qu'il couronna.

Argences (Mademoiselle d') remporta l'Anneau d'or pour un sonnet couronné en 1653, par M. de Becdelièvre, Prince en cette année. Le sujet de ces vers était la défaite d'un monstre né des fraîcheurs d'un marais empesté, qui ravageait l'île de Chypre, comme celui de S. Romain les environs de Rouen (3).

Argile (Louis d'), docteur en théologie de la Faculté de Paris, prieur des Carmes de Rouen, et en cette qualité juge-né du Palinod qui se tenait dans son cloître, en 1664.

Arpens (Michel des), en latin *Jugeranus,* couronné au Palinod de Rouen en 1521. C'était pour une allégorie latine dont il avait puisé le sujet dans ce verset de

---

(1) Il faut lire, avec l'abbé Langlois, *d'Autigny*. Ce fut le premier prieur commendataire du Mont-aux-Malades.

(2) En 1864, les Bibliophiles normands ont réimprimé cette bulle par les soins du savant E. Frère.

(3) Remarquons en passant que les vies latines de saint Romain ne parlent nullement de sa *gargouille*. Le fait d'un serpent miraculeusement exterminé se lit au contraire dans les Actes de saint Nicaise. Comment en a-t-il été dépouillé au profit du patron de Rouen ?

Jérémie, ch. XVIII : *Conversus fecit illud vas alterum, sicut placuit in oculis ejus ut faceret* [v. 4] : Un potier avait fait un assez bon vase qu'il eut la douleur de voir bientôt cassé ; pour oublier cette perte, il en fait un beaucoup plus magnifique, et lui prodigue tous les ornements possibles, et s'admire dans son propre ouvrage (1).

Asselin (*Gilles-Thomas*), docteur de Sorbonne, chanoine de Tours, proviseur du collège d'Harcourt à Paris, était né à Vire en 1682. Il fut l'élève de Thomas Corneille, et fit honneur à son maître par ses succès dans la poésie française en différentes Académies. Il y préluda par un sonnet sur *Isaac*, couronné au Palinod de Rouen en 1702. Ses autres pièces sont imprimées dans les recueils des Académies et dans les journaux du temps. Elles ont presque toutes la religion pour objet. Il mourut à Paris, le 11 octobre 1767, à quatre-vingt-cinq ans (2).
V. *l'Année littéraire*, t. IV, partie II, page 60.

Assise (dom *Jean*), prieur et bailli de l'abbaye de Saint-Ouen de Rouen ; était le cent quarante-cinquième sur la

(1) On peut lire deux épigrammes de M. des Arpens dans les *Palinods* de Vidoue (ff. 78 et 84 v°). — Le texte sacré porte *placuerat*.

(2) Asselin, selon quelques biographes, mourut à Issy. En 1707, les Palinods de Caen (p. 22) publièrent son sonnet sur *Psyché*, et il fut plusieurs fois couronné aux Jeux floraux (*Mercure galant*, mai 1710, p. 208). — Non seulement il a eu place dans les *Annales poétiques* (XL, 211-222), mais deux de ses poésies furent insérées de son vivant dans le *Parnasse chrétien*, II, 158 et 213 (Paris, 1748; in-8°). *Les Muses chrétiennes* lui ont aussi emprunté deux extraits en 1823 (pp. 29 et 74).

Quelques-uns de ses *Discours* ont paru dignes d'entrer dans la grande collection des *Orateurs sacrés*, éditée par l'abbé Migne (tome LXIII).

liste des Princes du Puy de la Conception ; il ne paraît cependant pas qu'il en ait géré la principauté. Un Robert Assise, trésorier de France et maître des eaux et forêts, fut inhumé aux Cordeliers en 1393. D. Assise était de cette famille, mais on ignore s'il mourut dans sa patrie.

Auber ou *Osber* (*Guillaume*), un des plus anciens poètes lauréats au Puy de Rouen (1). Jean Marot s'y était présenté en 1521, et il lui enleva la Palme. Son chant royal commence ainsi :

> Plusieurs quantons d'hommes barbariens,
> Haultz emplumez, les piques sur les bras,
> Plus obstinez que le grand Fier-à-bras,
> Fort tailladez, bigarrez de tous draps,
> Se sont jetés au champ sur la prairie,
> Pensant gréver la pucelle Marie,
> Et la picquer de façon inhumaine -
> Par leurs souldars et ligues fanatiques.
> Mais en vertu et grâce souveraine,
> Sans lésion a passé par les picques.

ENVOI

> Sus, Rouennais, que chacun estudie
> Palinoder, et que partout on die

(1) Vidoue l'appelle Nicolle dans son Recueil, où ce chant royal figure f° 33 v°. Le troisième vers est :

> Rébarbatifs comme Canariens.

Au neuvième vers on lit :

> Par leurs souldarts et ligues schismatiques.

Enfin, l'avant-dernier vers de l'envoi devient :

> Chantez ce dict en voix doulce et seraine.

Mme Oursel cite ses poésies palinodiques en manuscrit à la Bibliothèque nationale.

Ces faulx soudards avoir parolle vaine
En soutenant que Notre-Dame eut peine
De vil péché; et pour toute réplique :
Sans lésion a passé par les picques.

Auber (Pierre), chanoine régulier de Sainte-Geneviève, né à Rouen vers la fin du xve siècle, de parents nobles et considérés de cette ville, fut curé de Saint-Lô au commencement du siècle suivant, puis élu capitulairement prieur de sa maison, en présence de l'abbé de Beaubec, le 27 août 1515. Trois ans après il géra la principauté du Puy de la Conception ; il y couronna plusieurs poètes de marque de son temps et connus encore du nôtre, tels que Jean Parmentier, Jacques *Le Lieur* et Guill. *Thibault*. Il est le trente-troisième sur l'ancien tableau des Princes. Son zèle s'étendit particulièrement sur la maison qu'il gouvernait. Outre la porte du cloître qu'il fit faire pour entrer dans l'église devant l'autel de Sainte-Anne, il fit clore celle qui était devant la porte même de l'église. Il fit encore écrire sur vélin une bonne partie des grands livres pour l'office, qui portent ses armoiries. Il portait de gueules à trois nèfles d'or, au chef de sable et croissant d'or. Il résigna à Nicolas Ler en 1520.

Aubin (M.) se trouve parmi les auteurs dont Adrien Boccage a recueilli les pièces au comm. du xviie siècle. Celle de M. Aubin était une ode française de quatre strophes seulement sur l'*Escarboucle*, page 126 du Recueil.

Aubry (Michel d'), auteur de stances sur le *Diamant*, pour lesquelles il reçut la tour d'argent des mains d'Alphonse de Bretteville, prince en 1614.

Audace (Jean).

La forte Tour de boys incombustible

était le sujet et le refrain d'un chant royal qu'il présenta au Puy en 1544, étant Prince Jacques Le Lyeur.

Aufray ou *Aufvray*, vers le milieu du xvie siècle, c'est-à-dire en 1544, où il présenta au Puy un rondeau qui commence par ce vers :

Passe ennemi, tu ne me peux reprendre;

et en 1545, il mit au concours une ballade ayant pour refrain :

Dieu d'ung Concept nous rend joyeux.

L'une et l'autre de ces deux pièces sont dans le ms. du Chapitre de Rouen, qui ne renferme que ces deux années.

Auffroy (Clément) se trouve inscrit le quatre-vingt-quatrième associé du Puy de la Conception pour en être Prince à son tour. On ignore l'année de sa gestion.

Auge (d') a remporté le Soleil à Rouen pour des stances sur la plante pucelle en 1670.

Auger était vers le milieu du xviie siècle un des poètes les plus connus au Puy de Rouen pour tous les genres de poésies françaises qu'on y couronnait. Si son nom ne s'y trouve pas tous les ans, de 1639 à 1650, il y a des années où il se rencontre plusieurs fois parmi les vainqueurs ; trois prix de chants royaux, autant de stances, deux ballades et une ode française composèrent la moisson qu'il fit en dix ans révolus. Les plus beaux sujets qu'il y ait traités étaient *Saint Jean l'Evangéliste* et *Sainte Cunégonde*.

Auger (Athanase), né à Paris le 24 décembre 1734, professeur d'éloquence au collège de Rouen, et à ce titre juge-né de l'Académie de la Conception, était un savant. Mais la science en lui n'excluait pas le goût, au contraire : c'était parce qu'il sentait vivement les beautés des anciens qu'il s'était livré tout entier à l'étude de ces modèles trop négligés aujourd'hui. Menant une vie retirée et n'ayant de passion que celle du travail, il a publié un grand nombre de bons ouvrages, surtout des traductions estimées (1) : celles d'Eschine, de Démosthène, des homélies de saint Chrysostome et de saint Basile, de trois volumes des harangues de Cicéron et des discours d'Isocrate et de Lysias avaient paru avant qu'il quittât la chaire d'éloquence qu'il occupait à Rouen. Il laisse de plus une traduction des discours de saint Athanase et de saint Grégoire de Nazianze, une édition complète d'Eschine et de Démosthène, avec une traduction latine à côté, dont le premier volume a été imprimé chez Didot, etc.

L'ancien évêque de Lescar, ami des lettres, avait donné à l'abbé Auger le titre de grand-vicaire et l'appelait ordinairement son grand-vicaire *in partibus Atheniensium*. C'est qu'en effet M. de Nocé, pour se perfectionner dans le grec, avait voulu être le disciple *in part. Athen.* de

---

(1) La Harpe loue l'abbé Auger de sa « grande exactitude » comme traducteur; en quoi il n'avait pas le droit de se montrer difficile. Pourtant il ajoute : « Jamais homme ne fut moins fait pour traduire un orateur. » Plus tard, la traduction de Démosthène devient « très médiocre »; et celle d'Isocrate est jugée meilleure : ce qui n'était qu'un compliment relatif. (*Corresp. littér.*, II, 24, 34; III, 130.)

Tel traducteur de Démosthène n'a pas eu de nos jours une répul'abbé Auger qui lui donnait des leçons. Il était aussi pensionné du clergé pour ses traductions des Pères. Connaissant toute l'influence de l'éducation sur les mœurs et le bonheur public, il proposa quelques vues sur cet objet important. Il écrivit aussi sur plusieurs points politiques et toujours dans les principes que nourrissait en lui la lecture de ses chers anciens. Il a donné entre autre un *Traité de la Constitution romaine.* Il est mort à cinquante-sept ans, le 6 ou le 8 février 1792. Le lendemain fut faite une pétition à l'Assemblée nationale pour assister à son convoi par députation; mais ce fut l'Académie des Sciences et Belles-Lettres, dont il était membre, qui lui rendit les derniers devoirs en cette forme. Quatre jours après parut son dernier ouvrage de la tragédie grecque destiné à servir de préface à la traduction des trois tragiques grecs en prose et en vers, qu'il avait faite avec son ancien ami M. Paris, auteur d'un quatrain pour le portrait du savant académicien et confrère de ceux de Rouen.

> Il nous enrichissait par ses doctes ouvrages
> De tout ce que la Grèce enfanta d'orateurs,
> Et nous retraçait dans ses mœurs
> Tout ce qu'elle avait eu de sages.

V. le *Moniteur universel*, n° 103, 1792 ; l'*Esprit des journaux*, 1777, les feuilles de l'abbé de Fontenai, 1783, et le dernier recueil de l'Académie de la Conception pour laquelle il a fait la traduction d'une ode grecque présentée

---

tation plus durable. Mais Auger recueillit un honorable témoignage de l'estime qui l'entourait. Dans sa séance du 6 décembre 1782, l'assemblée générale du clergé de France, présidée par le cardinal de la Rochefoucauld, notre archevêque, accorda une pension de 1,000 livres à l'abbé Auger, classé parmi « plusieurs savants et gens de lettres recommandables par l'usage qu'ils font de leurs talents. »

en 1644 à François de Harlay, archevêque de Rouen, qui, vingt ans auparavant, avait décerné les prix aux poètes du Palinod. L'éloge du traducteur y eût été prononcé si cet institut n'eût pas eu le sort de tant d'autres ; mais la mémoire de l'abbé Auger n'en sera pas moins durable dans l'empire des lettres.

Œuvres posthumes d'Ath. Auger : *De la Constitution des Romains*, 2 vol., Paris, chez les directeurs de l'imprimerie du Cercle social, rue du Théâtre-Français ; prix 5 fr. On a joint à ce second volume l'Éloge d'Ath. Auger, par Hérault de Séchelles, et son portrait en vers par Dorat Cubières. Ce volume, aussi intéressant que le premier, confirme l'opinion du public et l'accueil qu'il a fait aux œuvres posthumes d'Ath. Auger.

V. son *Éloge* dans le voyage à Montbar, par H. de Séchelles, 1801.

Avice, curé de Saint-Lô vers 1640, et dans ce temps-là membre du Tribunal académique du Palinod de Rouen. C'en était une des plus brillantes époques, et à juger des académiciens par les concurrents qu'ils couronnaient, le curé de Saint-Lô dut se faire une réputation dans les jugements qui décidaient de leurs victoires.

Avril ou *Apvril* (*Pierre*), de la ville d'Eu ; nom très fréquent parmi les lauréats du Palinod de Rouen à la fin du xve siècle et au commencement du suivant, de 1496 à 1504 (1). Son premier chant royal est un plaidoyer en vers, et voici le prononcé de la sentence :

---

(1) Deux ballades et deux rondeaux accompagnent, dans le Recueil de Vidoue (ff. 22, 67 et 79), deux chants royaux. Mais la citation qu'on va lire ne s'y trouve pas.

> Sur quoi après les cas approfonditz,
> Déclarâmes par très meure sentence,
> Que ce Concept par souverain édictz
> Fut sans péché et sans quelque insolence.
> Lequel voulons en toute révérence
> Estre à toujours et par chacune année,
> Solempnisé à sa saincte journée.
> Oultre faisons la déclaration
> Que ceux n'auront participation
> Au royaume du célicque domaine,
> Qui ne croiront qu'elle est sans fiction
> De tous péchés exempt, clère et saine.

Telle était la rigidité des sentiments d'alors : ils sont un peu moins durement exprimés dans un autre chant royal en 1499, dans des rondeaux en 1513 et 1517, dans les ballades de 1514 et 1515. La première de ces deux poésies lui valut la Fleur de lis d'argent, nouveau prix que Jacques Deshommets, Prince de l'année, ajouta à ceux qu'on avait donnés jusqu'alors. En 1516, il eut la gloire de l'emporter sur Guillaume Crétin, et son chant royal était sur la délivrance

> D'un grand gerfault par l'aigle défendu.

En 1524, c'est de la main du premier évêque Prince du Puy qu'il reçut la couronne pour un chant royal, qui parut fait sur le Parlement de Rouen assez nouvellement établi en cette ville, suivant le refrain :

> La noble court rendant à tous justice.
>
> . . . .
>
> De cete court grave et grand chancelière
> Vertus ont lieu de présidents prudens :
> Vérité est première conseillère,
> Et pureté huyssière là-dedans ;

> La greffière est virginité féconde,
> Et la concierge humilité profonde,
> Pithié procure à vidder les discords ;
> Comme advocat amour aide aux accords.
> De geolier vacque le seul office :
> Aussi on voit, par officiers concors,
> La noble court rendant à tous justice (1).

Ce chant royal est dans le premier Recueil manuscrit de l'Académie qui l'a couronné il y deux cent soixante-dix ans. On le trouve encore dans un des plus beaux manuscrits de la Bibliothèque du roi (in-f°, n° 6989). Il est parfaitement écrit sur vélin et précédé d'une belle miniature qui représente un tribunal où siègent les vertus citées dans les strophes : Adam et Eve sont à genoux et entendent la sentence de grâce qui leur est accordée ; on croit que cette miniature a été peinte par l'auteur du poëme couronné. Elle a été gravée in-4° par Demaison, pour l'article du Palais-de-Justice de Rouen, n° 31, des *Antiquités nationales*, par A. L. Millin, 1792 (2).

Avril (*Jean*), de la ville d'Eu. Dans un des plus anciens ms. du Palinod de Roüen se trouve sous ce nom un chant roïal

> Sur l'entreprise
> De la victoire de Venise,

---

(1) Voici les utiles variantes de ces vers qui appartiennent au second chant royal de Vidoue (f° 23, v°) :

> De ceste court *grâce est* grand chancellière...
> Et *purité*...

(2) C'est au tome III de l'ouvrage, dont quelques exemplaires portent 1791. Le graveur a signé Desmaisons. Millin reproduit la strophe que Guiot vient de citer, et donne les étymologies exactes des mots *Puy* et *Palinod*.

> Selon le sens mytologique
> Pour mieux fluer au réthorique,
> Prétendant un sens littéral
> Elucider en général
> La très saincte Conception
> De l'humble fille de Sion
> Contre la *pureté du feu élémentaire;*

Puis une ballade donnée au *Prince* en 1545, ayant pour refrain :

> Concept miraculeux soubs Dieu.

Ce poète était probablement fils du précédent, recteur à l'Université de Paris.

Avril (Jean), de la ville d'Eu, dont parlent Duverdier et Juvigny, dut être presque centenaire en 1621, année de sa mort, si c'est le même couronné à Rouen en 1545 (1). Il était recteur de l'Université de Paris et doyen de Saint-Vulfrand d'Abbeville en 1571. Il avait commencé de traduire le *Zodiaque*, de Palingène ; mais les essais de traduction qui en parurent dans les œuvres de Sainte-Marthe en 1571, in-8º, l'empêchèrent de publier ses deux premiers livres (2).

Auvray (Jean), avocat à Rouen, sa patrie, est connu par plusieurs pièces imprimées dans le Recueil d'Adrien

---

(1) Le doute ne semble que trop fondé. Le Jean Avril, sieur de la Roche, cité par la Croix du Maine, était né près d'Angers. C'est à lui que ce bibliographe attribue la traduction de Palingène.

(2) Les *Annales poétiques* (XVII, 107-161) ont réimprimé une douzaine de ses poésies.

Boccage sur la Conception, de 1615, telles que des chants royaux, pages 93 et 117, l'un sur

> Le Cube ferme ou la rondeur mobile,

l'autre sur

> L'antien palais dans le brazier du monde;

telles encore que des stances sur la Conception, et d'autres où il prouve que la Vierge est à la fois *Etoile, ciel, soleil, soucy, bouton* et *lys*. (V. le suppl.).

Auvray (Guillaume). Chants royaux, odes et stances furent les véhicules de la réputation que se fit ce poète dans la lice palinodique ; il y entra en 1619, et y moissonna la première palme pour un chant royal sur

> La Voix vivante en une bouche morte ;

c'était la statue de Memmon. Deux ans après, il traita un sujet aussi difficile et plus singulier :

> Sus à l'essor, muse, ma chère cure :
> Trousse à ton flanc tes habits précieux ;
> D'un gaze d'or tresse ta chevelure,
> Fronce ton voille, et vole en mille lieux
> Sur les cerceaulx des zéphyrs gracieulx,
> Grimpe dans l'air, abime-toi dans l'onde,
> Que l'arimasque en ses chauves déserts,
> Le colopode et l'astôme lybicque
> Goûtent ravis dans mes doctes concerts
> *D'un sang infect un corps aromatique.*

ENVOI

> Race d'Adam, ma parlante peinture,
> Te feint, te peint ce sang contagieux ;
> Et vous, Marie, et vous, ô Vierge pure,
> Etes-vous pas le musc délicieux

> Et le parfum des anges glorieux ?
> Oui ; mais aussi, vierge et mère féconde,
> Puisqu'embarquée en notre nef profonde,
> Vous ne pouviez vous exempter des fers
> Ny de venin du serpent plutonique,
> Quand Dieu vous fit pour braver les enfers
> *D'un sang infect un corps aromatique.*

Egalement habile à toucher la lyre, il fit une ode couronnée en la même année 1621 :

> De Pinde belles concierges,
> Faites un bouquet de fleurs
> A notre Vierge des vierges
> Emaillée de cent couleurs ;
> Et si autrefois ma lyre
> A triomphé sur ce Puy,
> Que le plus savant admire,
> Combien le Dieu qui m'inspire
> M'est favorable aujourd'hui.

Son chant royal couronné en 1624 avait pour refrain :

> *Le temple ferme en la vague mobile.*

Et l'année précédente il terminait ainsi des stances pour lesquelles il eut le premier prix y attaché :

> Vous, Icares mortels, qui voulez comme moy
> Voler dans l'infini de ces divins oracles ;
> Si vous n'estes munis des ailes de la foi,
> Gardez-vous de tomber en sondant ses miracles.

SUPPLÉMENT

Auzanet de la Jéraffi (*J.-Baptiste*), né à Rouen (1), y fut couronné des mains du président de Louraille en 1731 pour ses stances sur *Codrus*. Quelques années

---

(1) Ballin et Mme Oursel l'appellent Louis.

auparavant, il avait composé un emblême pour le mariage de Louis XV.

Alleaume, jésuite, couronné au Palinod de Caen ou de Rouen vers le même temps que le P. [de] la Rue. Le P. Bouhours rapporte sa pièce dans sa *Manière de penser;* elle commence ainsi :

<blockquote>Les dieux touchés de mon naufrage.</blockquote>

Le sujet est le même que celui du P. la Rue, et tiré de la même épigramme grecque (1).

B

Baillehache, né à Rouen, auteur d'un rondeau donné au Prince du Puy en 1544, commençant par :

<blockquote>Soubs vie et mort en nature passible (2).</blockquote>

(1) Le jésuite Gilles Alleaume, de Saint-Malo (1641-1706), fut précepteur du duc de Bourbon. Les bibliographes ses confrères ont ignoré que la pièce fut couronnée aux Palinods (*Bibliothèque de la Cie de Jésus*, I, 179; éd. 1890). — On a réimprimé jusqu'à ces derniers temps ses *Souffrances de N.-S. J.-C.*, traduites du portugais, retraduites en plusieurs langues.

Quant à l'épigramme grecque du poète Philippe de Thessalonique, elle ne comporte que trois distiques, et se lît p. 84 de l'édition classique (*Anthologia epigrammatum græcorum*) publiée à la Flèche en 1624. Dans la collection Didot, c'est la 85e du IXe livre. L'imitation du P. Alleaume a été plusieurs fois imprimée, par exemple, comme nous l'apprend le P. Sommervogel, dans le *Recueil de vers*, édité par le P. Bouhours (p. 305. Nouv. éd. de 1701).

(2) Une famille Baillehache avait de grands biens en Normandie au commencement du xve siècle. (Farin, *Hist. de Rouen*, I, 121-122; éd. 1668.)

Bailleul (Jean de), né à Rouen (1). Ce nom depuis longtemps connu dans la robe des premières cours souveraines du royaume. Déjà le burin de Michel Lance avait transmis à la postérité les traits de Nicolas et de Louis, l'un et l'autre présidents à mortier du Parlement de Paris, dont le dernier s'était retiré à Saint-Victor, où il mourut le 11 juillet 1701. Dix ans auparavant, c'est sur un autre théâtre et d'une autre manière que se perpétuait la gloire du nom dans la personne de Jean de Bailleul, couronné au Puy de Rouen en 1691. Il n'était encore qu'à l'âge où Fontenelle en 1670 avait annoncé dans la même arène les rares talents qui firent depuis sa réputation. Le jeune de Bailleul chanta dans une allégorie latine les douceurs de la paix dont jouissait le royaume au milieu de la guerre chez les puissances voisines.

Bailleul (Charles de), président à mortier du Parlement de Normandie, Prince de l'Académie de la Conception pour l'année 1750, était né le 10 février 1706. Les auteurs se présentèrent en foule pour être couronnés de ses mains; et, si faire des glorieux c'est faire des heureux, on peut dire qu'il en fit beaucoup le jour qu'il distribua les couronnes palinodiques. La séance se termina par un petit plaidoyer poétique en l'honneur de l'agonothète respectable dont la générosité venait d'éclater d'une manière si honorable. Mais ce tribut d'éloge n'était que le prélude de celui qui fut payé à sa mémoire après sa mort, arrivée le 23 décembre 1775, à sa terre de Bailleul. M. l'abbé de Lurienne, alors secrétaire perpétuel, fut l'interprète de la reconnaissance publique et consacra dans un éloge parti-

---

(1) Bailleul. Les biographes l'appellent Louis. Un Jean de Bailleul est cité à l'Echiquier de 1346. Farin, I, 157.

culier les plus beaux traits de la vie exemplaire de ce vertueux magistrat. V. *Recueil* de 1776, page 4 et suivantes.

Balle (*Vincent de la*) était un des meilleurs poètes latins de son temps, quoiqu'on n'en ait d'autres preuves que deux allégories latines couronnées au Puy en 1515 et 1517 (1).

Clément Marot tira grand parti d'une de ces pièces pour un chant royal qui a pour refrain :

La digne couche où le Roi reposa.

Ballelas, ancien professeur de l'Université de Paris. On croit que c'est un pseudonyme; mais les vers latins auxquels furent adjugés le Laurier n'en sont pas moins dignes des plus beaux temps. Ils sont sur la *Conception*; c'était en 1744.

Balley, à Caen, remporta à Rouen le prix de l'ode latine, sous la principauté de M. de Miromesnil, en 1765. *La Pucelle d'Orléans* était son héroïne.

Ballière (*Charles-Louis*), chimiste à Rouen, né à Paris, membre de l'Académie des Sciences, Belles-Lettres et Arts de Rouen, et juge en celle de la Conception en la même ville en 1765 ; auteur de plusieurs pièces dramatiques (2).

V. *la France littéraire*, à l'article Miromesnil [?].

(1) Le Recueil de Vidoue a imprimé de lui (f° 92, v°) une épigramme latine, qui paraît être celle dont Guiot veut parler, du moins à en juger par l'avant-dernier vers :

Lectum, Virgo, refers cubuit quo summa potestas.

(1) Ballière de Laisement (1729-1800) a publié, dès 1746, *les*

Ballüe (Adrien), chanoine en l'église de Rouen, député du clergé en 1570 pour les États de la province de Normandie, ainsi qu'en 1580, était le cent quatorzième sur le tableau des Princes de la Conception.

Bar (frère *Benoît*), né à Rouen, religieux dont l'ordre n'est point exprimé à la suite de sa signature, existait en 1528 ; et l'on trouve en cette année un chant royal dont il est l'auteur, à *l'honneur de l'Immaculée Conception de la toute Belle Mère de Dieu*. Son refrain était :

Le libvre exquis sans erreur et sans vice.

Ce libvre fait vouloir impérial
Escryre en or de honorable prudence,
Sur une fleur blanche comme chrystal,
Très bien brunye en vernis d'innocence,
Enluminé en azur de crédence,
Et vermillon de grand dévotion.
Ainsi escript, par consummation
Fut relié d'ardente charité,
Puis de sept sceaulx de plaisant artifice
A esté clos pour sa sécurité
Le libvre exquis sans erreur et sans vice.

En cette année fut condamné au feu un nommé Barus ou Bar, pour plusieurs blasphèmes contre l'honneur de

---

Fêtes de l'hymen et la Rose, opéra-comique. On connaît de lui cinq autres œuvres dramatiques. En 1764 parut sa *Théorie de la musique*, in-4°.

Outre une ou deux publications qui rentraient dans ses études professionnelles, il a réimprimé chez Didot en 1790 le *Gaʒophylacium Græcorum*, de Ph. Cattier, sorte de jardin des racines grecques, qui devait enseigner en « une heure » tous les dérivés de la langue grecque. C'était une chimère renouvelée de l'an 1651, ce qui prouve qu'il en renaît dans chaque siècle.

la Vierge, mère de Dieu, disent Farin et Pommeraye, et l'on fit une procession solennelle à cette occasion.

Barasin (Robert), médecin à Rouen, auteur d'une ode latine sur la maison de Pindare, respectée dans le sac de Thèbes. Cette pièce lyrique fut couronnée au Puy de Rouen en 1659 (1).

Barasin composa en 1693 des stances sur *l'Aurore*, et remporta le prix de ce genre.

> Sors du sein de Thétis, reviens, charmante aurore,
> Reviens peindre nos champs des plus vives couleurs;
> Sans ton puissant secours, en vain l'aimable Flore
> Produirait en ces lieux tant de brillantes fleurs.

L'Anneau d'or fut aussi son partage pour un sonnet en la même année. Il avait pris pour sujet une image de la sainte Vierge préservée des ruines dans le sac de Rhodes par Soliman.

> Tremblez, Rhodes, tremblez; Soliman vous menace, etc.

Bardin (Pierre), l'un des premiers titulaires de l'Académie française, composa, au commencement du xviie siècle, un chant royal pour le Puy de Rouen, sa patrie. Son refrain était :

> Le ferme poids sur un appui mobile.

Cette pièce est imprimée dans le recueil d'Adrien Boccage, p. 119. *V.* le Supplément (2).

---

(1) Barasin paraît bien être le fils du médecin de Vire qui a écrit sur l'astrologie.
(2) Bardin, comme on sait, n'a écrit que quelques ouvrages de morale, dont le fond est le plus souvent emprunté à l'Ecriture.

Baron (Pierre), peut-être des Baron de Thibouville, était le cent quinzième sur le tableau des Princes du Palinod de Rouen (1).

Barre (Antoine de la), abbé commendataire de la Trinité-du-Mont, proche Rouen.

« Il fut le premier, dit Pommeraye, dans l'histoire de
« cette abbaye, qui posséda l'abbaye à titre de commende
« après le concordat. Il était tourangeau, doyen de Saint-
« Martin de Tours. Il obtint l'abbaye de Sainte-Cathe-
« rine environ l'an 1518, et présenta adveu à la chambre
« des Comptes le 27 septembre 1520. Il fut évêque d'An-
« goulême en 1527, puis archevêque de Tours en 1530.
« Ce fut lui qui reçut commission du pape Léon X, l'an

---

(1) Il semble bien que Guiot veut dire que Pierre Baron pourrait être de la famille des Baron, sieurs de Thibouville. Voici les notes instructives qu'a bien voulu extraire pour nous de ses titres de famille notre excellent confrère M. Pierre Le Verdier.

Pierre Baron, écuyer, sieur de la Lorie, près de Pont-Audemer, et conseiller au bailliage de cette ville, mourut vers 1670. C'est lui évidemment que cite Guiot. Il eut pour frère Jean Baron, écuyer, sieur de Thibouville, élu en l'élection de Pont-Audemer.

Charles Baron, petit-fils de Jean, fut un poète assez réputé de son temps. Né en 1655, probablement à Rouen, il est mort le 20 avril 1730 à Pont-Audemer, ou plutôt près de cette ville, en sa terre de Thibouville, fief situé à Manneville-sur-Risle. Avocat au Parlement, on le trouve en 1696, 1699, 1704 demeurant à Rouen, où son père Jacques Baron était lieutenant particulier au bailliage.

Qualifié Baron de Thibouville, du nom de sa terre, il a été ainsi confondu souvent avec les Lambert d'Erbigny, marquis de Thibouville-la-Rivière, près de Brionne. Canel est le premier qui, dans son *Histoire de Pont-Audemer* (II, 410), a démêlé ces erreurs.

Les descendants de Charles Baron possèdent de lui de nombreux portefeuilles de vers, et une correspondance où figurent des noms illustres dans les lettres. C'est à leur communication qu'est due l'insertion des *Annales poétiques*, t. XXXII, p. 223-234.

« 1520, pour publier les Bulles que ce pape avait accor-
« dées au Puy de l'Immaculée Conception à Rouen. Il
« jouit des revenus de cette abbaye, puisqu'il y fut
« nommé en 1518 et ne la quitta qu'avec la vie en 1546. »

Basly (*A. de*), bachelier en théologie de la Faculté de Paris, mort vicaire de Saint-Jacques-du-Haut-Pas, en cette ville, vers 1780. Il avait concouru en 1768 aux deux Puys de Palinod dans la province de Normandie, à celui de Rouen et à celui de Caen, sa patrie. Les stances furent le genre dont il fit choix pour la forme de la poésie qu'il y présenta, et ce texte de saint Augustin *Fecisti nos ad te, Domine* (1) en faisait le sujet et le fond. Pour réussir dans cette paraphrase touchante, il n'eut besoin que de puiser dans son propre cœur, et il s'est peint lui-même d'une manière très intéressante. Cependant, malgré le mérite intrinsèque de sa composition, il n'obtint dans l'un et l'autre lycée que le second prix. Son amour-propre s'en consola d'autant plus volontiers qu'il se vit enlever la première couronne par M. Boisard, son compatriote, à Caen, et par Mme du Bocage, à Rouen.

Bernis avait dit en parlant de l'orgueil :

> Je t'appelle et tu fuis, ô nature, ô ma mère ;

et notre poète par la même inspiration :

> Je t'appelle et tu fuis, ô moitié de mon être,
> Bonheur vanté partout, et partout ignoré ;
> Depuis que je respire, hélas! sans te connaître,
>   Mon cœur t'a désiré.
>
> De ma faible raison perçant la nuit obscure,
> Le soin de te chercher guida mes premiers pas ;
> Je promenai mes yeux en vain sur la nature,
>   Je ne te trouvai pas.

(1) Cette phrase célèbre se lit au début des *Confessions*.

Avide des plaisirs que le monde nous donne,
« Où trouver, dis-je alors, le bonheur qui me fuit?
« De ces biens attrayants, dont l'éclat m'environne,
  « Sans doute il est le fruit. »

Dans l'espoir incertain d'un bonheur chimérique,
J'abandonnai mon âme à ses transports naissants;
Le plaisir fut mon Dieu; sa langueur léthargique
  Assoupit tous mes sens.

Etendu sur des fleurs nouvellement écloses,
Je semblais engourdi dans les bras du sommeil;
Quand le sombre dégoût, glissé parmi les roses,
  Excita mon réveil.

De ma raison alors la lumière tardive
A mes yeux entr'ouverts fit briller son flambeau :
J'allais suivre ce guide...; une ombre fugitive
  M'égara de nouveau.

Follement ébloui par l'éclat des richesses,
Je cherchais le bonheur dans l'amas des trésors;
Je vis bientôt, Plutus, je vis que tes largesses
  Sont le prix des remords.

Des trésors entassés la vaine jouissance
N'assouvit pas l'ardeur de mes vœux inquiets.
Je goûtai les plaisirs, je fus dans l'abondance,
  Sans connaître de paix;

Tel on voit un mourant que la fièvre dévore,
Dans l'excès des douleurs dont il se sent rongé,
Se tourner sur son lit et se tourner encore,
  Sans être soulagé.

Insensé que j'étais, dès l'âge le plus tendre
J'errais en adorant un fantôme imposteur;
Et du temps fugitif j'osais un jour attendre
  Le terme du bonheur.

> Enfin j'ai reconnu ce séjour de misère,
> Et j'ai dit : « Toi, Seigneur, peux seul combler mes vœux. »
> Serai-je encor longtemps sur ce triste hémisphère
> Captif et malheureux ?

On peut voir sur la même matière les articles Duruflé et Midy.

L'abbé Basly avait succédé, dans la place ministérielle qu'il occupait, à feu l'abbé Coppey, son compatriote et prieur de Châtillon, et ne tarda pas à succomber sous la même maladie. Il travaillait alors à une traduction du *Phédon* de Platon. Pour achever son éloge, on pourrait dire avec M. Boisard, son rival :

> Il remit le dépôt de son âme agrandie
> Aux mains de son Auteur.
> . . . .
> Son corps a disparu : nulle pierre funèbre
> N'a dit : « Il gît ici. »
> . . . .
> Mais sa vertu respire.

Bassin ou *Bessin* pouvait florir au milieu du xvie siècle, puisqu'en 1545 on trouve une ballade de sa composition. Elle commençait par :

> Le hault seigneur et divin Roi.

Bassompierre (*Louis-François*), abbé de Saint-Georges de Boscherville, proche Rouen, et de Saint-Pierre de Chézy, puis évêque de Saintes, était le cent quatre-vingt-quinzième des confrères de l'institut du Palinod, et il en fut nommé Prince pour l'année 1641. Il venait de réparer son église de Saint-Georges et d'y mettre des religieux de la congrégation de Saint-Maur. Sa gestion fut remarquable par le couronnement de Thomas Corneille, pour une ode française. Un archidiacre de Toulouse, nommé *Samblancat*, avait adressé aux juges du Puy une ode latine pour le prix de François de Harlay; il ne le remporta pas. Cependant on lui envoya une médaille avec cette inscription : *Anno principatus Bassompetræi 1641, Rotomagense pod. p. Samblacato, Tolosano archidiacono, ex archiepiscopali munificentia argenteum odes pindaricæ alvearium, dubia palma pro merito, honoris causa duplicavit.*

Beaudoin (François-Nicolle), de Paris, s'est exercé sur les trois genres de poésie française qu'il était d'usage de couronner au Puy de Rouen au xvie siècle. Il y présenta en 1544 un chant royal dont le sujet était tiré de l'Apocalypse :

L'épouse saincte à l'Aigneau préparée;

puis une ballade l'année suivante sur :

L'honnête espouse de l'Aigneau;

enfin un rondeau dont le refrain était le cri de joie des Français :

Vive le Roy de gloire.

Beaudouin (Etienne), né à Rouen vers 1745, sur la paroisse de Saint-Denis, où il fut vicaire après avoir professé les humanités à Metz; fut nommé à la cure d'Aulnay (1), diocèse de Rouen en 1787. Etant à Metz, il envoya une ode française sur le *Repentir*, au concours de l'Académie de la Conception. Elle y fut couronnée

---

(1) Paroisse aujourd'hui réunie à Saint-Paer, canton de Duclair, *S.-Inf.*

en 1765. Il avait fait ses preuves de talent pour la poésie latine dans l'Université de Paris, où il avait remporté des prix honorables. De retour dans sa patrie, il renonça à ce genre de littérature pour ne s'occuper que de l'Ecriture sainte, et le livre auquel il s'attacha de préférence fut l'Apocalypse. Le fruit de son travail particulier sur cette fameuse prophétie fut un ouvrage modestement intitulé :

Essai sur l'Apocalypse, ou explication littérale et historique de la révélation de l'apôtre saint Jean, avec des remarques sur le système de M. Pastorini, 2 vol. in-12. Rouen, Boucher, 1781 (1).

Cet essai a eu de la réputation ; et parmi les éloges qu'on en a faits dans les ouvrages périodiques, il faut mettre ce que M. Clémence, chanoine de Rouen, dit, page 40, de sa *Réfutation de la Bible enfin expliquée* : « On doit à M. Beaudouin, vicaire de Saint-Denis, cette remarque que je n'ai rencontrée nulle part, quoique les interprètes aient fait bien des efforts pour découvrir le nombre mistérieux qui est dans le nom d'apostat, lequel en grec donne exactement 666. »

Bauldry (noble homme *Richard*), sieur de Semilly, ancien conseiller et échevin de Rouen, était le cent cinquante et unième sur le tableau des confrères de l'association du Puy, destinés à en être Princes. Il le fut en 1606, et Jean Grisel de Rouen reçut deux prix de sa main pour autant de chants royaux qu'il avait mis au concours (2).

(1) Cet *Essai* fut réimprimé, ou du moins parut avec un nouveau titre en 1784. — Les biographes écrivent sans *e* le nom de l'auteur.

(2) Richard Baudry était prieur de la juridiction consulaire en 1601. Un Richard Baudry fut député de la ville aux États de Normandie en 1520 ; et Jacques Baudry, « conseiller de ville », le fut de même en 1568.

Bauldry (*Richard*), le jeune, frère du précédent, remporta en 1616 le second prix des stances sous la principauté de Nicolas Throsnel. Il y célébrait les louanges de la Vierge en général :

> Au jour de son concept que ravi je contemple,
> Hé ! quelle autre beauté engagerait mon vers ?
> En la terre et au ciel seule estant sans exemple,
> Vierge, seule te doit adorer l'univers.

Bauquemare (*de*) se contenta de donner à Nicolas de la Place, prince du Palinod en 1644, une ode latine sur un phénomène d'histoire naturelle, relatif à des eaux souterraines dans le pays d'Auge, qui conservent toute leur douceur au milieu du flux et du reflux de la mer qu'elles éprouvent à toutes les marées.

Bayeux (*Georges*), de Caen, avocat au Parlement de Normandie, victime dans une émeute populaire à l'occasion de son élargissement de sa détention en cette ville; c'était pour correspondances suspectes au commencement de septembre 1792. Il avait composé une ode française sur la *Pitié filiale*, en 1771, et fut couronné pour cette pièce au Palinod de Rouen. Il s'était depuis livré à traduire le panégyrique de Trajan, puis les fastes d'Ovide; ce dernier ouvrage a fait sa réputation moins par le luxe typographique avec lequel il a été imprimé que par l'élégante fidélité avec laquelle Ovide est traduit. On a cependant trouvé que les notes et dissertations avaient besoin d'être mieux digérées et d'être moins diffuses. Cette riche traduction est en 4 vol. in-8º, Rouen et Paris 1783 et années suivantes, le texte en regard. Quelques exemplaires de cet ouvrage ont été tirés sur papier fort, in-4º, 4 v., fig. (1).

Beaucousin (dom *François-Jean*), bénédictin de la congrégation de Saint-Maur, était né à Rouen en 1692 (2) et avait fait profession à Jumiéges à vingt ans. Faisant son cours d'étude à Caen, il y essaya son talent pour la poésie latine, sans oublier qu'il pouvait en même temps prétendre au même honneur au Palinod de Rouen. Il concourut en effet à la fois aux deux Puys de la Conception en 1716 et 1718, et ce fut par deux odes latines, dont l'une était sur *Holopherne* et l'autre sur la *Terre de Gessen*. Ses succès lui firent entreprendre des hymnes pour Saint-Taurin d'Evreux, et elles y furent imprimées en 1720; il en composa ensuite sur saint Anselme, et elles furent chantées au Bec, dont ce saint était premier abbé. C'est à cette époque qu'il obtint une chaire d'éloquence dans son ordre au collège de Tiron.

Beaufils, de Caen, couronné au Palinod de cette ville en 1778, pour un sonnet sur *Sainte Agnès*. Il eut le second prix.

Beaumaistre (*Nicolas*) se mesure pendant plusieurs années (de 1625 à 1631) avec tous les athlètes qui se présentèrent dans la lice palinodiale de Rouen, et fut souvent leur vainqueur. *Achille* et *Hercule* dans l'histoire héroïque, l'*Immortalité du Phénix* et *la Blancheur du*

(1) Cet avocat avait aussi travaillé sur Pausanias, comme nous l'apprend une note substantielle de Mercier de Saint-Léger (*Merceriana*, p. 16. Paris, 1893; in-8º).

(2) Telle est bien sa date de naissance (et non 1690, comme on l'a dit parfois). Elle résulte de la date précise de sa profession religieuse, donnée par D. Tassin.

Corbeau dans le spectacle de la nature ; *Vénus* et *Chariclée* dans les sujets d'imagination, furent la matière des différentes poésies françaises et latines qui firent sa réputation. Il ne puisa qu'à la fin dans la théologie qui lui fournit ses arguments pour soutenir le sentiment de l'Immaculée Conception, et dans l'Ecriture, où il trouva un texte constamment appliqué à la sainte Vierge, dont il paraît d'abord contester la justesse, pour mieux établir à la fin de la pièce que Marie est véritablement brillante comme l'aurore, resplendissante comme le flambeau de la nuit, éclatante comme l'astre du jour :

>Si le texte sacré conspirant à ta gloire,
>Vierge, mon cher souci, ne te chantait tout haut
>Lune, aurore et soleil ; je ne le pourrais croire,
>Voyant que tous les trois ont chacun leur défaut.

>Bien que l'aurore soit belle par excellence,
>Elle se perd aux rais du céleste flambeau ;
>Mais le jour dont tu luis en ta pure naissance,
>Conjoint à ton soleil, n'en devient que plus beau.

>La lune tous les mois change par trop de face,
>Inconstante qu'elle est, pour te représenter :
>Car ton brillant éclat dans le ciel de la grâce
>Jamais ne se changea que pour être plus clair.

>Que si nous jetons l'œil sur le grand œil du monde,
>Nous verrons ses beaux jours bornés d'autant de nuits ;
>Mais, bel astre sans pair, ta clarté plus féconde
>N'en remarque jamais à ceux que tu produis.

>Si faut-il toutefois croire aux divers oracles
>Qui de ce triple los t'ont fait un digne choix,
>Puisque cela se fait par autant de miracles
>Que l'on va remarquant de défaut en ces trois.

> Demeure, douce aurore, ô mes chères délices,
> Unie à ton soleil au plus chaud de tes rais ;
> Lune toujours brillante en la nuit de nos vices,
> Soleil dont le beau jour ne nous quitte jamais.

Beauquesne (de). C'est en 1670 que parut cet auteur au Palinod de Rouen et au milieu de concurrents célèbres entre lesquels était Fontenelle ; il remporta le prix dans un genre difficile, puisque le sonnet vaut à lui seul un long poème. L'Anneau d'or fut la récompense du sien, qui était sur le *Chant du Coq*, et telles furent les grâces qu'il en rendit à ses juges :

> Pour peindre ma reconnaissance,
> De qui faut-il ici que j'emprunte la voix !
> Du premier chantre de nos bois
> Désirerai-je la cadence ?
> Des plus doux et des plus beaux sons
> Prendrai-je des leçons
> Du cygne ou de la fauvette ?
> Non, juges, non, et point d'autre trompette
> Que le chant de l'oiseau qui partage avec moi
> Le prix de si brillant aloi
> Qu'au milieu de la docte lice
> M'a délivré votre justice.

Beauvais (Jean de) avait pris pour matière d'une allégorie latine le *Laurier*, qui était le prix fondé pour ce genre au Puy de la Conception à Rouen. Il fut couronné par Roger Gouel, de Posville, Prince en 1516.

Beauvais (Gilles-François), jésuite, prédicateur ordinaire du roi, né en Bretagne le 7 juillet 1693, n'avait pas encore composé ses poésies latines sur la mort de Louis XIV quand il se présenta au Palinod de Rouen, puisqu'il y vint chanter en 1714 la levée du siège de Landrecies, pièce allégorique pour laquelle lui fut adjugé le laurier. Il changea d'objet dans la suite, et, outre les discours qui firent sa réputation, il composa plusieurs ouvrages de piété, dont le plus remarquable pour la ville dans laquelle il fut couronné est la *Vie de M. de Brétigny*. Voyez pour les autres *la France littéraire*, t. Ier. Il faisait ainsi le remerciement aux académiciens :

. . . . . .
Mon zèle fut fortuné,
S'il eut de quoi vous satisfaire,
S'il put par quelque endroit vous plaire.
Vous l'avez couronné.

Un favorable arrêt m'a déclaré vainqueur,
Ma muse de vos dons se rend dépositaire,
Mais dans un unique salaire
Elle reçoit de vous une double faveur :
La palme qu'elle moissonne,
Et la main qui la couronne.

Il prêcha le carême de 1750, à la Cour (1).

Beauxhôtes (*de*) emporta le grand prix de l'allégorie latine en 1620, sous la principauté de Daniel de la Place. *Pausanias in Œlicia* lui fournit le sujet de ses vers.

Becdelièvre (*Pierre de*), chevalier, marquis de Quevilly, seigneur de Tocqueville, Brumare, Rouge-Houx,

---

(1) Ce jésuite n'est pas breton et n'eut pas le titre du prédicateur du roi, selon les remarques expresses du P. Sommervogel. On trouve sa notice dans la *Biographie universelle*. Comme il survécut à sa Compagnie, le lieu et la date de sa mort n'ont pu être précisés. Il a laissé une douzaine d'ouvrages.

Bertheauville, le Bois-d'Aubigny, Saint-Sulpice, de Gribouville, du Gaillarbois, le Hertre, etc., conseiller ordinaire du roi en ses conseils, et premier président en sa cour des Aydes en Normandie. Prince du Palinod en 1653 (1). Outre les auteurs qu'il couronna en assez grand nombre, plusieurs lui adressèrent des compositions particulières, sans prétendre aux prix des genres dans lesquels ils s'étaient exercés. Mais celui qui dut faire le plus de sensation dans la cérémonie dut être la demoiselle d'Argences, à laquelle M. de Becdelièvre présenta l'Anneau d'or, prix qu'elle mérita pour un sonnet sur un dragon semblable à celui de saint Romain, qui ravageait l'île de Chypre, et dont le pays fut délivré.

Becdelièvre (Pierre-Jacques-Louis de), marquis de Cany, seigneur de Brumare, Hocqueville et autre lieux, prince de l'Académie de l'Immaculée-Conception en 1739. Le concours fut brillant en cette année « tant il est vrai que les regards des grands font éclore les talents et même quelquefois la vertu », dit l'abbé des Houssayes dans l'éloge qu'il fit de ce riche seigneur après sa mort arrivée à Paris le 5 octobre 1771, à sa cinquante-quatrième année, étant né à Rouen en 1717. Cet *Éloge* avait été imprimé avec les pièces couronnées en 1771. On peut y joindre l'Épître de Piron à ce marquis estimable dans ses œuvres complètes, t. VI, p. 67, in-8°, 1776.

En l'année 1789, le 28 juin, mourut à Paris et fut également inhumé à Saint-Eustache, Anne-Louis Roger de Becdelièvre, marquis de Cany, de Quevilly et d'Hoc-

(1) Pierre de Becdelièvre, premier président de la Cour des Aides depuis 1644, a mérité en 1668 ce naïf panégyrique du bon Farin : « Est encore vivant et bien venu en cour, où plusieurs fois il a fait paraître qu'il n'est pas moins éloquent que bon juge. »

queville, baron haut justicier de Cany-Caniel, châtelain de Grainville-la-Teinturière et autres lieux. Brigadier des armées du roi, chevalier de l'ordre royal et militaire de Saint-Louis.

V. aussi l'hommage à la mémoire de M. de Becdelièvre, évêque de Rennes, par G.-Paul Rabaud, 1784, in-12.

Becquet (*Robert*), CHARPENTIER DU ROI. C'est la qualité qu'il porte dans un des plus anciens mss. du Palinod, où il fut couronné en 1545. Il y avait présenté une ballade dont le refrain était :

Le point de ma Conception.

Le poète-artiste avait achevé l'année précédente la haute et belle pyramide de la cathédrale de Rouen.

Becthomas (*Pierre-Marc-Antoine*), de Languedoc, marquis de Becthomas, marquis d'Averton, président à mortier au Parlement de Rouen, né le 10 octobre 1714, avait eu pour instituteur l'abbé Saas, savant bibliographe, titulaire et juge dans les Académies de Rouen. Son ingénieux disciple faisait sa philosophie dans l'Université de Paris, lorsqu'il envoya au concours du Palinod, en 1729, un poème sur la naissance du Dauphin, père de Louis XVI. L'essai du jeune poète fut heureux : il fut couronné sur ce même théâtre où depuis (en 1766) en qualité de Prince il décerna la palme aux vainqueurs qui marchèrent sur ses traces. Ce sont les expressions de l'abbé Hamel dans son éloge de la séance de 1780, année de la mort de M. de Becthomas à Rouen le 13 avril, porté en sa terre proche Elbeuf le lendemain.

Bédel, de Saint-Lô, fut le seul poète dont les vers méritèrent d'être couronnés au Puy de Rouen en 1715. La matière des siens était : *Alexandre, seul maître de la fortune*, suivant la pensée de Quinte-Curce [X, v, 35] : *Quam solus mortalium in potestate habuit.* Il remporta la Tour d'argent, prix des stances.

Behotte (*Adrien*), chanoine et grand archidiacre en l'église cathédrale de Rouen et syndic général du clergé de Normandie. Prince du Puy en 1632, il était le cent quatre-vingtième des confrères immatriculés pour gérer la principauté ; jusque-là il avait rempli les fonctions de juge, il parut en qualité d'auteur en 1624 et composa une assez longue pièce de vers latins sur le nouveau prix que fonda François de Harlay, Prince de cette année. Sa principauté, sans être aussi éclatante que celle du prélat, n'en fut pas beaucoup moins remarquable par les gens à talents qu'il couronna : le docteur Guérente, médecin, et le P. Pilleverdier, jésuite, étaient les plus distingués. Le portrait de cet archidiacre était conservé dans la bibliothèque du Chapitre métropolitain avec cette inscription : *Adrianus Behotte, Eccl. Rot. canonicus Bibliothecarius, de Capitulo et Bibliotheca bene meritus, obiit anno 1638, æt. 60.* Il était du diocèse d'Evreux et mourut à Paris le 11 avril de ladite année, sur la paroisse de Saint-Barthélemy. On a de lui plusieurs ouvrages polémiques imprimés. Feu l'abbé Saas promettait sa notice dans celle des mss. dudit Chapitre. Il était l'un des juges du Palinod, suivant Louis Cousin, célestin, qui l'associe à Deniau dans cette fonction : *Tu judex Deniauti, tu collega Behotte, atque alii* (1).

(1) Ce savant archidiacre fut député du clergé aux États de Normandie en 1607 et en 1637. Il a beaucoup écrit, le plus souvent sur

Behourt (*Louis*), de Rouen. Ce nom était déjà connu dans l'art dramatique, dans l'imprimerie et les collèges (1), lorsqu'il fut inscrit dans les recueils du Palinod. Celui dont il s'agit ici y remporta le premier prix d'Epigramme ou allégorie latine en 1614, sous la principauté d'Alphonse de Bretteville. La conservation d'une croix de bois au milieu des flammes chez les Indiens était le sujet de sa pièce.

Bellanger (*Thomas*), prêtre, professeur d'éloquence au collège du Bois à Caen, puis recteur en l'Université de cette ville, auteur d'une invitation aux poètes et d'une ode latine sur Henri IV pour l'ouverture du Puy de Caen en 1768. Il fit aussi en la même langue le discours de la séance de 1770.

---

des matières contentieuses. Voici le titre de quelques-uns de ses ouvrages les moins connus : *Apologia pro Porphyrio*, Paris, 1601 ; in-8º ; *Apophoretorum lib. III*, Paris et Anvers, 1602 ; in-8º ; *Elenchus apologiæ Programmatis Quevilliani*, Paris, 1607 ; in-8º (contre-réponse qui suppose un premier ouvrage encore inconnu) ; *Les Actes des Ministres* (de la Réforme), Rouen, 1612 ; in-8º ; *Responsio... de Infirmis resignantibus* (contre Bouthillier) ; Rouen 1613 ; in-8º ; *Censura animadversionis* (*Buthillerii*) ; Rouen, 1613 ; in-8º ; *De antiquo jure Procurationum*, Paris, 1626 ; in-8º.

(1) Le nom de Behourt a eu en effet quelque notoriété à Rouen au moins depuis la seconde moitié du xvie siècle.

Jean Behourt, régent du collège des Bons-Enfants, a écrit dans deux genres bien différents. On a de lui des œuvres dramatiques (il en reste au moins trois tragédies) et des livres classiques. Sa grammaire latine intitulée le *Petit Behourt*, souvent réimprimée, a été le Lhomond rouennais au xviie siècle.

Une imprimerie dirigée par les Behourt a longtemps existé à Rouen, et son nom s'est perpétué jusque dans le premier quart du xixe siècle par la maison Trenchard-Behourt.

Bellanger (*Gabriel*), curé de Saint-Jean en 1521, siégea près de vingt-cinq ans au Palinod de Rouen en qualité de juge-né, mais dans des temps où l'on pourrait douter s'il a beaucoup exercé, tant étaient rares les auteurs connus à cette époque. Cependant le commencement et la fin durent l'occuper en 1524, surtout en 1544, la première de ces deux années en particulier où le concours fut extraordinaire sous la principauté de Nicolas Cauquinvilliers, évêque de Viane. G. Bellanger mourut en 1546.

Bellaunay (*Nicolas*), de Rouen, était au séminaire de Joyeuse en cette ville, lorsqu'il essaya son talent pour la poésie latine au Puy de la Conception. La *Victoire de Marcellus sur Annibal* fut le sujet qu'il traita en vers héroïques, et il remporta le second prix de l'Epigramme en 1750, sous M. de Bailleul (1).

Bellault (*Richard*) était le cent vingt-sixième sur le tableau des associés au Puy de la Conception, qui attendaient le temps de leur principauté.

Bellenger de la Crette obtint pour prix de ses vers la Rose; cette fleur symbolique était pour la ballade. La sienne avait pour refrain :

Le temple que l'eau n'endommage.

C'était sous la principauté de frère Maximilien de Dampont, chevalier de l'ordre de Malte et Prince du Puy de Rouen, en 1647.

(1) Bellaunay devait être fort jeune lorsqu'il obtint ce prix. Du moins, il ne figure parmi les élèves de logique de ce séminaire qu'en 1757-1758, seule année où les statistiques de cette maison l'enregistrent. (Le nom de Bois-Jouvin, qu'on lira plus loin, n'a pu y être rencontré.)

Bellenguer (*Pierre de*) existait vers 1530, temps où il se trouve dans un ms. autographe du Puy de la Conception à Rouen. Ce fut probablement sous la principauté de J.-B. le Chandelier, conseiller au parlement de Rouen, qu'il fut couronné : car il joue sur les mots et les noms suivant l'usage et le goût régnants :

> Un grand ouvrier, en son art fort prudent,
> Voulust jadis ungne chandelle faire
> Sans moule aucun d'esprit non imprudent
> De suif fort blanc et propre à son affaire
> Qu'il posa puys en un beau Paradis
> Terrestre lieu avec des bénédicts,
> Où il survient un vent impétueux
> Qui la souffla, dont l'ouvrier vertueux
> Fut fort dolent, et en croisant les mains
> Dict qu'il ferait d'autre suif fructueux
> Lumière propre à tous povres humains.

Il soutint l'allégorie jusqu'au bout dans son chant royal.

Bellesme (*Grout de*), de Saint-Malo. La formation de la perle et le travail qui ajoute à sa valeur intrinsèque était le sujet des vers latins pour lesquels il fut proclamé vainqueur sur deux autres aspirants au prix de l'Epigramme en 1736.

> *Aspicis ut puro niteat candoris honore*
> *Indica bacca; decus totum illi contulit ortus.*
> *Ut primum nimbo veniens aurora curuli*
> *Fœcundos spargit diffusa per æquora rores,*
> *Mater concha sinus, formosæ prolis amore,*
> *Laxat et ætherei genitales luminis haustus*
> *Excipit, atque fovet cœlestia semina gemmæ,*
> *Etc.*

Belleville (de) remonta à l'origine des temps et des choses pour en venir aux effets du péché dans les anges et dans les hommes, et il déplora la chute des uns et des autres, dans des stances pleines de sentiment qui remportèrent le premier prix en 1643 au Puy de Rouen. L'année suivante il composa une ballade sur *Thoas*, mais il se contenta de la donner au Prince sans aucune vue d'intérêt ni d'ambition.

Belleville (Augustin Le Bourgeois de) ne fit que paraître, pour ainsi dire, au champ clos du Palinod de Rouen ; et ce fut pour y combattre *le Duel* et ses partisans ; il en fit le sujet d'une épigramme latine qui mérita un prix parriculier.

Bellier (Robert) était un des principaux de l'Élection de Rouen et le cent vingtième de la nomenclature des Princes du Palinod ; mais il ne paraît pas qu'il l'ait été (1).

Bellys (du). François de Harcourt était chef et Prince du Puy de Rouen, lorsque du Bellys s'y présenta pour être couronné avec des stances sur *la Conception*. Il avait Linant pour concurrent dans ce genre, et il l'emporta sur ce poète en 1649.

Bénard (Pierre). De trois pièces de vers que mit au Palinod cet auteur, on ignore laquelle fut couronnée. Deux furent présentées à Jacques Le Lieur, Prince en 1544 ; un chant royal avec un rondeau. L'année suivante

---

(1) Au XVIe siècle, l'élection de Rouen compta aussi un Jacques Bellier parmi ses membres. (Farin, II, 169.)

il ne donna qu'une ballade sur une feuille sans tige et sans racine.

Bénard (Isaac) n'est connu au Palinod que par une épigramme ou allégorie latine qu'il y présenta en 1545.

Bérard (Dumesnil) remporta le Rosier, prix de la ballade en 1653.

Berenger (Pierre-Laurent), professeur d'éloquence à Orléans, né à Riez le 20 novembre 1749. Ce poète vraiment digne de ce nom adressa à l'Académie de la Conception, en 1781, un poème intitulé : *l'Hiver, à mes livres*. Cette production seule eût été capable de faire la réputation de l'auteur; mais elle était déjà établie dans plusieurs Académies, et ces derniers vers ne firent qu'ajouter à sa gloire sur le Parnasse français :

> Tandis que le soleil trop hâté dans son cours
> Abrège à chaque instant le cercle étroit des jours,
> Je consacre à l'hiver les loisirs qu'il nous donne.
> Amateur du repos que l'étude assaisonne,
> O mes livres, je veux que le même pinceau
> Trace de vos bienfaits un rapide tableau.
> L'hiver a ses attraits..... etc.....

A la lecture du morceau suivant, les auditeurs reconnurent aisément le théâtre ordinaire de leurs plaisirs d'hiver à Quevilly, proche Rouen.

> D'où s'élevaient ces cris? J'aborde ce canal
> Dont mille audacieux surchargent le cristal.
> Armés d'un fer tranchant je vois leurs pieds agiles
> Raser avec fierté les ondes immobiles
> Sur les glaçons durcis par l'aquilon perçant.
> Les deux bras étendus, la troupe en s'agaçant

> Se heurte mille fois, va, revient, s'entrelace
> Et sillonne à longs traits la solide surface.
> Mais tandis qu'enivrés d'un plaisir séducteur
> Vous vous livrez sans crainte à l'élément trompeur
> Vous ne connaissez pas le péril qui vous presse.
> Arrêtez, revenez, imprudente jeunesse ;
> La mort est sous vos pieds, l'abîme peut s'ouvrir,
> L'écorce mince plie et va vous engloutir.
> Ils ne m'écoutent pas : mon œil les suit à peine ;
> Plus légers que les vents ils fendent cette plaine
> Où naguère..... etc.....

Les gens de lettres n'entendirent pas avec moins de satisfaction seulement ces deux vers sur l'honneur de leur province dans la personne du père de la poésie lyrique en France :

> Malherbe nous apprit, instruit par Apollon,
> L'art d'asservir la rime au joug de la raison.

Cette pièce d'environ deux cents vers a été souvent imprimée, et il y a une édition où se trouve un remerciement : non à l'Académie, mais à un de ses derniers secrétaires, qui avait engagé l'auteur à y entrer en lice.

« A M. Guiot, chan. rég. de Paris (à Saint-Victor), ancien secrétaire de l'Académie, qui m'avait beaucoup pressé d'envoyer cette épître au concours :

Impromptu de reconnaissance.

> Je vous dois, mon très cher mentor,
> Mon triomphe, ma joie et ma large médaille.
> Oh ! j'y veux revenir encor,
> Et de mon muséum tapisser la muraille.
> Vos utiles conseils et votre zèle ardent
>   Pour l'honneur de l'Académie
>   Ont secoué ma léthargie

>   Et rendu mon hiver charmant.
>   Je mets à part la modestie ;
>   Vous le voyez, ce mot l'annonce clairement.
>   Mais, après tout, dites-moi, je vous prie :
>   Par modestie il faut donc être ingrat.
>   Fi donc ! Je suis plus délicat ;
>   Les amants de la poésie
>   Sont-ils modestes par état ?
>   J'aime mieux me vanter, et couronner mon buste
>   Des fleurs qu'ont su mêler le goût et l'amitié.
>   Avant d'être modeste, il faut que l'on soit juste
>   Et de ma palme enfin je vous rends la moitié.

Note du même :

« C'est une justice que la reconnaissance de l'Académie a rendue à M. Guiot dans ses derniers recueils. (*Discours préliminaire* de la séance publique de 1775, imprimé chez Berton à Paris, in-8º) (1). »

Berenger (*Bernard*), frère du précédent. Un beau ciel, un sol favorable invitent en Provence à cultiver les fleurs qui embellissent nos jardins. M. Berenger ne fut pas moins heureux à cueillir celles qui croissent sur le Parnasse ; il sut en parer un sujet didactique et dont les détails paraissent offrir quelque aridité : c'était un poème latin sur *la Renoncule*.

Bernard (*Pierre*). Le vingt et unième rondeau du ms. de la Bibliothèque du roi, 6987, in-fol., est de ce poète palinodique au XVIe siècle.

>   C'est bien assez.....
>   Si le serpent, à tout mal faire appris,
>   Eust de péché mon pur Concept repris.

---

(1) Pierre-Laurent Bérenger, l'estimable auteur de la *Morale en action*, a partout sa notice. La *France littéraire* de 1778 citait déjà de lui quelques écrits.

> Il est aisé et facile à entendre
> Que Dieu, mon Fils, n'eût pas voulu prétendre
> Nasquir en moi qui suis son seul pourpris.
>   C'est bien assez.

Bernard (*Jean-Baptiste*), chanoine régulier de la congrégation de France, né à Paris le 29 septembre 1710, était professeur d'humanité dans la maison de son ordre à Nanterre, quand il concourut pour les prix de l'Académie de l'Immaculée-Conception à Rouen ; il y remporta celui de l'ode française en 1737. Elle était sur *la Purification de la Sainte Vierge* ; en voici la quatrième strophe :

> Quelle foule d'objets augustes
> Partage mes yeux incertains !
> Rassemblez-vous, troupe de justes !
> Pour ce spectacle il faut des saints.
> Fais éclater ton allégresse,
> Fidèle enfant de la promesse
> Qui soupirais après ce jour :
> Il couronne ton espérance.
> C'est le Christ, c'est lui qui s'avance ;
> Viens, vois, adore et meurs d'amour.

L'auteur adressa pour remerciements aux juges de l'Académie une fable ingénieuse, intitulée *le Cygne et la Fauvette*. Elle est imprimée dans le *Recueil* de l'année, Paris, 1738. C'est par ces succès que le P. Bernard préluda à la réputation qu'il se fit en ce genre. Il la soutint par une autre ode sur le prix de sagesse que M. le duc d'Orléans se proposait de fonder à Nanterre, en 1741 ; et par une troisième pièce lyrique sur la reconstruction de l'église de Sainte-Geneviève, église qui, pour le dire en passant, a été exécutée en petit au Lieu de Santé de Rouen. Outre le talent des vers, le P. Bernard avait celui de l'éloquence de la chaire et l'on a de lui deux oraisons funèbres qui lui ont fait honneur : l'une de M. le duc d'Orléans (1), l'autre du prince de Condé (2). Il faut ajouter à ces discours estimés celui qu'il prononça dans une circonstance importante, sur l'obligation de prier pour le roi (3). Ce poëte orateur mourut à Nanterre, où il était prieur, le 23 avril 1772, à soixante-douze ans (4). Il avait, dit-on, un défaut en chaire : celui que releva Sanlecque dans le prédicateur qu'on voit

> Aux dames d'alentour faire la belle main.

Il l'avait lu sans doute ; mais comme en effet il l'avait très belle, il crut que si son confrère l'avait vue, il lui eût aisément pardonné de faire l'amour à son auditoire.

Berné, de Bayeux. La séance du Palinod de Caen s'était ouverte par une épigramme sur *Alceste*, en 1685 ; il en avait fait, lui, le sujet d'un chant royal qui remporta le premier prix.

> Je ne viens pas ici, troupe savante,
> Faire admirer les titres glorieux
> De ces guerriers qui passaient pour des dieux,
> Ni raconter leur histoire étonnante.
> Pour attirer les esprits curieux,
> C'est l'amour seul en ces lieux qui m'inspire
> De faire voir ce que peut son empire

---

(1) Paris, 1752 ; in-4º.

(2) Paris, 1754 ; in-12.

(3) Paris, 1769 ; in-8º. L'imprimé dit : ..... *pour les Rois*. C'est le dernier ouvrage de D. Bernard dont on a encore, outre quelques pièces fugitives, un *Panégyrique de S. Louis*, 1756 ; in-12.

(4) Il faut lire : « soixante-deux ans. »

Sur un esprit plein de fidélité ;
Et son triomphe aujourd'hui me convie
De vous peindre avecque majesté (*sic*)
L'heureuse Alceste à la Parque ravie.

Bersoy (*Pierre*), vers le milieu du xviie siècle, se contenta de présenter au Puy de Rouen une épigramme latine dont le sujet était *le Cœur de la Pucelle d'Orléans*, trouvé entier au milieu de ses cendres.

Fulmina quin, Numen, vibras ?....

Bersoy (*Alexis*), auteur d'une épigramme honoraire sur *le Phénix*, sous la principauté de M. Boivin de Vaurouy à Rouen, 1648.

Berthelot (*Anne-Zacharie*), curé de Saint-Jean de Rouen en 1742, mort le 22 avril 1745, put à peine faire connaître ses talents et son excellente judiciaire dans les séances du Palinod. Il paraît néanmoins qu'il ne nuisit pas aux succès de Durand, de Saint-Lô, qui florissait en ce temps-là comme poète latin et français (1). M. Berthelot était né à Rennes, le 14 septembre 1696.

Bertout (*Guillaume*), référendaire en la chancellerie à Rouen, était un des plus anciens de l'association du Puy, et n'en avait que quarante-six avant lui.

Bertrand (*Jean*). Le prix du rondeau avait été proposé pour la première fois en 1510, et il le remporta sous

(1) Durand a inséré deux pièces dans les Palinods de Caen en 1709 : p. 18, une ballade sur *le Mont Olympe* ; p. 22, un sonnet sur *Élie enlevé au ciel.*

Jean Le Lieur, haut-doyen de Rouen. Telle était cette nouveauté (1) :

> Royne des cieulx, des aultres la plus belle,
> Belle sans sy et très chaste pucelle,
> Celle où Jhésus prit incarnacion,
> Cyon royal en génération.
> Sy on vous dit sans imperfection,
> C'est à bon droit. Je tiens cette querelle :
> S'il est aulcuns qui face faulx libelle
> Et contre vous se demontre rebelle,
> Bien est digne de répréhension,
>   Royne des cieulx.....
> Votre Concept fut sans pollution ;
> Dieu vous donna sa bénédiction,
> Avant que Adam commît plaie mortelle.
>   Cyon royal [.....]
> Maulgré Sathan, sa malice et cautelle,
> Jhésus en vous print chambre maternelle :
> Nous en avons vraye probation,
> Porté l'avez en jubilation
> Pour aux humains donner rémission
> De leurs péchés. La vérité est telle
>   Royne des cieux [.....]

Besin ou *Becin*,

> Ung jour pensant en la Conception,

ce poète composa un chant royal pour le Puy de Rouen, et y remporta la palme en 1517. Le refrain était :

> La pomme d'or à la plus belle dame.

---

(1) Ce rondeau est imprimé dans le Recueil de Vidoue (f° 74, v°). Mais le dernier vers y manque, et est remplacé par le début du refrain : « Royne des cieulx... ». Il estropie le ⅴ 7 : « S'il est aucun qui *fait*... ».

Beuzelin (Jean) n'avait pas sur les comètes les préjugés que l'on en a communément, puisqu'il en fit le sujet de ses vers, où il appelle heureuse celle qu'il veut chanter dans des stances qui commencent avec une sorte de familiarité peu commune :

> Bonjour, belle comète, étoile gratieuse
> Qui vient pour nous chanter la Vierge, notre appui :
> Comme aux jeux de César tu fus du tout heureuse,
> Œillade heureusement les beaux jeux de ce Puy.

Alors (1618) le présidait M. Bretel de Grémonville (1).

Beuzelin, de Rouen (2), célèbre en 1782 le triomphe de la religion sur le désespoir auquel est exposée une mère infortunée, qui, après avoir perdu son époux, se voit encore réduite à pleurer son fils unique que la mort vient de lui ravir : *Materno amore superato, Religionis triumphus*. Des pensées prises dans la nature et qui respirent le sentiment, l'harmonie du style, des vers heureusement coupés, caractérisent ce poème, auquel il ne manquait peut-être que la forme élégiaque pour plus grande perfection. Tandis que cette veuve désolée tombe sur le tombeau de son fils, livrée à toutes les convulsions

---

(1) Jean Beuzelin serait-il le seigneur de Bosmelet, conseiller au Parlement, mort le 15 mai 1647, et inhumé aux Carmes déchaussés de Rouen ? Un autre Jean Beuzelin fut président du Parlement de 1661 à 1667 (Farin, III, 435; I, 207). La comète en question est citée par Suétone, *J. Cæs.*, 88.

(2) Son prénom n'est point connu. On sait seulement qu'il était prêtre, et qu'il mourut en 1797 à l'âge de trente ans. Quelques-uns le croient né aux Andelys.

Des stances sur *le Suicide*, signées Beuzelin, ont paru en 1805 dans la *Bibliothèque poétique de la jeunesse*, I, 120.

du désespoir, un vieillard respectable survient et verse dans ce cœur le baume consolateur de la religion.

L'année suivante il fit couler des larmes sur le sort d'une fille innocente qu'un vœu téméraire condamne à mourir. C'est la jeune *Jephté* qu'il suppose déplorant sa destinée : l'éloquente complainte qu'il lui met dans la bouche paraît dictée par la nature :

> O terre ! ô cieux, dit-elle, ô ma chère patrie,
> Délicieux coteaux, solitaires forêts,
> Champs paisibles, témoins de mes derniers regrets
> Que je ne verrai plus, et qui m'avez vu naître.
> Du monde pour jamais Jephté va disparaître.
> Pour jamais ! oui dans peu finissent mes beaux jours,
> Seize printemps à peine en ont formé le cours.
> Le ciel en a voulu le triste sacrifice ;
> O mon père, faut-il que ta main l'accomplisse.
> Ce bras qui me pressait sur ton sein paternel
> Pourra-t-il sur le mien frapper le coup mortel ;
> Trop funestes combats et trop chère victoire !
> Ah ! ce n'étaient pas là ces jours brillants de gloire,
> Ces nœuds si fortunés que tu m'avais promis.
> Mon père, un autre espoir m'avait été permis :
> Dans ce lieu saint, déjà tout prêt pour mon supplice,
> Toi-même tu devais, formant de plus beaux nœuds,
> M'y donner un époux et nous bénir tous deux :
> Pour être épouse heureuse et plus heureuse mère,
> J'aurais..... Mais où m'égare une vaine chimère ?
> A l'honneur qu'autrefois nous promit l'Éternel,
> C'est à vous de prétendre, ô filles d'Israël.
> Et moi dans un moment je mourrai tout entière.
> O gloire, ô fils nombreux et doux titre de mère,
> Bonheur trop séduisant dont mon cœur s'est flatté,
> Tout fuit, tout disparaît pour la triste Jephté.
> . . . .
> Quand nous cueillions des fleurs dans ces vertes prairies,

> Pensiez-vous que dans peu vous en dussiez cueillir
> Pour parfumer l'autel où Jephté va périr ?
> Que vous les mouilleriez de vos larmes fidèles,
> Hélas! et qu'à l'instant je passerais comme elles ?

Bienvenu (*François*) saisit, en 1618, l'idée comparative de l'*Electa ut sol* du Cantique des cantiques [VI, 9], pour des stances qui réussirent au Puy de Rouen, sous la principauté de Raoul Bretel de Grémonville. Il les termine ainsi :

> Soleil, tu t'aperçois luire en nostre hémisphère,
> Et te caches voyant briller ses raretés ;
> Mais c'est avec raison, puisque chacun préfère
> Aux beautés du soleil, le soleil des beautés.

Bigars (*André*), de la Londe, abbé de Corneville, seigneur de Tourville-la-Champagne et de Saint-Mélaigne-du-Dos, aumônier du roi, chanoine et haut-doyen de l'église cathédrale de Lisieux, était le cent quatre-vingt-dix-huitième sur les rangs pour la principauté du Puy de Rouen ; mais on ne voit pas qu'il l'ait gérée. Peut-être est-ce dans des temps dont les pièces ont été perdues. Il est mort le 11 décembre 1638. Son cœur est dans le sanctuaire des religieuses de Fontaine-Guerard, où est inhumée une partie de sa famille. Sur sa tombe est une table de cuivre où est gravé un cœur percé de trois clous, au centre d'une couronne d'épines, avec ces paroles : « *Fili mi, præbe cor tuum mihi* [Prov. XXIII, 26.] » ; avec cet emblème sont les armes de la Londe, et ce distique :

> *Londa tenet corpus, tumulo cor conditur isto;*
> *Illic naturæ pignus amoris adest.*

Bigot (Alexandre), de Monville, président à mortier au parlement de Rouen, prince du Puy en 1733, vérifia à la lettre ce que l'on lit à la fin du supplément du Recueil imprimé des pièces couronnées sous sa principauté : « Il « venge l'innocence au barreau et protège les beaux-arts « au Parnasse. D'une main il tient la balance et de l'autre « il distribue les lauriers. Quel bonheur pour les peuples « d'avoir un tel magistrat ; quelle gloire pour les poètes « d'avoir un tel Mécène ! » Il portait d'argent au chevron de sable avec trois rosettes de même, 2 et 1.

Bilet (J.-B.), en latin *Biletius*. François de Harlay avait fondé en 1624 un prix particulier dont la Ruche d'argent était le symbole. J. Bilet crut ne pouvoir mieux s'assurer du prix au moins de l'épigramme qu'en prenant pour sujet cette *Ruche* même. Il ne réussit cependant pas, mais ne fut pas non plus sans récompense : le Mécène de l'année était trop généreux et trop éclairé.

Blancat. Voyez Saint-Blancay.

Blanche, du Havre-de-Grâce. Louis XV fit le voyage du Havre en septembre 1749. Son séjour parut à M. Blanche devoir être consacré non seulement par l'histoire, mais encore décrit par la poésie, et il en fit le tableau en vers héroïques qui lui valurent le premier prix du Palinod de Rouen, en la même année (1).

Blanvillain. Voyez le Supplément à la lettre B.

---

(1) Jacques-Pierre-Antoine Blanche, né en 1732, est mort en 1797. Levée a cité quelques vers de sa pièce, puis les a traduits librement en vers français.

Blarru (vénérable et religieux prêtre dom *Simon de*), commandeur de Saint-Antoine à Rouen, le vingt et unième sur le tableau des Princes du Puy. Il en distribua les couronnes en 1497, et par une singularité qui tenait à la bonhomie de son siècle, pour doubler la valeur des prix ordinaires, il voulut que les principaux attributs du patron de son ordre fussent exécutés en argent et que le T pectoral de chaque hospitalier fût donné avec la palme au premier chant royal, et la clochette du saint avec le laurier au débattu, c'est-à-dire au second chant royal.

Blin, curé de Blainville, proche Caen, après avoir probablement fait ses preuves sur les bords de l'Orne, se présenta sur ceux de la Seine au Palinod de Rouen. Il avait composé une ode française sur *S. Satyre* (frère de S. Ambroise) préservé d'un naufrage. On la trouva irrégulière dans la forme lyrique; cependant on la couronna, en ajoutant que c'était sans tirer à conséquence. Elle se trouve dans le Recueil de 1713, année où il remporta le prix de la fondation (1).

Blond (*Jean le*), entré pendant dix ans et plus dans l'arène palinodique de Rouen contre les poètes latins et français, qui n'y étaient ni rares ni faibles à l'époque où il commença, c'est-à-dire en 1625 et années suivantes. Il remporta quatre fois le prix de la ballade, deux fois celui de l'ode pontificale, fondé par Fr. de Harlay, et une fois dans le chant royal. Les plus belles fleurs qui embellissent

---

(1) On a de l'abbé Belin le discours qu'il fit à de Gourgues, nouvel intendant de Caen, au nom de l'Académie de la même ville; et une autre pièce de circonstance. (*Mercure galant*, août 1686, p. 95-102; juillet 1688, p. 200-210.)

les jardins, le *lis* et la *rose*, s'y trouvent agréablement dessinées dans deux de ses ballades. Une *Fontaine ardente* au pied des Alpes, et un *Enfant vivant dans les flammes*, étaient le sujet des deux autres. Pour faire pendant à ce dernier tableau, il chanta dans une de ses odes pindariques, le bonheur d'un autre enfant échappé au feu dans un incendie à Malines. Le *Ros-Solis* était la matière de l'autre ode latine, et

> Le seul métal que l'arsenic n'outrage

le refrain du chant royal. Voici comment il peint les qualités de la plante extraordinaire couverte de rosée au milieu des plus vives ardeurs du jour :

> *Nam quo fervidius solum*
> *Flos ille gratus Deo madet magis*
> *Frondesque dulci nectare roscidas*
> *Calore gaudens explicat, ...*
>
> *Quodque mireris, ferulâ tenellos*
> *Ramos percutias, mille tibi cadent*
> *E rore guttæ : suscipe vasculo,*
> *Hæ phantasmata dissipant,*
> *Et morbos capitis fugant,*
> *Nec non acerbos pectoris dolores*
>   *Longius arcent ;*
> *Affectis prosunt oculis, pelluntque venenum.*

Blond (le), prêtre, bachelier en théologie, remporta un second prix d'épigramme latine en 1653, sous M. de Becdelièvre. Il chantait dans ses vers la délivrance d'un enfant échappé à la mort dans la chute d'un pont.

Blond (Henri le) a remparté deux fois l'Étoile, prix des secondes épigrammes latines au Puy de Rouen. La première, en 1748, était sur *Caton* et son inflexible vertu ; la seconde, sur la *Prise de Minorque* en 1756.

Blondel (*le P.*), ancien professeur chez les Carmes, à Rouen, et prieur de leur maison en 1550 ; et à ce double titre juge-né au Palinod de Rouen, qui s'y tenait annuellement. On a profité de ses lumières, dans les examens et les jugements, pendant plus de vingt ans.

Blondel (*Pierre*), conseiller du roi en son Parlement de Normandie, chanoine et archidiacre du Petit-Caux en l'église cathédrale de Rouen, le cent soixante et onzième sur le tableau des Princes du Puy, et Prince en 1623. Il portait d'azur à 4 soleils d'or. L'auteur le plus remarquable qu'il couronna fut *Charles de la Champaigne*, aussi conseiller au Parlement, qui eut le même avantage sur ses rivaux que Thésée, dont il célèbre en vers latins la victoire sur le minotaure. Il était d'usage de traiter les Princes, les juges et les poètes après la séance publique de la distribution des prix, et l'on peut voir dans la *Muse Normande*, page 8, le chant royal grotesque et en style purin qu'on récita du temps de M. Blondel (1). En 1638, cet archidiacre eut une maladie grave, et qu'il crut mortelle ; en conséquence, il mit ordre à tout, tant au corporel qu'au spirituel : il résigna sa prébende à son neveu, et son archidiaconé à M. Brice. La mort lui accorda encore dix ans de vie, et il revint sur ses résignations ; ce ne fut pas sans difficultés. Enfin tout lui fut rendu et il ne mourut qu'en 1648, le 6 octobre. Il avait été choisi en 1609 pour assister aux États de la province de Normandie.

(1) Dans la réimpression de M. Héron (*Bibliophiles rouennais*, 1891, in-4º), ces vers se lisent au tome Iᵉʳ, p. 19.

Blondel (Michel) de Cocquetot, né à Rouen, fut proclamé quatre fois vainqueur en trois ans au Palinod. Un premier prix d'allégorie latine sur *la Cochenille*, en 1648, fut son début ; il s'éleva ensuite à l'ode latine et en composa une qui réussit également sur *deux Fleuves sortis de même source,* dont néanmoins l'un est mortel, l'autre bienfaisant et salubre. Aussi heureux dans la poésie française, il donna pour refrain à son chant royal

> Le corps parfait d'une masse confuse ;

et prit pour sujet de sa ballade *l'Immortalité de l'âme.*

Bocart (Romain). On n'a de lui qu'un rondeau présenté à Jacques Le Lieur, en 1544, Prince de l'année au Palinod de Rouen. Cette petite pièce commençait par ce vers :

> Comme Esaü par fragile nature.

Boccage (Anne-Marie le Page du), née à Rouen le ...17....., morte à Paris, rue Saint-Roch, le... avril 1793 (1). Cette dame faisait déjà l'honneur de plusieurs Académies dans le royaume et chez l'étranger, lorsqu'elle remporta en 1746 le premier prix de poésie française qu'avait proposé l'Académie royale des Sciences, Belles-Lettres et Arts de Rouen, encore au berceau (2). L'amour de la patrie l'engagea, plus de vingt ans après cette première épreuve, en 1768, à en donner une seconde au Palinod, dont la nouvelle Société n'était, pour ainsi dire, que la

---

(1) Tous les biographes placent sa mort le 8 août 1802. Elle avait quatre-vingt-douze ans.

(2) Cette poésie, sur la fondation même du prix, fut la première publication de Mme du Boccage. Elle parut à Rouen chez Besongne dès 1746 (in-4º de 5 pp.). Elle est anonyme ; on lit seulement dans la note 1 : « L'auteur est une dame née à Rouen. »

fille. Elle adressa aux juges des stances qui réussirent parfaitement. Cet événement littéraire réveilla l'émulation des académiciens eux-mêmes : l'un traduisit en vers latins les vers français, l'autre fit lecture d'un compliment flatteur, ce qui ajouta beaucoup à l'éclat de la Rose, symbole du prix offert à la nouvelle muse palinodique. Il ne manquait, ce semble, qu'une chose à la fête : c'est que l'auteur fût couronné de la main de quelque prince généreux et distingué; mais la cérémonie n'eût pas été plus brillante et lui-même eût été éclipsé par la moderne Sapho :

> Sapho, qui de Milton suivit si bien les traces,
> Par de sublimes chants, par des vers ingénus
> Deux Eves célébra, dont naquirent deux races :
> La mère des humains, la Mère des élus.
> Si pour se rencontrer elles quittaient leurs places,
> Toutes deux souriraient à ses talents connus;
> L'une dirait : Voyez comme elle a peint mes grâces;
> L'autre : Admirez comment elle a peint mes vertus.

Toutes les pièces relatives à ce couronnement mémorable ont été imprimées dans le Recueil et les journaux du temps, et peu après dans la nouvelle édition des œuvres de l'auteur même, en trois volumes in-8º dont son amitié fit présent à l'Académie (1).

Boccage (Adrien), prêtre du diocèse d'Evreux, a publié à Rouen un recueil intitulé : *Œuvres poëtiques sur le subjet de la Conception de la Très Saincte Vierge Marie, mère de Dieu, composé par divers auteurs.*

---

(1) Il s'agit de l'édition de 1770, qui est la dernière des *Œuvres complètes.*

On sait que Voltaire, dans un souper qu'il offrit à Mme du

Rouen, 1615, Robert Féron, petit in-12 de 140 pages. Cet ouvrage contient des stances, des chants royaux, des odes et des sonnets. Il n'y a aucune pièce latine, quoique cependant on en ait couronné en même temps que les pièces qu'il a recueillies, et dont plusieurs ont remporté des prix, chacune dans leur genre. Il les dédia à François de Harlay, pour lors coadjuteur du cardinal de Joyeuse, et depuis l'un des fondateurs du Palinod de Rouen.

Il y a tout lieu de croire que le rédacteur avait eu quelques succès dans cette carrière, quoique l'ode française qui porte son nom dans le livre, page 136, n'en dise rien ; il dut même être juge, et probablement lecteur ou secrétaire de la Société ; ce qui l'aura mis à même de faire un choix de pièces et de les livrer à l'impression, pour réveiller l'émulation des auteurs qui avaient alors besoin de cet aiguillon. Il eût encore mieux mérité du public, s'il eût daté les pièces qu'il a rassemblées ; et s'il eût donné la clef d'un grand nombre d'initiales qui sont au bas des pièces, il eût mieux justifié par là son anagramme :

ADRIANUS BOCCAGE

Id age, bona curas.

Boccage, lui mit une couronne de laurier sur la tête, et cela, « en lui faisant des cornes de l'autre main, et tirant sa langue d'une aune aux yeux de vingt personnes qui étaient à la table », ce que Grimm a le bon goût de blâmer (*Corresp. litt.*, IV, 100, éd. 1829) tout en restant très sévère (*Ibid.*, p. 97-99) pour la poétesse.

Guiot s'est montré sobre d'éloges. Notre abbé Yart y avait mis moins de façons encore dans ce quatrain que la Harpe nous a conservé (*Cor. litt.*, I, 408):

> Sur cet écrit, charmante du Boccage,
> Veux-tu savoir quel est mon sentiment ?
> Je compte pour perdus, en lisant ton ouvrage,
> Le paradis, mon temps, ta peine et mon argent.

Autre en français :

> *Dans le ciel on l'a chéri :*
> Monsieur, ne redoutez l'envie :
> En bien faisant, on ne craint rien ;
> Honorant la vierge Marie,
> Faictes cela, vous faictes bien.

Boderie (*Guy le Fèvre, S^r de la*), né à la Boderie, en Basse-Normandie, en 1541, savant dans les langues, se trouve en nom en 1576, par des vers sur la Conception, sous la principauté de Richard Papillon. Mais il paraît qu'il y a eu erreur ; à raison de son âge, il est plus probable que c'est un de ses frères, Nicolas ou Antoine, quoique néanmoins il n'y a guère que Guy que l'on sache avoir fait des vers.

Boisard, de l'Académie royale de Caen, sa patrie ; auteur de fables nouvelles estimées (1), avait préludé à cette réputation par d'assez nombreuses victoires au Puy de Caen. Il y avait d'abord présenté une ode française en 1764 sur *le Déluge*, et en avait remporté le prix. Cette pièce avait été oubliée à l'impression dans le Recueil de

---

(1) C'est peu dire. La Harpe et Grimm en font le premier fabuliste du temps, et ce dernier va jusqu'à dire : « Peut-être est-il de tous nos fabulistes celui qui a le moins imité son maître La Fontaine et celui qui en est le moins éloigné (*Corresp. litt.*, VIII, 181) ».

Il n'est pas jusqu'au tour sarcastique de Rivarol qui n'atteste le succès de ces *Fables*. Elles « ont fait passer de mode celles de La Fontaine ; ce qui est toujours un peu injuste » (*Petit Almanach de nos Grands Hommes*, éd. 1788).

Jean-Jacques-François-Marin Boisard (1744-1833) avait inséré des fables dans le *Mercure*, 1771. On peut en citer des éditions complètes en 1773, 1777, 1779 et 1801. Son *Déluge* a été imprimé en 1770, in-8°.

l'année, mais cette omission fut réparée dans celui de 1768, qui est presque tout entier pour lui : deux dizains, en effet, l'un sur *la Tourterelle,* l'autre sur *le Phénix;* un double sonnet, le premier, sur *le maréchal de Villars à Denain,* le second, sur *l'Aurore;* autant de stances, d'abord sur *Moïse,* ensuite sur *le Sage;* puis une ode française sur *le Passage de la Mer Rouge,* tels furent les envois poétiques de cet auteur, tels ses succès multipliés en une seule et même séance. De toutes ces poésies, il n'y a que l'ode sur le déluge qu'il envoya à Rouen en 1768 ; elle y obtint les mêmes suffrages qu'à Caen, quatre ans auparavant.

Boisguilbert (Jean-Pierre-Adrien-Augustin le Pesant de), né à Rouen, de la famille des CORNEILLE, remporta en 1769 l'Arche d'argent, prix extraordinaire proposé par M. Le Couteulx, Prince du Palinod en cette année. L'auteur avait présenté le tableau de la *Sédition d'Antioche,* au temps de Théodose. Le poème est d'une certaine étendue et le sujet en est ainsi annoncé :

>   Ma Muse, élève-toi ; célèbre la clémence
>   D'un monarque qui peut étouffer sa vengeance,
>   Qui de ses passions est le maître et le roi,
>   Commande à ses penchants et leur donne la loi.
>   J'en vois dans Théodose un illustre modèle :
>   Vainqueur des ennemis, il pardonne au rebelle,
>   Et par l'utile éclat d'un triomphe nouveau
>   Des triomphes sanglants adoucit le tableau ;
>   C'est peu d'avoir au loin étendu ses conquêtes,
>   Il va de son grand cœur apaiser les tempêtes.
>   . . . .
>   Antioche livrée à la sédition
>   A donné le signal de la rébellion.
>   Déjà tout est en feu.....

Le peuple de son roi renverse les images,
Les brise et dans la ville en sème les éclats.
. . . .
Cependant les forfaits qu'un remords équitable
A punis sur-le-champ dans un peuple coupable,
Jusqu'au palais du prince ont déjà pénétré.
. . . .
Les ordres sont donnés, la foudre va partir,
Elle gronde déjà... Qui peut la retenir?
Flavien, tendre pasteur, évêque charitable,
Entreprend de fléchir le prince inexorable
Il part.....
L'Éternel est son guide; il avance à pas sûrs.
. . . .
Théodose le voit ; ému par sa présence,
Il se lève et vers lui tranquillement s'avance.
« J'ai comblé, lui dit-il, ce peuple de bienfaits ;
Pour prix il ne me rend que les plus noirs forfaits.
. . . .
« Il brise mon image.....
Et que voulais-je, moi, que leur amour sincère?
Je n'aimais d'autre nom que le nom de leur père. »
. . . .
« Oui, prince, dit Flavien, notre offense est horrible.
. . . .
« Mais Seigneur, écoutant la voix de la vengeance
Voulez-vous dédaigner les droits de la clémence?
. . . .
« Votre image est brisée ! Ah ! vous pouvez, seigneur,
En dresser à l'instant mille dans notre cœur.
. . . .
« Vous dîtes autrefois dans de sacrés transports :
« Que ne puis-je, grand Dieu, ressusciter les morts ? »
« Prince, vous le pouvez..... »
« — Flavien, vous triomphez vous avez la victoire ;
« Mais ma défaite ici devient toute ma gloire.

« Retournez vers mon peuple, et par votre retour
« Rendez-lui le bonheur, rendez-lui mon amour. »

Bois-Jouvin (*Jean-Baptiste*), né à Rouen, était encore au séminaire de Joyeuse en cette ville, quand il fut couronné au Palinod en 1747 et l'année suivante. Deux allégories latines lui méritèrent chaque fois le premier prix qui leur était destiné. *Les victoires de Lowendal* était le sujet de sa première pièce, et dans l'autre il chantait *les douceurs de la Paix*.

Boisluisant (*de*), de Rouen, dans des temps plus éloignés, n'eût pas manqué de jouer sur son propre nom; et le phosphore naturellement produit par le bois mort et décomposé eût été le sujet de quelque ballade ou chant royal, comme il était déjà arrivé avant lui, et ce qui s'est fait aussi depuis. Mais le goût commençait à s'épurer; et quoique les anciennes formes de poésies ne fussent pas encore remplacées par les nouvelles, il travailla dans le genre lyrique en 1691, et obtint le Miroir symbole du prix de l'ode française. La sienne était sur *Jason en Colchos;*

Et la toison est la grâce
Que vous reçûtes des cieulx,

dit-il à la Vierge en finissant son allusion.

Boissel, quatre-vingt-dix-neuvième associé sur le tableau des Princes du Palinod de Rouen.

Boissel, auteur de la dix-neuvième ballade dans le ms. de la Bibliothèque du roi, n° 6989 in-fol.

IIᵉ STROPHE

>Par un fruit contre Dieu mâché
>Genre humain tumba en forfait,
>Se vendant par un sot marché
>Soubs péché qui tous biens défaict.
>Mais Dieu, qui les défuncts refait
>S'est faict péché pour la défaicte
>Du crime où seule n'a meffaict
>Seconde Eve, en concept parfaite.

ENVOY

>Prince, c'est un miracle faict
>Que sorte d'une Eve forfaicte
>Et d'un viel Adam putrefaict
>Seconde Eve en concept parfaite.

Le quinzième rondeau est aussi de lui; et sa naïveté contraste singulièrement avec la rudesse du chant royal :

>Comme aigneau blanc de noire brébiette,
>Ou le blanc laict de noire mammelette
>Sort sans avoir noir ou goût vicieux;
>Tout en ce poinct ton Concept précieux,
>Vierge, est yssu de noire femmelette.
>L'œuf vient tout blanc de la noire poulette,
>De noir terceuil yst la blance fleurette.
>Tu as donc un Concept spécieux,
>   Comme aigneau blanc.
>De noire nuit cheoit la neige blanchette,
>Le beau vin blanc vient de noire vignette,
>En lieu obscur croist le lis gracieux;
>Et tout ainsi, digne Royne des cieulx,
>Des maculez origine pures necte
>   Comme aigneau blanc.

Boissière (Etienne Cabot, sieur de la), prêtre de Paris, ne sortit point de son caractère en travaillant pour le Palinod de Rouen; et l'Écriture sainte fut la source où il puisa les deux sujets qu'il envoya au concours. *Tobie* et *Susanne* firent la matière de ses chants, et la forme qu'il leur donna fut celle des stances. Il en remporta deux fois le second prix, en 1653 et 1659. Il commençait ainsi sa dernière pièce :

> Susanne, tes attraits et tes charmes vainqueurs
> Ont un droit souverain dans l'empire des âmes,
> Et pourraient captiver un million de cœurs
> Si ces cœurs ne brûlaient que d'innocentes flammes.
>
> Mais hélas ! ta beauté te causera la mort.
> . . . . . . , ...

Boisville (Joseph-François-Martin de), né à Rouen, chanoine de la cathédrale (1), avait débuté au Palinod par une ode latine sur le *vrai sage*, et en avait remporté le prix en 1761.

> *Labore vitam continuo terit.*

est le seul vers que l'on cite ici, parce qu'il peint exactement l'auteur; et quoiqu'il ne soit pas rentré dans la lice, ses talents et son application n'en furent pas moins connus. La Société qui l'avait couronné, voulant se l'attacher en qualité de juge-académicien, ce qu'elle fit en 1783, deux ans après il succéda à l'abbé Hamel, secrétaire de la Compagnie, et en tint la plume jusqu'à la fin, c'est-à-dire jusqu'en 1789. La séance publique avait été annoncée en 1785 pour le jeudi après la mi-carême de l'année suivante; et dans cet intervalle le nouveau secrétaire refondit et analysa l'histoire manuscrite de l'Aca-

(1) Était vraisemblablement proche parent de l'abbé de même nom, mort évêque de Dijon en 1829.

démie, dont un de ses prédécesseurs avait envoyé les premiers livres et promettait la suite. C'est ainsi que l'abbé Millot a fait usage des mss. de la Curne de Sainte-Palaye pour composer son histoire des troubadours. Cette notice historique fut lue à l'ouverture de la séance du 30 mars 1786 ainsi que les Éloges du P. Duclos, ancien prieur des Carmes, et de l'abbé Terrisse, Prince de l'Académie. Telles furent les prémices du zèle du nouveau secrétaire; même ardeur en 1787, où il ouvrit la séance par un discours dans lequel il présentait le tableau de la seconde époque de l'établissement du Puy des Palinods, laquelle date de 1515. L'année suivante, 1788, il continua ses analyses des mêmes mémoires historiques de l'abbé Guiot et donna le Précis de la troisième époque, c'est-à-dire de 1530 à 1600. Il devait y joindre l'éloge du cardinal de Luynes, Prince en 1746; mais sa mort était encore trop récente pour pouvoir le composer avec une certaine perfection, et ce discours fut remis à la séance de 1789.

Bonneannée (*Richard*), l'un des plus anciens poètes palinodiques à Rouen, 1488 (1). Il y fut couronné, honneur qui lui fut décerné l'année suivante et trois autres fois, 1494, 1497-99. Il n'y avait que le chant royal en possession de la scène; il n'y eut de variété que dans les deux derniers prix adjugés à ce courageux devancier de tant d'autres dans la même carrière; une Clochette d'argent lui fut donnée par Simon de Blarru, prince en 1497, et une Tasse aussi en argent, en 1499, année de la principauté de Guillaume Tasserie. Le nom seul de ce dernier agonothète du Palinod fait assez connaître pour-

---

(1) Un chant royal de ce poète est inséré dans le Recueil de Vidoue (f° 30).

quoi la tasse d'argent tint lieu de prix à Bonneannée, ou l'accompagna. Mais pour avoir la clef de la sonnette, il faut savoir que Simon de Blarru était commandeur de Saint-Antoine.

ENVOI DE LA QUATRIÈME PIÈCE DU LAURÉAT

Prince du Puy, la Vierge glorieuse
Face nostre âme estre victorieuse
Contre Sathan et toute sa fallace
Si qu'en ayons en joye envieuse,
La paix de Dieu, son amour et sa grâce.

Bonnau [ou] *Bonnot*, professeur des Carmes à Rouen en 1750, et en cette qualité juge-né de l'Académie de l'Immaculée-Conception. Il y a prononcé plusieurs fois le discours d'ouverture.

Bonnetot (*François de*), marquis de Bacqueville, premier président en la cour souveraine des comptes de Normandie, mort à Rouen en 1706, avait géré la principauté du Palinod en 1699; et c'est sous lui que débuta le fameux abbé Guyot Desfontaines. C'est à la pieuse libéralité de ce magistrat qu'est due la fondation du prix d'éloquence, nouveau genre de composition qui a eu ses illustres, ainsi que la Poésie, dans l'Académie qui les a couronnés. Ces discours ont souvent fait sensation dans le public éclairé, surtout dans les derniers temps; ils roulaient tous dans leur origine sur la Sainte-Vierge, à l'exemple de l'Académie française qui, vingt ans auparavant, n'en couronnait pas d'autres. Mais à la fin on indiquait des sujets de morale ou d'histoire et des éloges; et c'est à cette liberté d'interpréter ainsi l'intention du fondateur qu'on est redevable des excellents discours :

sur l'utilité et les avantages d'une société académique consacrée en même temps à la religion et aux lettres, par M. Rossel ; — sur le danger de la lecture des livres contre la religion par rapport à la Société, par M. Paris ; — sur l'indécence et le danger de la raillerie en matière sérieuse et particulièrement en matière de religion, par l'abbé Vasse ; — sur la religion (qui) élève l'âme et agrandit l'esprit, par l'abbé de Formé ; — sur cette question : Quels sont, outre l'inspiration, les caractères qui assurent aux Livres saints la supériorité sur les autres productions de l'esprit humain? par M. Ancillon. (*V.* ces auteurs chacun à leur article.)

> *Scilicet egregius, cui regia computa curæ,*
> *Applaudit Præses pius, et nova dona rependat.*

(Invit. ad poetas.)

Bonsons ou *Bonshoms* (*Jean de*), seigneur de Correz et de Couronne proche Rouen, sa patrie, conseiller au parlement de Normandie, était le trente-neuvième sur le matricule des associés du Palinod, qui devaient en gérer la principauté. La sienne date de 1528, comme on l'apprend de Jean Parmentier qu'il couronna en cette année pour un chant royal commençant par ce vers :

> Quand le monceau des choses ténébreuses.

Celui à qui il fut obligé de céder la palme est un anonyme, mais on voit dans sa poésie qu'il faisait souvent revenir le nom du Prince.

IIe STROPHE

> Ainsi deux voyx en ce mortel demaine
> Ont *résonné* : l'une en *sons* si humains
> Qu'en bon espoir toute nature humaine
> Met en oubly tous les maux qu'elle a maints.

IIIᵉ STROPHE

Estrange son de la voix incertaine
Chassoit humains, bannis des monts haultains.

Trois autres chants royaux, présentés avec ceux-ci, se trouvent dans les manuscrits de la Bibliothèque du roi, nᵒ 7584, fol. vélin et figures. L'éloge de Jean Bonsons est parmi ceux des magistrats du Parlement de Rouen, dans le poème latin de J.-B. Le Chandelier, leur confrère, sous ce titre caractéristique : *Non refert justos judices unde orti sunt*. Il mourut à Rouen vers 1557, et on le croit inhumé aux Augustins, où sa famille avait sa sépulture. Il portait de gueules à deux têtes de clef d'or en chef, et une levrette en pointe.

Bonval (François Caradas de) remporta la Ruche d'argent pour une ode latine qu'il composa en 1651 sur un sujet bien extraordinaire, sur *un Capitaine hongrois*, dont la tête séparée de son corps dans une bataille, parla encore pour se confesser :

> *Stant christianæ, stant quoque Turcicæ*
> *Hinc indè turmæ.*

Borel (Pierre), de Rouen, lieutenant particulier au bailliage et siège présidial de Rouen, avait été couronné au Palinod longtemps avant d'occuper cette charge. Il y remporta le second prix de l'allégorie latine en 1749; il avait pris pour sujet la *Victoire de Nicétas* sur la volupté.

Boscovich (Joseph-Roger), directeur d'optique au service de la marine, né à Raguse le 18 mai 1711, se fit jésuite à Rome et y professa les mathématiques en 1740, puis à Pavie et à Milan. Il fut attiré à Paris, mais il n'y resta que peu de temps, et retourna dans sa patrie où il est mort d'apoplexie le 10 février 1787 (1). C'est dans son séjour à Paris qu'il eut l'occasion de connaître le bibliothécaire de Saint-Victor, ancien secrétaire de l'Académie de la Conception (M. Guiot).

Celui-ci engagea l'auteur du beau poème sur *les Eclipses*, en six chants, et traduit par l'abbé Barruel, à travailler pour le Palinod, ce qui fut promis et exécuté. Mais comme le jour de la séance approchait, et que d'ailleurs l'auteur était occupé par l'ordre du Gouvernement à des ouvrages importants pour la marine, le poème de plus de deux cents vers qu'il envoya à Rouen sur la Conception fut le fruit de vingt-quatre heures; facilité qui suppose les dons les plus heureux de la nature, perfectionnée par l'habitude au travail.

Bosquet (*Guillaume du*), écuyer, auteur d'une ballade en 1545, ayant pour refrain :

La loy de grâce en loy d'amour.

Bouchard, avocat à Caen, couronné au Puy de cette ville, en 1667, pour une ballade et un dizain; la première de ces deux pièces était sur

L'arbre seul qui n'a point d'ombrage.

Cet arbre, qui croît en Perse, s'appelle *holme*. La seconde pièce était sur le *Palais du roi d'Espagne* à Bruxelles, et dont le lambris ne souffre point d'araignées.

---

(1) Boscovich est mort à Milan. Le R. P. Sommervogel ajoute qu'il croit inédite sa poésie latine adressée aux Palinods, classée parmi ses œuvres sous le n° 94.

Bouchard (Jacques), de Rouen, se trouvait le cinquante-septième sur la matricule des princes du Palinod.

Bouchard (Michel), de Rouen et de la même famille que le précédent, était le quatre-vingt-quinzième sur la même nomenclature des princes passés et à venir du Palinod.

Bouchery (Raoul), porté le quatre-vingt-unième sur la liste des anciens confrères et Princes de l'association palinodique à Rouen.

Boudan (Claude), de Nevers, était de l'ordre des Célestins et a beaucoup travaillé en vers latins sur la Conception, sans qu'on sache néanmoins quand il a pu être couronné à Rouen, où il fit quelque séjour. Son principal poème sur cette matière, commençait ainsi :

> *Principio cœlum et terram pontumque creavit*
> *Rerum opifex.*

Boudet. Une jeune fille avait échappé à la mort sur la Garonne. La conservation de ses jours parut à cet auteur un sujet propre à l'ode, et il le traita en vers alcaïques en 1628. Le prix fondé par François de Harlay lui fut adjugé. La Ruche d'argent qu'il obtint, soutint son émulation, et l'année suivante il rentra en lice pour en mériter une seconde ; il y réussit comme la première fois et dans la même langue. Cette seconde ode pontificale était sur *le Siège de la Rochelle*.

Bouin (Jean-Théodore), né à Paris le 26 février 1715, chanoine régulier de la Congrégation de France, prieur de Saint-Lô, titulaire de l'Académie royale des Sciences,

Belles-Lettres et Arts de Rouen, juge-né en celle de l'Immaculée-Conception en 1756 (1).

Bouisset (*Jean*), professeur d'éloquence au collège du Bois à Caen (2), a fait l'ouverture du Puy en cette ville en 1759 ; et outre l'invitation aux poètes, il récita une épigramme latine intitulée : *Cometæ debellati*. Deux ans après il reparut sur le même théâtre, mais comme auteur prétendant aux couronnes ; il eut le prix de l'ode française. Il y célébrait la conservation des jours de S. M. Louis XV, au milieu de la mortalité de sa famille en 1712. La même pièce avait déjà réussi à Rouen en 1760, mais n'avait rapporté à l'auteur que le troisième prix.

Boullay (*Charles-Nicolas Maillet du*), écuyer, conseiller du roi, maître des Comptes, Aides et Finances de Normandie, secrétaire perpétuel de l'Académie des Sciences, Belles-Lettres et Arts de Rouen, pour la partie des Belles-Lettres (3), associé de l'Académie royale des Belles-Lettres de Caen, membre du bureau de la Société royale d'agriculture et de la Généralité de Rouen, académicien juge-né de l'Académie de l'Immaculée-Conception de la Sainte Vierge, fondée dans la même ville. Il était né le 6 février 1729 ; il a eu beaucoup de part aux

---

(1) Dom Bouin, astronome, l'un des premiers membres de l'Académie de Rouen, devint correspondant de l'Académie des Sciences, et lui envoya, de 1755 à 1771, un certain nombre de communications. Plusieurs ont paru dans le recueil des *Savants étrangers*.

(2) Ce chanoine de Bayeux mourut en 1825 à l'âge de quatre-vingt-dix ans.

(3) L'Académie se l'était adjoint dès 1748, n'étant âgé que de dix-neuf ans. Les trois premiers volumes de cette Compagnie témoignent de l'activité méritoire dont il fit preuve en sa faveur.

nouveaux règlements de cette dernière Société en 1768 et 1769. Il est mort le mercredi 13 septembre 1769 en son château du Boullay-Morin, proche Evreux, à quarante-ans, sept mois, huit jours. Voir son *Eloge* par l'abbé des Houssayes, in-8º. Rouen, Machuel, 1770, de 40 pages.

L'année suivante parut un second Éloge de M. Du Boullay, par M. de Couronne, son successeur dans la même Académie de Rouen, in-8º, 48 pages. Rouen, Le Boucher.

De ces éloges qui ne sont point exagérés, il résulte que l'homme instruit et vertueux qui en est l'objet était un homme rare, et digne des regrets dont il fut honoré.

Boulaye (de la), bénédictin, combattit le système de Spinosa dans une ode française, pour laquelle il eut le premier prix à Rouen en 1762. La pièce lyrique finit ainsi :

> Pétris des cendres d'Épicure
> Par la main de la volupté,
> Vils mortels, qu'une nuit obscure
> Ranima d'un souffle empesté ;
> Quoi ! l'éternité n'est qu'un songe !
> L'âme s'élève et se replonge
> Dans les ténèbres du néant !
> Le parallèle d'une brute
> N'a rien d'affreux qui vous rebute
> De ce système extravagant !

> Cessez de m'exposer des charmes
> Pour qui je n'ai que de l'horreur ;
> Vos plaisirs coûtaient trop de larmes,
> Pour leur prostituer mon cœur.
> Ils pourraient, malgré tout leur vide
> Et l'espoir d'un bien plus solide,
> Fixer pour un temps mes souhaits ;

> Mais l'homme dans son espérance
> Est un gouffre, un abîme immense,
> Que vous ne remplirez jamais (1).

Boullays (*Lucas*), maître des ouvrages de la ville de Rouen, sa patrie, était le cent trente-sixième sur le tableau des confrères et Prince du Palinod dans le xvie siècle. Il mourut le 27 mai 1606, et gît à Saint-Michel où plusieurs de sa famille avaient leur sépulture.

Bourdonnaye (*Louis-François, marquis de la*), chevalier, conseiller du roi en ses conseils, maître des requêtes ordinaire de son hôtel, intendant de justice, de police et de finances et de la Généralité de Rouen, Prince du Palinod en 1735. Il était né à Bordeaux, quoique originaire de Bretagne. Malgré la considération dont il jouissait à Rouen, il en quitta l'intendance en 1755, et se retira à Saint-Victor de Paris, d'où il alla mourir enfin en Bretagne le 12 juillet 1779, à près de quatre-vingts ans. « Il « voulut se rendre à la paroisse le jour de Pâques, dit « M. l'abbé Hamel dans son *Éloge*, quoiqu'elle fût « éloignée de son château de plus d'une demi-lieue ; il « assista à l'office avec sa ferveur accoutumée. Cet effort « dans un âge avancé épuisa ses forces ; il revint avec une « grande fièvre à laquelle il ne put résister. Le dernier « acte de sa vie fut un dernier tribut payé à la religion « qu'il avait honorée sincèrement dans tous les temps. »

Cet éloge, de 7 pages in-8°, est imprimé avec les pièces d'éloquence et de poésies couronnées en 1779.

(*V.* aussi les *Affiches de Normandie*, n° 79, 6 août.)

Bourget. V. *Chaulieu.*

---

(1) Cet article, aussi bien que celui de *Breton* ci-après, est à ajouter à l'*Histoire littéraire de la Congrégation de Saint-Maur*.

Bourgeois, de Melun, auteur d'un chant royal sur *Délos*, couronné à Caen en 1667.

Bouvet, voyant le Palinod de Rouen présidé par Henri d'Orléans, duc de Longueville, en 1635, voulut être couronné de ses mains ; il le fut pour un chant royal qui lui valut le second prix ;

> La sainte nef que l'orage révère,

en était le refrain (1).

Boyspetit (*Antoine*), un des premiers poètes latins qui aient réussi sur le théâtre palinodique à Rouen. L'allégorie latine qu'il composa eut le premier prix en 1510; elle était sur *la Neige*.

Boyvin (*Noël de*), sieur de Vaurouis, était le soixante-neuvième parmi les associés du Palinod de Rouen, parmi lesquels on en élisait les Princes chaque année. Il fut député aux États de Normandie en 1544, et échevin de Rouen en 1550.

Boyvin (très révérend père en Dieu, messire *Henri de*), évêque de Tharse et coadjuteur de l'évêché d'Avranches, avait été chanoine-trésorier et haut-doyen des églises de Rouen et d'Avranches. Trois autres bénéfices étaient aussi cumulés sur sa tête : le prieuré de Sainte-Marie de la Roche-Mortain, et celui de Rézéio, diocèse d'Angers, pour premier abbé commendataire de Montmorel. Avec tant de titres il n'est pas douteux qu'il ait donné des marques de générosité au Palinod de Rouen, sa patrie.

---

(1) On a sous son nom *les Manières admirables pour découvrir toutes sortes de crimes et de sortilèges;* 1659, in-8º.

Sur le tableau il était le cent quatre-vingt-treizième et semblait y attendre l'occasion de suivre le mouvement de sa libéralité ; elle avait d'ailleurs été déjà connue au Puy de Sainte-Cécile en 1630 ; et les musiciens dont il avait couronné les talents, avaient chanté ses louanges. Néanmoins on ne saurait fixer ni l'année de sa principauté au Palinod ni aucun nom d'auteur couronné de sa main. Il mourut le 12 février 1637 (1) et fut inhumé à Saint-Etienne-du-Rouvray, près Rouen. (V. le *Gallia Christiana*, t. XI, articles Avranches et Montmorel).

Boyvin (*Guillaume de*), sieur du Vaurouis, neveu du précédent, chanoine de l'église cathédrale de Rouen sa patrie, abbé des abbayes de Montmorel et Fontenay, conseiller du roi en son parlement de Normandie, Prince du Palinod en 1648. Un des lauréats couronnés de sa main, nommé Vincent Duval (2), disait à son Mécène dans l'envoi du chant royal :

> Prince, d'abord ta pourpre [m'] (3) intimide ;
> Mais l'équité, qui prudemment te guide,
> Sans recevoir la loi de ta faveur,
> Fait qu'au lycée, où ta vertu préside,
> J'ose espérer la palme du vainqueur.
> . . . .

Son espérance ne fut pas trompée : il en moissonna quatre. Un de ses émules moins intéressé donna au Prince un chant royal, dont la première strophe pourra faire juger si l'auteur avait eu raison de ne pas concourir.

---

(1) D'autres mettent sa mort en 1636. Il est l'auteur d'un curieux volume sur *la Physionomie*, 1636.
(2) Voir ci-après sa notice.
(3) Addition d'après une excellente conjecture de M. Gasté.

Puisque la gloire est toujours si charmante
Et que le monde adore ses grandeurs,
Je viens encore aux rays de ses splendeurs
Rendre un hommage à sa pompe éclatante.
Lui consacrant mes plus nobles ardeurs.
Illustre abbé, que la pourpre environne,
Si tu n'as pas assez de ta couronne,
Souffre aujourd'hui qu'un art laborieux
T'en prépare une au milieu d'un ravage
Qui paraîtra sur ton front glorieux :
L'arbre immortel, triomphant dans l'orage.

Braban (Jacques de) (1), abbé de Vallemont, et le cent vingt-deuxième sur le tableau des Princes du Palinod de Rouen. Il y a probablement erreur dans le nom de baptême de cet abbé. On trouve dans le *Gallia christiana*, t. XI, article Vallemont, Nicolas de Braban, doyen d'Andely, et abbé de Vallemont depuis 1566 jusqu'en 1579; mais Jacques ne s'y trouve point.

Bréard (Tristan), soixante-septième associé du Palinod de Rouen, pour en gérer la principauté au XVIe siècle.

Brécourt (de) mit en stances le récit du massacre des Innocents dans l'Evangile, et remporta le second prix en 1682 (2).

Bretel (Raoul), sieur de Grémonville, conseiller du roi en sa cour du Parlement de Normandie, avait été le cent soixante-quatrième sur le tableau des Princes, et

---

(1) Il faut lire *Bréban*, comme la *Gallia* (XI, 280, C).
(2) Serait-ce le célèbre comédien, d'origine hollandaise, mort en 1685 ? On a de lui différentes œuvres dramatiques.

fut élu chef du Palinod en 1618. Pierre de Marbeuf, dont les poésies latines et françaises ont été imprimées, est un de ceux qu'il couronna, ainsi qu'un poète de son nom et de sa famille (Nicolas), pour un chant royal. Il mourut président à mortier à Rouen, sa patrie, le 1er juillet 1640, à soixante-douze ans, et gît à Grémonville et non à Saint-Cande-le-Jeune, à Rouen, où était le tombeau de sa famille.

Bretel (Nicolas), sieur de Grémonville, était dans sa famille ce que Charleval était dans la sienne. Tandis que ses parents siégeaient sur les lis pour rendre la justice, lui suivait le Barreau Palinodique dans la même ville et peut-être à Caen. Ses poésies, cependant, n'ont pas eu la même célébrité que celles de Charleval; mais aussi n'était-il pas contredit par ses proches dans le métier des Segrais et des Malherbes : comme si leur *robe* en eût été, en quelque sorte, déshonorée. Au contraire, Nicolas Bretel était accueilli des siens et encouragé dans sa carrière poétique, comme on l'a vu dans l'article précédent, et comme on va le voir dans le suivant. Le second prix qu'il remporta en 1618 était celui du chant royal. Le texte du sien était le verset de l'Écriture : *Nubecula parva... ascendebat de mari,* etc. [III Reg. XVIII, 44], et voici la strophe où il le paraphrase :

> Dieu, qui ne veut que le pécheur périsse,
> Preste l'oreille à ses justes clameurs ;
> Faict que des flots une nue (1) propice
> Se forme en Vierge, et, pleine de faveurs,
> S'élève en l'air pour finir ses malheurs.
> Devers les cieulx ceste image se lance,
> Les fond en pluie, et germe une abondance

(1) Le ms. donne *rive*.

> Dans le pays où plus manquait l'espoir.
> Chacun connaît d'où ce bonheur procède,
> Louant l'autheur qui peut ainsi mouvoir
> Dedans le mal le sujet du remède.

Le prix de l'ode lui fut aussi adjugé en cette année. Elle était sur la *Lumière*. Quatre ans après, et sous la principauté de son oncle, il fut couronné pour une ballade sur l'*Arc-en-Ciel*.

Bretel (*Louis*), sieur d'Auberbosc et de Grémonville, abbé d'Aulnay et de Saint-Victor-en-Caux, chanoine en la cathédrale de Rouen, haut-doyen en celle de Lisieux, conseiller du roi en son Parlement de Normandie et depuis archevêque d'Aix, était le cent soixante-dixième sur la liste des associés du Palinod, et en donna les prix en 1622. Nicolas Bretel, son neveu, reçut de sa main celui de la ballade. L'éloge de cet archevêque a été composé en 1778, par M. l'abbé Guiot, ancien secrétaire de l'Académie, et y a été envoyé pour la séance de l'année. On a imprimé dans le Recueil l'épitaphe qui renferme toute la vie du Prince, et que le président d'Acquigny avait engagé l'auteur de l'éloge de composer pour l'église de Grémonville, où elle était sur marbre noir.

†

D. O. M.

Et memoriæ illustr. Eccl. principis
D. D. Ludovici Bretel
Aqui-sextiensis episcopi,
Ex Ludov. Bretel de Gremonville
Et Franciscæ le Roux du Bourgtheroulde
Rotomagæi :
Qui in supr. Norm. curia (patre præs. inful.) consil.

*B. M. de Alneto, dein S. Victoris apud Caletas
Abbas commendatarius
Eccl. Lexov. tum Rotom. canonic. et decanus
Aquisextiens. accepit (donante Lud. XIII, Franc. rege)
Sedem, anno 1630,
conscendit (consecrante Franc. Harl. Rot. arch.)
anno 1632,
Cum luce reliquit inter Paschalia
anno 1644
ad æternæ gloriæ stolam, vocante Rege regum
et pastorum Principe,
à puero in virtutibus exercitatus
gregisque forma factus,
non tantum in comitiis cleri Gallicani generalibus
anno 1635
exhibita laudabili sagacitate,
sed et notus in pauperes animi vere paterni,
in colligendas cœnobitarum familias
benevolentia non sterili,
in reducendis ad ovile dominicum errantibus
alacri sollicitudine
præsertim innotuit.
Jurium tamen sedis et dignitatis prætenax
illæsa semper charitate,
varias inter dissidiorum nubeculas
consacerdotis usque diligens
semper et expertus redamantis,
sui magnum et clero et populo
fecit desiderium.
Parentibus optimis adjungi si non licuit
extincto,
qua tamen fas est, illis omnibus et singulis
adimetur [? adunetur].*

Sit in pace locus ejus (1).

---

(1) Nous devons à M. Gasté cette belle épitaphe, qui manque dans le ms. de Rouen. Elle n'est plus dans l'église de Grémonville,

Breton (dom), bénédictin de l'abbaye de Saint-Ouen de Rouen. L'auteur de la lettre d'un avocat sur les Palinods de Rouen ne fait que le nommer, en le mettant au nombre des juges du Puy de la Conception en 1714.

Bretteville (Alphonse de), protonotaire du Saint-Siège apostolique, conseiller et aumônier ordinaire du Roi, official de Rouen, chanoine et chancelier en l'église cathédrale de Rouen, syndic-général du clergé de Normandie, Prince du Palinod en 1614, et fondateur du premier prix de l'épigramme ou allégorie latine (1). Il en était juge auparavant, et il voulut aussi être un des auteurs palinodiques, en composant lui-même une nouvelle invitation aux poètes. On peut aussi lui donner le nom de législateur : car dans son année on travailla beaucoup à la réforme et restauration du Puy. On fit revivre les anciens règlements, on dressa de nouveaux statuts, et le tout fut imprimé en 1615, in-8º de près de deux cents pages, dont il fut encore l'éditeur : c'est à l'occasion de cette régénération que fut composée la pièce suivante *De Podii titulis et statutis senatus consulto restitutis carmen :*

> *Excidat illa dies, Podii quæ scripta librosque*
> *Abstulit ac titulos, auctorum et nomina legesque*
> *Hæretici infandum ! tot pabula facta furoris.*
> *Hæc, Baptista, dole (1); geme nobiscum, alma patrona (2);*
> *Aut potius nostros, miseratus uterque labores,*
> *Lenite, Elia simul inflammante magistros (3).*
> *Talibus auspiciis facto jam adiere senatum*
> *Agmine, et ante pedes inopem exposuere libellum*

où la Révolution l'aura sans doute brisée. Mais l'abbé Cochet l'a publiée dans ses *Eglises d'Yvetot*, à l'article Grémonville.

(1) Alphonse de Bretteville, prieur de Saint-Blaise, fut député aux Etats de Normandie en 1600 et en 1614.

Qui solus Podii leges præceptaque servat.
Solus et excidium fugit commune latendo;
Scilicet hic veteris chartas autistitis (4) inter
Innumerosque libros oculum dextramque fefellit
Hostiles servatrici securus in umbra.
Codice lætatur fruiturque superstite plaudens
Curia, pertractatque manu jam quisque paterna
Statque patrum in genibus, ceu filius orbus, amicis.
O ubi (5) cujus erat quondam liber iste supellex?
O ubi, cujus erat quondam sub fine (6) Maria ?
Quam bene pro libro orarent, decus unde rediret
Omne suum, novus unde et honos accederet isti,
Pondus et æternum ventura in sæcla veniret.
Justa peto; at melius pro codice corda perorant
Omnia, conscriptique patres jussere (7), revixit.
Unus erat; prælo genitori plurimus exit,
Vatibus et doctis evolvitur usque terendus
Quos doceat priscas scribendo in carmine leges.
Mole quidem parvus, sensu et pietate refertus,
Ibit in externas, quà tu venerabere, terras,
O Virgo, nomenque tuum nomenque tuorum,
Sparget, et inde tuas multos adducet ad aras.

NOTES

1º *Hæc Baptista dole.* C'est d'abord en l'église Saint-Jean de Rouen que fut ouvert le Puy de la Conception à Rouen, en 1486.

2º La sainte Vierge, patronne de l'Académie.

3º *Elia simul inflammante.* Allusion au patriarche putatif des Carmes, chez lesquels le Palinod fut transféré en 1515, de concert avec les maîtres de l'association.

4º *Antistitis* ne signifie ici que l'ancien chef ou Prince du Puy, que M. Monfauld.

5º Le même magistrat qui possédait dans sa bibliothèque le premier imprimé des statuts du Puy, sous ce titre :

« Approbation et confirmation apostolique de la con-
« frérie, association et statuts de la noble et dévote
« Conception Notre-Dame à Rouen. »

C'est ce livre dont M. de Bretteville donna une nouvelle édition intitulée : *Le Puy de la Conception de Notre-Dame, fondé au couvent des Carmes, à Rouen. Son origine, érection, statuts et confirmation.*

Le titre est gravé et présente tous les symboles des prix, le Soleil, l'Étoile, l'Anneau, la Rose, etc.

6° *Sub fine Maria;* ladite édition princeps « était marquée au commencement de l'écriture et seing du dict feu Président (Monfauld), et à la fin de feu M. Geoffroy Marie, advocat en la cour et lecteur d'icelle confrérie. »

7° L'arrêt du Parlement de Rouen en 1597.

Bretteville avait observé qu'il y avait du lis toujours frais et entier le jour de Saint-Sever ; et ce phénomène lui parut pouvoir intéresser, s'il le traitait en vers. Il en fit des stances qui eurent le second prix en 1629.

Brice (Nicolas), prieur de Saint-Lô de Rouen en 1679, et en cette qualité juge-né du Palinod jusqu'en 1706, année où il mourut curé de cette paroisse, le 7 juin. Il se trouva à la seconde année séculaire du Puy. Sa famille tenait un rang distingué dans la ville de Rouen, où il était né le 6 janvier 1637 (1).

Brière (Charles), dans l'espérance d'être au nombre des juges du Palinod de Rouen, s'y présenta trois années

---

(1) Nicolas Brice termina la chapelle Saint-Brice aux Célestins de Rouen.

consécutives en qualité d'auteur et il en sortit autant de fois lauréat. Un chant royal sur *Hercule,* en 1645, un autre l'année suivante sur

> Un doux extrait d'une substance amère,

préludèrent à un sonnet aussi difficile que les précédents. *La Fontaine scellée* dont il est parlé dans le cantique de Salomon en était le sujet ; et il cite à l'appui de son choix le quatrième livre des Métamorphoses.

> Dans un val où Zéphir de sa plus douce haleine
> De la fille du jour vient ramasser les pleurs,
> D'une part il en fait un million de fleurs
> Et de l'autre il en forme une claire fontaine.
>
> Le soleil se levant pour redorer la plaine,
> Prend plaisir d'y porter ses premières chaleurs ;
> Puis se mirant dedans et voyant sa couleur,
> Si c'est lui-même ou non lui-même en est en peine.
>
> Si cette source enfin, pleine de pureté,
> N'a jamais pu souffrir que son flot argenté
> Fût souillé seulement de la feuille d'un arbre ;
>
> Ne vous estonnez plus s'il n'en est pas touché :
> Marie était dépeinte en ce liquide marbre,
> Et la feuille tombait de l'arbre du péché.

Brinon (Charles-René) de Caligny, né à Rouen, concourut au Palinod dans un temps où les sujets de poésies latine et française étaient donnés aux auteurs. En 1700, *Achille préservé par Pélée* avait été proposé ; l'année suivante, c'était la *Victoire de Jahel.* Il remplit ces sujets aux vœux des juges, et obtint leurs suffrages pour autant d'allégories latines dont ils lui adjugèrent les prix. (*V. le Supplément.*)

Brinon (*Pierre*) de Beaumartin, conseiller au Parlement de Rouen, sa patrie, et assez fréquemment cité dans le *Recueil* d'Adrien Boccage pour deux odes françaises, deux chants royaux et trois stances, sans qu'on puisse en découvrir l'année ni les succès. Il n'y avait qu'une des odes françaises et un des chants royaux qui ne fussent pas sur la Conception même ; l'une était sur le *Lait*, l'autre sur

> Le saint manoir que Dieu voulut eslire.

A la tête des tragédies d'Antoine de Montchrétien, imprimées en 1627, on trouve des stances à sa gloire par ce dernier Brinon. Dans la dernière strophe il s'adresse ainsi aux rois, après leur avoir dit que la scène tragique est leur

> Digne écolle, s'ils y voulaient apprendre.
> Princes, on parle à vous, aimez votre mémoire
> Si vous aimez l'honneur : sachez que votre gloire
> Est d'être non à vous, mais au public vouez ;
> Et que quand les destins vous auront ravi l'âme,
> Si vous avez mal fait, vous en aurez le blâme ;
> Si vous avez bien fait, vous en serez louez.

V. l'Histoire du Théâtre français, t. IV, p. 188, et le *Supplément* (1).

Broise (*Jean*), de Harfleur. Dans un ms. autographe in-4° du Palinod de Rouen, on lit deux chants royaux avec sa signature ; l'un sur « la *terre à Brésil* dont l'escarlate est faite ; » l'autre avec ce refrain :

> Avec bon droit souvent ayde moult fault.

---

(1) On a de P. de Brinon (1574-1658) trois tragédies qu'il a traduites ou imitées de G. Buchanan.

tous deux peuvent être de 1530 environ. Les derniers monosyllabes du refrain « moult fault », en latin *multum oportet,* sont un jeu de mots sur le nom du président Monfauld.

Brouhault, chanoine régulier de Caen, avait adressé au Palinod de Rouen une ballade en 1670, et des stances en 1674. La première pièce était sur *la Perce-neige,* la seconde sur *Moyse;* toutes deux furent couronnées. On ignore s'il fit également preuve de talent au Puy de Caen; il ne pouvait qu'y réussir d'après ce qu'on va lire de ses stances :

> Tu te trompes, tyran, quand au gré de ta rage
> Tu veux ôter le jour à Moyse innocent;
> Le fleuve, moins cruel, va le rendre au rivage,
> Pour en faire à ta fille un illustre présent.

> Arion, aux accents de sa charmante lyre,
> Sur le corps d'un dauphin sut éviter la mort;
> Et les nymphes, aux cris de l'enfant qui soupire,
> Pour assurer ses jours, le mènent dans le port.

> L'alcyon, dans son nid, sur les humides plaines
> Voit voguer ses petits, sans crainte de périr;
> Neptune, en leur faveur, tient les vents dans les chaînes
> Et ne laisse régner qu'un amoureux zéphir.

> L'espoir d'un peuple élu dans un vaisseau fragile,
> Sur le courant du Nil, trouve un pareil bonheur;
> L'onde paraît plus calme et le vent, plus tranquille,
> Pour ce tendre héros n'a que de la douceur.

> Courage, enfant sacré, tu commences ta gloire
> Sur le plus dangereux de tous les éléments;
> C'est ainsi que le ciel t'instruit à la victoire
> Que la mer doit t'offrir dans ses débordements.

Brunel (*Robert*), chanoine en l'église cathédrale de Rouen, curé de Roncherolles et Mauquenchy, était le soixante-cinquième des associés laïques et ecclésiastiques qui pouvaient devenir Princes du Palinod.

Brunyer (*François-René*), prieur de Saint-Lô de Rouen en 1766, ne fut que six ans dans cette place et ne put remplir plus longtemps celle de juge-né en l'Académie de la Conception. Il s'y montra cependant assez pour y faire connaître l'étendue de ses lumières et de sa sagacité. Il était né en 1724 à Caude, diocèse de Blois.

Bucaille. V. *Paulmier*.

Bugle (*D.-J. le*), de Rouen, auteur d'une ballade couronnée en 1691, sur

L'unique herbe en tout temps fleurie.

Buisset, prieur de Saint-Lô à Rouen, en 1673, fut environ sept ans à la tête de la communauté, et auteur parmi les juges du Palinod. Il s'y trouva lorsque Pradon y fut couronné, en l'année jubilaire 1675. Ce chanoine régulier, né à Reims en 1641, est mort en 1702.

Buisson (*du*), auteur d'une ode latine ou pontificale, couronnée en 1642, sous la principauté de Ferdinand de Palme-Carille, qui présidait le Palinod de Rouen en 1642.

Bunou (*Philippe*), né à Rouen, mort en 1739 (1). Il

(1) Jacques-Philibert Bunou est né à Rouen, le 29 janvier 1667. A sa mort il était recteur du collège de Rennes. Il a traduit en vers français deux pièces latines du P. Vanière. Ses deux ouvrages de géographie étaient réunis en un seul volume, quoique avec pagi-

entra chez les Jésuites à la fin du xviie siècle, et était préfet de leur collège de Rouen, au commencement du xviiie siècle. La lettre d'un avocat sur les Palinods le met au nombre des juges en 1714, et en parle comme d'un homme « d'un fort bon commerce ». On a de lui :

1º Un *Traité sur les baromètres ;*

2º Un *Abrégé de Géographie ;*

3º Un *Dictionnaire géographique* latin et français. On fait cas de ce dernier ouvrage.

Burcy (de), auteur d'une ode française couronnée au Puy de Caen, sur la procession du Cordon à Valenciennes.

Buret (Jean...). Un chant royal et un rondeau firent connaître ce poète au Palinod de Rouen en 1544.

Dieu créa l'homme en sa similitude,

dit-il, au commencement de la première poésie, et le premier vers du rondeau était :

Du nouveau nom qui ne peut être assez sceu (*sic*).

Busnel (Louis-Charles), né à Caen en 1735, y avait, commencé ses études et était entré chez les chanoines réguliers, dits Croisiers. Il sortit de cette congrégation et vint faire sa théologie au collège de Rouen, sous les Jésuites qui y professaient alors. Il quitta bientôt l'état ecclésiastique pour tenir pension. Son talent pour enseigner le fit choisir par le corps municipal pour être au nombre des professeurs séculiers à qui fut confiée l'éducation de la jeunesse (V. *Supplément*).

nation distincte ; quand ils parurent chez les frères Lallemant 1716; in-4º.

Bréant (1), peintre à Rouen et l'un des titulaires de l'Académie royale de cette ville, a donné au public un *art de peindre,* en quatre chants, qu'on lit avec plaisir, même après Vatelet. Dans le troisième chant, vers 320, l'auteur a le courage de dire :

> De l'austère décence observez mieux la loi ;
> Peignez la charité, l'espérance et la foi,
> L'une versant ses dons au sein de l'indigence,
> Les autres d'un martyr animant la constance ;
> Que la Religion, en longs habits de deuil,
> Un mouchoir à la main, pleure sur un cercueil.
> Mais respectez toujours ses dogmes, ses mystères ;
> Exposez simplement ses vérités austères.
> Elle plaît sans parure et, pour gagner les cœurs,
> Son front majestueux n'a pas besoin de fleurs.

Ce que ce peintre estimable posait en principe, il le mettait aussi en action ; et l'on connaît quelques peintures où il a donné l'exemple de ce qu'il conseille aux autres. La bannière de Saint-Cande-le-Jeune rappelait nécessairement le vers où il vient de dire de l'espérance et de la foi

> D'un martyr animant la constance ;

à la vue de saint Victor de Marseille, dont le pied est sous la hache du licteur ; tandis qu'au verso de ce tableau le saint évêque de Maëstricht est au milieu des pauvres

> Versant ses dons au sein de l'indigence.

Mais un autre sujet a fait encore plus d'honneur au

(1) Jacques-Philippe Bréant, de Bernay (1710-1772), a écrit des fables et diverses autres poésies. Par un hommage assez rare à ses qualités d'écrivain, la Société libre de l'Eure a réimprimé ses œuvres en 1883 ; in-8°.

pinceau de M. Bréant : c'est celui de la Conception dont le tableau allégorique lui fut demandé par le marquis de Cany pour la salle du Palinod de Rouen, en 1739, et dont parle l'abbé des Houssayes dans l'éloge de ce Mécène bienfaisant.

Bassompierre. « Hélas ! à propos de dormir, dit
« Mme de Sévigné, dans la quatre-vingt-dix-neuvième
« lettre du troisième volume de ses lettres, du 1er juil-
« let 1676 (1) : M. de Saintes s'est endormi au Seigneur,
« d'un sommeil éternel. Il a été vingt-cinq jours malade,
« saigné treize fois, et hier matin il était sans fièvre et se
« croyait entièrement hors d'affaire. Il causa une heure
« avec l'abbé Têtu. Ces sortes de mieux sont quasi tou-
« jours traîtres, et tout d'un coup il est tombé dans
« l'agonie, et enfin nous l'avons perdu. Comme il était
« très aimable, il est extrêmement regretté. »
(Il était fils du maréchal de ce nom.)

Brinon (Charles-René de) de Caligny, devint docteur en théologie de la Faculté de Paris, et eut un canonicat de Rouen. Après avoir demeuré chez les Doctrinaires de Paris, pour la conformité de ses sentiments avec les leurs, il revint à Rouen, où il mena une vie obscure et mortifiée (2). On le laissa mourir sans sacrements, le 13 décembre 1748. Il fut néanmoins inhumé dans la Cathédrale, près des fonts (3).

---

(1) C'est la lettre cotée 553 dans l'éd. des *Grands Ecrivains*.
(2) Les doléances et même les accusations des *Nouvelles ecclésiastiques* prouvent qu'à cette date les Doctrinaires ne persévéraient point dans leur attachement au jansénisme.
Suivant les mêmes feuilles, l'archevêque de Rouen aurait souvent loué la piété et la charité de Brinon.
(3) Le laconisme même de Guiot en dit long sur les difficultés

Blanvillain (J.-F.-G.), secrétaire du prince de Pallavicini à Rome, a obtenu à Rouen, en 1784, le prix des stances en l'Académie de la Conception. Elles étaient intitulées : *Le Poète au bord du Tibre*. Voyez-en quelques strophes dans le supplément à la feuille n° 7 du *Journal de Normandie*, du jeudi 22 décembre 1784. Ce lauréat a donné depuis, en 1799, un morceau curieux de l'antiquité, *Psiché et Cupido di l'Apulejo fidelmente expresso in italiano du J.-F.-G. Blanvillain, traduttore di « Paolo et Virginia. »* En 1804, M. Blanvillain était directeur de l'école secondaire de Pontoise.

Ces stances, qui remportèrent le prix en 1784, plurent par une versification riante, pittoresque et pure. L'Académie vit avec plaisir ses couronnes transportées au-delà des Alpes, dans une contrée où la poésie semble respirer son air natal. Sous les pinceaux de l'auteur, *les bords du Tybre* offrent une galerie de riches tableaux. Les grands hommes qu'ils nous retracent, y sont peints avec les couleurs qui leur sont propres :

contradictoires de l'incident. Tout homme qui, par sa faute, meurt sans sacrements est régulièrement privé des obsèques chrétiennes; et cependant on donne à de Brinon une sépulture d'honneur, en l'inhumant dans la métropole.

Ce refus de sacrements est un des plus douloureux épisodes de l'histoire de l'Église de France au xviiie siècle. Il amena le gouvernement du roi très chrétien à jeter en exil des évêques. Les Parlements saisissaient avidement cette occasion d'intervenir dans des affaires de conscience et d'administration ecclésiastique, au dessus et au delà de leur compétence légitime. C'est ce qu'a reconnu un trop fameux politique de nos jours dans cette réponse pleine de bon sens faite à un prêtre suspens : « Je ne puis pourtant pas vous maintenir vos fonctions sacerdotales, quand votre évêque vous les retire. » Voir Dareste, *Hist. de France*, l. XL, n° 7.

> Solitaires et sombres bois,
> Temples mystérieux qu'habite le silence,
> Ombrages fortunés où Flaccus autrefois
> Célébra l'aimable indolence ;
> Redites-moi ses chants joyeux,
> Et les vers immortels où le chantre d'Enée
> Faisait vivre César, les troupeaux et les dieux
> Au milieu de Rome étonnée.
>
> Près de ce chêne fracassé
> Le fougueux Arioste invoquait la folie,
> Et créait les fureurs d'un héros insensé
> Que dévorait la jalousie.
>
> Le Tasse, en ces lieux enchanteurs,
> Cherchant l'heureux sentier où soupirait Ovide,
> D'une reine bergère exprima les douleurs
> Et le vain désespoir d'Armide.

Le même auteur s'est distingué depuis en littérature ; et, en 1795, un journal du soir disait de lui en annonçant *Paolo et Virginia* (2e édition corretta) : « Depuis longtemps la langue italienne s'était emparée du plus beau roman français, de *Télémaque*. Le littérateur, l'homme sensible, le citoyen vertueux désiraient aussi que la langue la plus pittoresque, la plus harmonieuse et la plus féconde de l'Europe fît connaître également sur les bords du Tibre l'un des plus charmants ouvrages de l'auteur des *Etudes de la nature*. Le citoyen Blanvillain a rempli ce vœu. Ce coloris si frais, cette teinte de sensibilité si exquise caractérisant l'original, ont été parfaitement sentis et rendus par cet habile traducteur. L'auteur des *Etudes* est le citoyen Bernardin de Saint-Pierre, du Havre. »

Psyché et Cupidon, épisode traduit d'Apulée, 1797.

Boderie (*Guy le Fèvre de la*), dit l'abbé Goujet dans sa *Bibliothèque française*, a plusieurs fois remporté la Palme et le Lis au Puy de Rouen (1). Il y a dans ses mélanges des grâces de l'auteur, pour la Palme obtenue au Puy, à M. de Croismare, Prince dudit Puy à Rouen, et celle qui a pour titre : *Grâces au seigneur Papillon*, prince du Puy à Rouen, en l'an 1576, pour le prix de la Palme et du Lis obtenu par l'auteur.

Outre les chants royaux de ce lauréat palinodique, on trouve encore un sonnet sur la Conception, page 71 de ses *Mélanges* :

> L'ailé Pegaze, un jour fendant le ciel,
> Frappa du pied une roche hautaine,
> Qui produisit la plus claire fontaine,
> Sur qui jamais esclayra ce grand œil.
> Son eau, qui est plus doulce que le miel,
> Ne print son cours dedans la terre plaine
> D'un air épais, d'une vapeur vilaine ;
> Mais simplement le grand caillou viel (*sic*),
> Ni chauld, ni froid, ne la tarit ni glace ;
> Son pur crystal roule en sa pure trace.
> Prince du Puy, Anne est la roche eslue,
> Le beau Pegaze est le très Saint-Esprit,
> Qui mist au jour la mère de Jésus-Christ (*sic*),
> Source sacrée en pureté conçue.

(1) « On voit, disent les *Annales poétiques* (X, 90), qu'il remporta quatre fois le prix du Puy de Rouen. Il nous a conservé les quatre poèmes couronnés, qui ne font pas plus d'honneur au poète qu'à l'académie qui les couronna. » En le blâmant d'avoir refusé de se fixer à Rome, elles ajoutent : « Il eût pu devenir un bon cardinal, et ne fut jamais qu'un mauvais poète. »

A tout prendre, la Boderie fut un auteur considérable de l'époque. Aussi les *Mélanges tirés d'une grande Bibliothèque* lui ont-ils sacrifié quelques pages (VII, 318-320 ; IX, 73-78).

Il invite ailleurs les autres à imiter son exemple :

> Sus donc, gentils esprits, chantez à qui mieux mieux,
> Celle qui enfanta le Fils du Dieu des dieux;
> Célébrés son Concept, qui par divine grâce
> Les dons de l'Eternel en Elle reluiront.
> Faictes hault retentir contre les médisances,
> Et gaignez, en chantant sa gloire solempnelle,
> La grâce de son Fils et la palme éternelle.

SUPPLÉMENT.

Busnel (*Louis-Charles*, suite de l'article). En 1762, il justifia le choix par plusieurs discours qu'il fut chargé de prononcer, tels que celui sur la *Famille royale* en 1767, et celui sur l'*Utilité de la lecture,* en 1770. Son *Eloge du Parlement de Normandie,* en 1773, lui fit aussi beaucoup d'honneur ; enfin, il voulut donner à ses Mécènes des marques de son dévouement en dédiant aux chefs du Bureau de l'Académie une traduction qu'il avait faite des Catilinaires de Cicéron, vol. in-12 de l'imp. Lallemant, 1773, 215 pag. On a encore de lui la traduction des discours de Cicéron, *Pro Marcello* et *Pro Ligario,* plus une grammaire grecque à l'usage du Collège royal de Rouen.

Au milieu de ses occupations pédagogiques, M. Busnel n'oubliait pas les muses; et, dès 1761, il fut couronné au Palinod pour des vers latins sur *César,* et l'année suivante sur *Moïse.* Il est mort à Rouen le 26 décembre 1779, à quarante-cinq ans, peu de temps après avoir obtenu les avantages de professeur émérite. Il a eu pour successeur dans sa chaire de troisième M. Formage (*V.* son article).

Busquet (*Pierre*). Ce nom se trouve au bas d'un chant royal du ms. de la Bibliothèque du roi, 8001, p. 39. Une strophe suffira pour en prouver l'antiquité et probablement le non succès :

> Par le sathan cuydant avoir victoire
> Contre l'honneur de la Vierge innocente,
> C'est meu procez au divin consistoire,
> Sur la clameur d'une loy apparente.
> Le demandeur pour venir à entente
> Dut se fonder en titre et jouyssance,
> Qu'il ha ce faict en suyvant l'ordonnance
> Pour son temoing de l'introduction,
> Production d'erreur pour sa querelle
> Voullant oster de la fille Syon
> Exemption de tache originelle (1).

Brynel (Pierre) donna, en 1544, au Prince du Palinod de Rouen en un chant royal ayant pour refrain :

> D'amour j'ai vie où hayne est confondue.

Baillard (Charles), de Paris, chanoine régulier de l'abbaye de Saint-Victor en cette ville, docteur en théologie de la Faculté de Paris, s'était déguisé sous le nom de La Roche, pour parvenir à quelques succès, en 1737, au Palinod de Rouen. M. Fitz-James, évêque de Soissons et abbé commendataire de sa congrégation, était Prince en cette année. Les Génovéfains, chez lesquels il demeurait à Saint-Lô de Rouen, ne manquèrent pas de se

---

(1) Ce poète pourrait être Isembard Busquet, mort conseiller au Parlement le 25 mai 1561. Son chant royal, qui compte cinq strophes, a été entièrement publié dans le Recueil de 1525 (fol. 61). Le septième vers offre cette variante notable :

> Qu'il l'a fait en suivant l'ordonnance.

Vidoue a aussi imprimé (fol. 75) une ballade sous le nom de Busquet.

mettre sur les rangs et réussirent. Comme poète, M. Baillard ne craignit pas de se produire avec eux; mais, comme Victorin, il n'était pas très bien avec son abbé, et le préjugé eût peut-être influé dans le jugement des vers pour ne pas déplaire au Prince abbé. Il eut le prix d'honneur qui consistait en une hymne sur l'Assomption.

> *Orbata terris, Virgo, quid incolis,*
> *Fraudas olympum pignore debito?*
> *Invisa tellus, quid moraris?*
> *Redde polo decus expetitum.*

Sa victoire ne l'enfla point, et dans les asclépiades qu'il adressa au Prince en remerciement, il n'eut garde de déchirer le voile.

> *Scripsi; palma datur vatibus æmulis;*
> *Palmam Virgineo nomine dignius*
> *Carmen præripuit. Carminis illius*
> *Author qui fuerit, quæritur, et latet.*

Cette particularité a été fournie par l'abbé Terrisse, compagnon de licence de Ch. Baillard et son intime ami. Comme il a vécu absolument ignoré et loin de sa communauté, on ne sait autre chose de lui, sinon qu'il est auteur d'une traduction en vers latins des Psaumes, restée manuscrite en la Bibliothèque des Génovéfains de Soissons, où il est mort en 1779, le 10 novembre. Il avait été bibliothécaire de Saint-Victor.

Boscovich (suite). *Oratio in funere Rogerii Josephi Boscovichii, habita duodecimo calendas junii a Bernardo Romagna, Patricio Rachusino.* Rachusii, 1787, ex typogr., privileg., in-f°, pp. 12.

V. l'extrait de cet Eloge dans l'*Esprit des journaux*,

avril 1788, p. 140 et suivantes. L'auteur n'a pas oublié de dire que « la poésie latine lui était si familière, qu'il « composait en se promenant, et souvent par impromptu, « les vers les plus élégants. »

Brinon (*Pierre*) était lié avec Antoine Montchrétien, et il lui adressa des stances sur ses tragédies, à la tête de l'édition de 1627.

C

Cabart (*François*), conseiller au Parlement de Rouen, chanoine et archidiacre de l'église cathédrale de Rouen, était le cent quarante et unième sur la matricule des associés du Palinod pour en gérer la Principauté; comme il fit en 1620 au Puy de Sainte-Cécile, où il couronna les musiciens en l'église métropolitaine.

Cahouet (*René*), chanoine régulier de la congrégation de France, né à Saumur en 1725, professeur à Saint-Lô de Rouen en 1749, et à ce titre juge-né du Palinod de cette ville.

Calenge (*Guillaume de*) ou *Chalenge,* chanoine et chantre de la cathédrale de Rouen et conseiller du Roi au parlement de Normandie, était le dix-huitième sur le tableau des Princes du Palinod. On peut voir dans dom Pommeraye et dans J.-B. Chandelier plusieurs particularités sur ce vertueux ecclésiastique. Il fut un de ceux qui, après l'incendie de la Cathédrale, en 1514, s'assemblèrent au palais archiépiscopal pour réparer ce dommage. Il mourut le 4 août 1535, ou suivant d'autres, en 1557. Son épitaphe était dans l'aile droite de la cathédrale (1).

Calignon (de), bachelier en théologie de la Faculté de Paris, chanoine de Crépy-en-Valois, mort proche Melun en 1795, couronné par l'Académie de la Conception à Rouen, en 1775, pour une ode française, intitulée : *L'Homme consolé par la Religion*.

    Ciel, ne m'as-tu donné ma fatale existence
    Que pour boire à longs traits le fiel de ta vengeance?
    Si l'homme paraît libre, esclave infortuné,
    Il gémit sous le poids d'une accablante vie ;
    Par de longues douleurs on dirait qu'il expie
        Le crime d'être né.

    Téméraire mortel, ton injuste caprice
    Blesse ainsi de ton Dieu la suprême justice.
    Oui, ce Dieu te créa pour l'immortalité.
    Que l'orgueil de ton être et t'anime et t'enflamme :
    Abjure ton erreur et reçois dans ton âme
        L'auguste vérité.

    Mon âme périrait ! A ces mots je frissonne,
    Le trouble me saisit et l'horreur m'environne.
    Quoi ! le Maître si juste, inflexible et si grand,
    M'accable sous le poids de son sceptre barbare ;
    Et du sein de mes maux sa fureur me prépare
        L'abîme du néant ?

    O de l'éternité consolante espérance,
    De nos faibles travaux trop chère récompense,

---

(1) Le renvoi à D. Pommeraye se rapporte à son *Histoire de la Cathédrale*, pp. 70 et 339. La date de la mort est bien du 4 août 1535.

Ton avenir résout l'énigme du présent :
L'homme oublie à ta voix les tourments qu'il endure,
Et fier de ses vertus il souffre sans murmure
>> Le joug le plus pesant.

Oui, je crois, ô mon Dieu, ta parole immortelle;
Toujours à tes serments tu te montres fidèle.
A régner avec toi, le juste destiné,
Pour s'unir à jamais à ta divine essence
Franchissant l'infini, des dons de ta puissance
>> Doit être couronné.

Apprends-moi l'art heureux de mourir et de vivre,
Sainte Religion : ton auteur nous délivre
Des horreurs du trépas ; viens, descends dans mon cœur.
Que ma fière raison s'accoutume à t'entendre,
C'est en suivant tes lois que l'homme doit apprendre
>> La leçon du bonheur.

Calletot (*Michel*) se trouve inscrit cent dixième au Palinod de Rouen, sur le tableau des maîtres ou Princes de cet institut. On le voit d'ailleurs aussi parmi les notables de la paroisse Saint-Cande-le-Vieux à Rouen, lors de la translation des reliques de ce saint Evêque, de Vernon, où elles avaient été mises en dépôt. C'était vers 1563.

Callières, ou mieux *Caillières* (*Jean*) (1), de Thorigny, sa patrie, diocèse de Bayeux, auteur de la *Vie du*

---

(1) Caillières, dont l'orthographe n'est pas encore parfaitement uniforme, est ordinairement appelé Jacques. Il était gouverneur de Cherbourg en 1659. Chapelain loue fort ses vers et son style et, ce qui vaut mieux, M. Tamizey de Larroque constate qu'on s'est accordé à vanter son esprit et son caractère (*Lettres de Chapelain*, II, 8 et 45.)

Maréchal de Matignon, in-fol., 1661, et de la *Vie du duc de Joyeuse*, capucin ; avait préludé à ces ouvrages volumineux par des poésies françaises couronnées au Palinod de Rouen en 1651 et 1652. Il y fut couronné pour deux odes françaises : l'un sur le *Roi des Abeilles*, l'autre sur *la Création*. Il était père de François, de l'Académie française.

Cally (*Pierre*). Recteur de l'Université de Caen (1), fit l'ouverture du Puy de cette ville en 1685, par une ode latine pour le Prince, ou maître de l'année, et par une épigramme sur *l'Or, cui, ut ait Plinius, rerum uni nihil igne deperit* [XXXIII, xix, 2].

Campion (noble et religieuse personne dom *Charles de*), vicaire général et grand prieur de l'abbaye de Fécamp (2), le cent soixante-dix-huitième sur le tableau des confrères du Palinod de Rouen, et élu Prince pour l'année 1630. Le nombre, les qualités et les talents des lauréats, tout concourut à embellir la fête de leur couronnement. L'un d'eux lui disait dans l'envoi de son chant royal :

> Prince, l'honneur de ce Puy florissant,
> De Saint Benoist le troupeau régissant
> Par ta vertu qui n'a pas de seconde ;

---

(1) On a de ce savant curé de Saint-Martin de Caen, outre un ouvrage théologique qui lui attira des désagréments, un traité de philosophie en latin, qui parut d'abord à Caen en 1674, in-4°. Ce fut lui qui édita le *Boèce ad usum Delphini*. Paris, 1680 ; in-4°. Cally est mort en 1709.

(2) Selon toute apparence, Campion était de la famille rouennaise qui a donné « les trois Campion », objet d'une intéressante étude de M. de Blosseville à la Société de l'Eure, en 1859.

Juge-tu pas où ma saincte faconde
Va dans ces vers mon subject finissant.

Canappeville (*Charles*), de Rouen, curé de Saint-Jean en cette ville, en 1715, abdique l'année suivante, et ne fit que paraître au Palinod pour jouir de son droit. Sa famille est très connue et très honorable en la ville où il naquit le 13 avril 1672. Il passa à la cure de Guéhébert, diocèse de Coutances (1), et il mourut le 12 juillet 1738.

Canessa (*Louis*), cinquante-septième évêque de Bayeux, institua la fête de la Conception dans son diocèse, vers 1525 (2).

Canu (*Pierre*), secrétaire de Madame, sœur unique du Roi, était le cent quarante-deuxième immatriculé dans la nomenclature des anciens confrères et Princes du Palinod de Rouen, au XVII° siècle.

Canu (*Guillaume*) fut signalé au Palinod de Rouen, de 1615 à 1625. Ses succès néanmoins ont eu leurs éclipses; mais il remporta assez de victoires pour être compté parmi les lauréats. Une ode française sur *la Rose*,

Fleur des rois et reine des fleurs ;

un chant royal sur *le Lis* furent ses premières poésies.

L'enfant conservé dans l'orage

(1) Guéhébert, petite commune de l'arr. de Coutances (*Manche*).
(2) Ceci est une des rares bévues échappées à l'auteur, et encore l'a-t-il prise tout entière dans la *Gallia Christiana* (XI, 385, D), ce qui ne la justifie pas. D. Piolin a objecté, en marge de sa réimpression (éd. Palmé) : *Jam celebrabatur currente sæculo XIII°*. En effet, le savant bénédictin caennais D. Germain Morin nous communique cette phrase d'un coutumier de Bayeux, daté de 1269 : « La Conception est fête pontificale. »

était le refrain de la seule ballade qui soit sous son nom, ainsi qu'un sonnet *sur Eve*. Le *Ros-solis* paraît avoir été sa plante chérie; il ne se contenta pas d'un sonnet pour en décrire les merveilles; il le chanta sur la lyre dans une ode française, par laquelle il semble avoir fini ses travaux poétiques.

Canu (*Henry*), sieur de Bailleul. Hercule de Rohan donnait les prix du Palinod de Rouen en 1626. Son prénom ne manqua pas de monter l'imagination des poètes qu'il devait couronner ; et celui qui le saisit avec le plus d'empressement et le plus de succès fut H. Canu, qui lui dit dans son second chant royal :

> Grand duc et pair, nay du sang navarride,
> Sage mentor de notre Agamemnon,
> Qui pour tes faits que la prudence guide
> De ce héros, qui dans le ciel réside,
> A juste droit mérites ce beau nom;
> Ce feu cruel, que ma musette trace,
> Peint de péché, l'homme privé de grâce,
> Le puissant corps que ce feu vint brûler.
> L'autre très pur la Vierge signifie;
> Donc à bon droit je le peux appeler,
> Hercule, au feu que le ciel déifie.
> . . . .
> L'heureux *enfant* conservé dans l'orage,
> L'unique *fleur* que la chaleur n'outrage,
> L'unique *oiseau* qui dans la nuit esclayre,

étaient autant de refrains de chants royaux du même auteur. Il joignit à ces quatre seconds prix cinq prix de stances : les unes sur *la Peinture*, les autres sur *Pallas*, puis sur les *quatre Éléments* et sur le *Printemps*. C'est dans ces derniers qu'il dit :

> L'esté brûle nos corps en sa plus vive ardeur,
> L'automne pluvieux ne nous est moins contraire,
> L'hiver plus importun nous glace de froideur;
> Le *printemps* seul n'a rien qui nous puisse déplaire.

On ne lui voit qu'un sonnet qui lui ait réussi : il était sur l'*Aurore* ainsi qu'une ballade sur

> Un juif de fureur agité
> Contre sa progéniture,
> Qui cognoissant la vérité
> Foulait aux pieds l'imposture,
> Fut de telle sorte irrité
> Qu'il n'eut contentement en l'âme
> Qu'après avoir précipité
> L'enfant vivant dedans la flamme.

Canu (J). Sieur de Bailleul.

La Normandie en paix durant la guerre

était le sujet d'un chant royal donné par cet auteur à Henri d'Orléans, Prince du Palinod de Rouen en 1652. Mais, dix ans auparavant, il avait remporté le premier prix des stances sous la principauté de Ferdinand de Palme-Carille, en 1642. Ces vers étaient sur *le Palmier*.

Canu (Mlle). Cette muse, sur laquelle il n'est resté aucun mémoire historique, n'est connue que par quelques vers couronnés au Palinod de Rouen, en 1659. Elle était probablement de la famille des précédents; au moins si le même sang ne coulait pas dans ses veines, le même feu enflammait-il sa verve en traitant le même sujet qui avait réussi à l'un d'eux et adoptant la même manière de le traiter. C'est le Rossolis pour lequel Guill. Canu avait déjà remporté l'Anneau d'or ; le même symbole fut la récompense de son imitatrice ; l'un avait dit :

> Lorsque la canicule au lion opposée
> Va des peuples divers les cantons guerroyant
> Et qu'aux raiz chaleureux de son œil flamboyant
> Elle crève le sein de la terre embrasée ;
>
> Il n'est si belle fleur qui pour n'être arrosée
> N'assèche soubz l'ardeur qu'elle va déployant ;
> Celle que le soleil caresse tournoyant
> S'emperle toutefois d'une humide rosée.

L'autre s'exprime ainsi :

> Lorsque l'ardent soleil avec le ciel d'accord
> Assèche les ruisseaux, rend les plaines arides,
> Et qu'il ravit aux fleurs leurs substances humides,
> La cause de leur vie est celle de leur mort.
> Le rossolis bravant ce violent effort
> Dans ce grand changement a des beautés solides,
> Et, le chef couronné de cent perles liquides,
> Fait admirer sa pompe, et sa grâce et son port.

Cany. V. *Becdelièvre*.

Cappelet, de Rouen, contemporain de Jean et d'Hercule Grisel, et de la même paroisse (Saint-Maclou), en cette ville, concourut avec le premier au Palinod, mais dans un autre genre de poésie. Grisel y avait mis une ballade ; Cappelet y avait présenté des stances et il en remporta le premier prix. Elles annoncent un talent facile et exercé :

> Je chante un jour de grâce en la nuit du péché,
> Je loue entre les morts un principe de vie,
> Un beau soleil d'amour dans la haine caché,
> Qui au chauld de ses rayz nos misères essuie.

> Bel astre, je vous vois clair dans l'obscurité,
> Beau dedans la laideur, vertueux dans le vice,
> Riche dans le défaut, pur dans l'impureté,
> Immortel dans la mort, juste dans l'injustice.
>
> Que ce miracle est grand, où le ris est au pleur,
> Le remède au poison, l'asseurance au naufrage,
> Le miel en l'aloé, le bonheur au malheur,
> Le pardon en l'offense, et le calme en l'orage.
> . . . .
>
> Humains, n'entendez pas, ne pensez pas goûter
> En l'amer de mon chant le doux de ses merveilles :
> Hélas ! il me faudrait, pour les pouvoir chanter,
> Avoir autant de voix que vous avez d'oreilles.

Caradas (*Jean*), sieur du Héron, dont un de ses arrière-petits-fils était commissaire des guerres à Rouen, se trouve le soixante-sixième sur le tableau des Princes du Palinod en cette ville ; il mourut probablement avant d'être élu pour en donner les prix.

Caron. Rader, dans son *Verger*, ouvrage latin (1), raconte que le trésor de Constance était gardé par un dragon, qui faisait de grands ravages. Plusieurs fois on essaya de se délivrer de ce fléau, mais en vain ; la victoire était réservée à l'évêque de Gangres, nommé Hypatius, qui l'amena par le col à Constantinople pour y être brûlé, comme le dragon de saint Romain à Rouen.

Cette conformité de circonstances a engagé de consigner ici la pièce en entier :

---

(1) Le *Viridarium Sanctorum* du savant jésuite Rader comprend trois parties in-8°, qui ont eu plusieurs éditions de 1604 à 1627.

Hic ubi congestas dudum terræque marisque
Asservabat opes Constantius, ecce repente,
Incertum qua parte satus, quibus actus ab antris,
Immanis cervice Draco, cristisque superbus,
Excubat ante fores; qualis Cadmeïus olim
Sæviit in sylva immensa, vel qualis in ora
Colchidos aurati defensor velleris, anguis
Intus agit sese, flammasque et sibila torquet.
His super attoniti proceres, princepsque pavore
Sollicitus jubet ire viros qui protinus anguem
Conficiant telis, solvantque tremoribus urbem.
Haud mora, concurrunt rapidi, valvisque reclusis
Serpentem invadunt; ille atri tabe veneni
Pestifer huc illucque volat, mortesque cruento
Ore vomit. Tremuere viri, manibusque sagittæ
Cunctaque tela cadunt, mox arduus impete vasto
Corripit exsangues, fœdisque amplexibus urget.
Inde alios super atque alios; nec finis, at omnes
Quotquot adire locum, seseque immittere tentant,
Enecat et sparsos late depascitur artus.
Has inter cædes patriis excitus ab oris
Gangrensis præsul populi sese intulit ultro,
Non ferro aut facibus fidens, at numine fretus ;
Infestas serpente fores fœdataque tabo
Tecta subit, virgaque ferum, nil territus, anguem
Versat et insuetis adigit se subdere vinclis.
Ille manum admissa reveretur sponte catena
Atque humili cervice labat, mediamque per urbem
It pavitans, meritosque horret mittendus in ignes (1).

(1) S. Hypatius, l'un des Pères du Concile de Nicée en 325, est fêté par les Grecs le 14 novembre. Sa victoire sur ce monstre est restée populaire en Orient. En effet le ménologe de l'empereur Basile le représente transperçant de sa lance la gueule d'un dragon, et le maintenant ainsi au milieu du brasier qui le consume.

Carré (Pierre-Laurent), né à Paris le 7 octobre 1758, docteur agrégé en l'Université de Paris, professeur d'humanités à Toulouse. Dans les trois années qu'il a travaillé pour le Palinod de Rouen, a toujours choisi les sujets les plus heureux et les plus patriotiques. *Boussard*, de Dieppe, *Rose Mahot* (1), de Granville, furent ses héros en 1780 et 1782; leur dévouement pour les naufragés est la matière de deux très beaux poèmes latins qui lui ont valu des éloges plus flatteurs que les prix eux-mêmes qu'il remporta. La première de ces poésies a été imprimée en entier dans le *Recueil* de l'Académie; la seconde devait l'être dans la suite de ces Recueils, si elle eût eu lieu. L'année précédente, M. Carré avait adressé à l'Académie un poème d'une plus grande étendue et d'une plus grande variété : l'*Exposition des tableaux* au salon du Louvre en 1781 ; il n'est qu'analysé dans le *Recueil* de la société littéraire qui l'a couronné comme les deux autres.

Castel (dom *Gabriel*), chartreux de Rouen en 1681. C'est une chose à remarquer que, précisément un siècle avant l'événement dont il est question dans l'article précédent, un autre soldat ait eu le même bonheur et qu'il ait été chanté sur le même théâtre palinodique.

(1) Boussard est bien connu, notamment par la notice de l'abbé Cochet dans sa *Galerie dieppoise*. Quant à J.-R. Mahault, c'était une jeune fille qui, en 1780, sauva un soldat en grand danger de se noyer.

Son intrépide dévouement eut une suite peu commune en fait de sauvetage : ce fut le mariage des deux héros de l'aventure. Granville leur fit un don de 200 livres, et leur accorda à eux et à leurs enfants le droit de bourgeoisie et l'exemption des impôts. (Guidelou, *Notice sur Granville*, p. 62; 1858, in-8o).

Castel (Jacques Froissard du), l'abbé, ex-jésuite et juge académicien au Palinod de Rouen en 1751; auteur de plusieurs pièces fugitives, dont une intitulée : *Essai sur la poésie lyrique*, in-8° (1).

Castelot (Louis), est un des derniers poètes latins connus vers la fin du xvııᵉ siècle. Il ne fut point couronné, mais ses vers n'en parurent pas moins mériter l'impression : ils se trouvent comme honoraires dans le Recueil du Palinod de Rouen, 1669. *Moyse sauvé des eaux* en était la matière.

Caval. Voyez *Cheval*.

Cauchois (le), de Rouen, neveu du préfet du même nom au collège de cette ville, leur patrie, fut couronné en 1765 des mains de M. de Miromesnil, prince du Palinod, pour une allégorie latine sur l'*Aurore*, sujet souvent traité, mais rendu par cet auteur d'une manière neuve et gracieuse.

Cavelier (Robert), sieur de Villequier, secrétaire du roi, était le quarante-neuvième des associés du Palinod de Rouen, pour y donner les prix. On le trouve aussi parmi les députés aux Etats de Normandie en 1529. Il mourut le 6 juin 1558, et gît à Saint-André-de-la-Ville, où était la sépulture de ses ancêtres.

Cavelier (Jacques), sieur d'Auberville, conseiller du roi et lieutenant au bailliage de Rouen, le cent quarante-

---

(1) Cet auteur n'a pu être retrouvé dans la *Bibliothèque de la Compagnie de Jésus*. Peut-être n'avait-il rien publié étant jésuite.

huitième dans la nomenclature des confrères et maîtres de l'association palinodique. Sans le poète Jean Grisel, qui reçut de ses mains le prix du Soleil en 1603, on ignorerait l'année de sa principauté ; mais aussi est-ce tout ce qu'on en sait. Il gît à Saint-Laurent, et non aux Capucins de Sotteville, dont il avait été un des principaux fondateurs.

Cavelier (Jacques), couronné en 1609 sous la principauté de Pierre Puchot, pour une allégorie latine sur *Thoas*, pour laquelle il reçut le premier prix de ce genre au Palinod de Rouen.

Cavelier (Pierre) remporta le premier prix de l'allégorie latine au Palinod de Rouen en l'année 1631. Sa pièce était sur l'*Œil*, qui ne se ressent jamais des rigueurs du froid.

Cavelier (Barthélemy), d'Angers, envoya de cette ville, en 1753, une ode latine sur *Hésione ;* et ce sujet, tout mythologique qu'il était, lui réussit au Palinod de Rouen, qui lui adjugea le Miroir.

Cavelier, avocat à Caen, connu au Puy de cette ville par plusieurs odes françaises dont la première sur l'Apocalypse fut couronnée en 1777 ; trois autres l'année d'après sur le même théâtre : le *Triomphe de la Religion chrétienne*, la *Punition des Juifs*, ses plus mortels ennemis, et le *Crime des Suicides*, telles furent les matières où il prouva la supériorité de son talent lyrique. Ses succès lui firent penser qu'il pouvait s'en promettre d'aussi flatteurs au Palinod de Rouen, et il les y obtint en effet par une ode sur le *Libre Arbitre*, en 1779 :

Si vous ôtez cette énergie,
Pour nous il n'est plus de devoir :
Nos actions restent sans vie
Et la vertu n'a pas d'espoir.
C'est en vain qu'à l'âme innocente
Une voix douce et consolante
Promet un heureux avenir ;
C'est en vain que l'homme coupable,
Cédant au remord qui l'accable,
Ouvre son cœur au repentir (1).

Oui, l'homme est libre : tout atteste
Cette constante vérité,
Et l'esprit fort qui la conteste
Suppose, admet la liberté.
De ses enfants maître sévère,
Pour réformer leur caractère,
Il veut qu'ils écoutent sa voix.
Dans les autres il hait le vice,
Et lui-même de la justice
Contre eux il implore les droits.

Caumartin (*de*), abbé de Buzay, couronné au Puy de Caen en 1681 pour une épigramme latine sur le *Corps d'Alexandre*, qui fut longtemps incorruptible.

Cauquainvillier ou *Coquinvilliers* (*Nicolas de*), évêque de Viane ou Vériense, prieur de Saint-Laurent-en-Lyons (2) et suffragant de l'archevêque de Rouen, Prince du Palinod de cette ville en 1524. Cette année fait époque dans l'histoire de cet institut, non seulement par la dignité du chef, mais par les soins qu'il prit de

(1) Le ms. a *désespoir*.
(2) Aujourd'hui sur la commune de Beauvoir-en-Lyons, arrondissement de Neufchâtel, *S.-Inf.*

recueillir un assez grand nombre de poésies qui avaient cours de son temps et dont plusieurs avaient été couronnées de sa main ; le reste avait été présenté et lu dans la tribune palinodique. Et en se faisant l'éditeur de ce recueil, il fut encore auteur de la dédicace qu'il en fait à Anne de Graville, fille de l'amiral de ce nom. L'adresse a l'air d'être en vers, de la manière dont elle est tournée dans le ms. :

> A haulte et puissante demoiselle,
> Mademoiselle Anne de Graville
> La Mallet, Nicolas de Coquinvillier,
> Evêque de Vériense, salut
> En Dieu, et au corps vie prospère.

On a cru devoir donner une idée du talent de cet évêque littérateur par la citation suivante :

« Lorsqu'exif temps son captif me tenoit, et les miens
« yeulx vagaient en divers lieux, dont mon penser le plus
« étroit en queste vid aorner devant moy ma mémoire, qui
« ne me feist ung présent de la promesse qu'à toy j'avois
« formée de t'envoyer les exquises louanges et héroïques
« faits des orateurs palinodes, nommez, examinez pour
« la présente année en la noble cité de Rouen par les
« Princes du Puy et sénat de la Normandie, nation singulière zélatrice de la bénigne mère du Créateur sur le
« faict de l'immunité de la sienne incontaminée et Immaculée Conception ; parquoy voulloir me veint sommer
« d'exécuter en vers ta seigneurerie mon obligé ; dont tost
« après se délibéra la myenne foible main, où ce present
« codicille réduire en forme les chants royaux, louanges
« et cantiques, ballades et rondeaux, plus digérez que le
« myen jugement discerner le pouvoit : et principalement
« ceulx qui à la palestre des poètes et orateurs après avoir

« tant bataillé, mercy avoient comme vainqueurs la palme
« et le chapeau de laurier et aultrés dons de prix, selon la
« diversité de leurs œuvres haultains : et pourtant que
« par icelle Vierge est venu le bien de nostre mal et la vie
« de nostre mort ; et que par la mort d'icelle vie plus
« sommes vifs que par nostre propre vie ; et pour le bien
« dire, sans la mort d'icelle vie, et la vie d'icelle mort,
« de l'homme les désirs s'estendoient à l'impossible. Car
« plus désiroit que par nature son débile povoir ne
« povoit, douleur le tourmentoit, et le poursuyvoit con-
« tinue passion, désespoir le déstraignoit, et le menassoit
« la mort, penser continuel l'esveilloit, et le molestoit
« désir, tristesse le condamnoit, et ne le povoit sa foi
« saulver que à son trespas captif ne fût détenu : parquoy
« la passion de luy extresme sans cesse cherchoit salut,
« sa douleur remède, son travail repos, sa peine allége-
« ment, sa ruyne réparation, sa vie régénéracion. Toutes
« lesquelles choses excédoient le sien possible, mais
« l'exécuter du souffrir douloureux à iceluy possible qui
« est la vraye vie, qui occise fut pour nostre mort faire
« mourir, nous a été très eureuse douleur; puisque ainsi
« est que icelle souffrance a esté pour le bien de nostre
« mal, que réputer ne debvons estre en moindre estime
« que de nous avoir créez ; et trop plus grand vertu a esté
« de rédimer les misérables, que s'il eût été en grâce, nos
« premiers parens maintenus prospères. Disons donc que
« icelle dame, tout bénigne d'amour divin, pour suyte à
« juste tiltre doibt des humains vaticinateurs et orateurs
« reporter triumphes et louanges, quand toute et si digne
« l'a voulue son bien eureux enfant, que par le syen
« moyen a esté aux cielz gloire donnée, Dieu à la terre,
« la paix aux hommes, et aux Gentils la foi, la fin aux
« vices, etc., etc. »

Il n'y a aucune pièce de vers latins dans ce ms., parce que, probablement, Anne de Graville ne savait que le français. Cependant on en avait couronné, tels que ceux de Nicolas Picart, pour une allégorie latine sur l'*Aurore.* Ce prince-évêque qui lui donna le prix mourut le 6 janvier 1531; son épitaphe, au chœur des Augustins de Rouen, est très laconique :

Hic jacet Rev. in Ch° pater ac dom. magister Nic. de Coquinovilliers, Episc. Veriensis, qui obiit an. 1531, 6 jan. (1).

L'historique de son ms. consiste à dire qu'il est en vélin relié in-4° en maroquin vert, contenant trente-six pièces de vers, douze de chaque espèce, comme chants royaux, ballades et rondeaux. Il était dans la famille d'Entragues, où Anne de Graville était entrée par son mariage avec Pierre de Balzac, sieur d'Entragues; de là il avait passé dans la bibliothèque du duc de la Vallière, et après sa mort il a été acheté pour la bibliothèque du roi.

Cauvet (*Michel*). Il remporta le laurier pour la première allégorie couronnée en 1644 au Palinod de Rouen; le sujet en était tiré de Plutarque (2). En l'an 1663, un Guillaume Cauvet prononça au collège d'Harcourt le discours d'usage sur la Conception, imprimé in-4°, l'année suivante à Paris.

Cauville (*François*), ecclésiastique de Saint-Pierre de Caen, couronné au Puy de cette ville en 1777 pour des vers ïambes sur la fontaine de Blanduse.

(1) Farin dit : *Coquinovillari.*
(2) Le ms. de Caen ajoute : *Invadentibus Atticam Lacedæmoniis, ab Academia sola temperatum est.*

Censols, sieur des Mesnils, était le cent douzième sur le tableau des Princes à Rouen. Censols (Jacques) était conseiller clerc au Parlement de Rouen, 1543.

Cercle (*le*), de Rouen et de la Congrégation de l'Oratoire, avait remporté en 1669 le prix de stances au Palinod de Rouen, sur la *Colombe* :

> Pour faire le portrait de ma céleste reine,
> Je ne veux sur la toile exprimer qu'un oiseau :
> Il est chaste, il est pur, plein d'amour et sans haine,
> Et son corps tout de neige est éclatant et beau.

En 1681, il eut le prix du second chant royal au Palinod de Caen. *Dixit Deus de tenebris lucem splendescere.* [S. Paul, II *Cor.* IV, 6.]

Cerceau. V. *du Cerceau.*

Cerysy (*Jacques Richier de*), Prince du Palinod de Rouen en 1751, y fut et y fit, deux siècles et demi après Nic. de Coquinvilliers ci-dessus, ce que celui-ci y avait fait de bien en 1524 par sa présence et ses libéralités. Il eut une récompense de plus à sa mort : c'est que son *Éloge* y fut prononcé par le secrétaire de l'Académie, et c'est là qu'on apprend qu'il était né en la paroisse de Cerysi-la-Salle, proche Coutances, d'une famille distinguée dans la robe et dans l'épée. Le séminaire de Joyeuse à Rouen et celui de Saint-Nicolas-du-Chardonneret à Paris furent les premières écoles où il se forma à la vertu. Il ne sortit de la dernière qu'avec cette note si honorable : *inter optimos optimus*; et l'on mit dans la suite, au bas du portrait dont il fit présent à la première :

> *Hæc domus æternum tali sibi plaudet alumno :*
> *Se dedit ipse sui pignus amoris amans.*

Il fut successivement docteur en théologie de la Faculté de Paris de la maison et société de Sorbonne, grand archidiacre et chanoine de l'église métropolitaine de Rouen, puis évêque de Lombez.

« Saint François de Salle, ce prodige d'onction et de
« douceur, dit l'auteur de son *Éloge*, peut être regardé
« comme son modèle. Il est mort à peu près de la même
« maladie et au même âge. C'est à Montpellier qu'il a
« terminé sa vie, le 15 juillet 1771, âgé de soixante-deux
« ans; mais sa mémoire est celle du juste, elle ne cessera
« jamais d'être en bénédiction. »

Il ne faisait point de voyage à Rouen qu'il ne fût comme le suffragant de l'archevêque de cette ville; et l'on compte parmi les occasions de l'obliger la dédicace du séminaire de Saint-Louis, maison à laquelle le cardinal de Tavannes avait beaucoup contribué pour y retirer les prêtres infirmes, pauvres et âgés de son diocèse; ce fut le 22 décembre 1766, étant supérieur Pierre Chevalier, homme d'une rare vertu.

Champaigne (Charles de la) venait d'être reçu conseiller au Parlement de Rouen quand il se mit sur les rangs au Palinod de cette ville en 1625. Ce fut sans doute par amitié pour Pierre Blondel, son confrère dans la robe, qu'il se présenta pour être couronné de sa main, et ajouter à l'éclat de la cérémonie. *Thésée*, vainqueur du minotaure, était son sujet, et il le traita en vers latins; il mourut à Rouen en 1642; inhumé à Saint-Godard.

Champaigne (Jacques de la), parent du précédent, remporta comme lui un second prix d'allégorie latine au Palinod de Rouen. Pausanias [V, vii, 4] fait mention du Jourdain qui traverse le lac de Génézareth, sans y mêler ses eaux : cette particularité plut à son imagination et il la versifia avec succès, et semble en mériter un plus grand. Pour y suppléer, donnons-lui une nouvelle existence :

> *Venerat augustum Christus Jordanis ad amnem*
> *Lustrificos sacro subiturus vertice rores ;*
> *Quem vitreis simul ablutum prospexit ab antris*
> *Corniger, ora suis tollens manantia rivis*
> *Cæruleasque manus : « Tu ne, o quem flammea, dixit,*
> *Astra pavent, magnumque tremunt elementa magistrum,*
> *Cujus ego toties ad formidabile nomen*
> *Obtorpente vado, ripisque silentibus hæsi ?*
> *Nate Deo, nostrasne etiam dignaris arenas*
> *Adventu sancire tuo, et plaudentibus astris*
> *Excepisse meos sanctis cervicibus imbres ?*
> *Ah ! video, Patris æterni decreta ferebant*
> *Filius ut puro purissimus amne lavaret ;*
> *Nempe lacus (nosti) Galilæis torpet in arvis*
> *Informi cœno lacus et caligine densa*
> *Lividus, et vastis mentitur Nerea lymphis.*
> *Illum indignantem, et mundos temerare liquores*
> *Conantem frustra irrupto mea flumina cursu*
> *Transmittunt, solidas velut inter condita ripas,*
> *Hinc atque hinc nitidos latices vada turbida cingunt ;*
> *Nec tamen inficiunt, arcetur limite nullo,*
> *Nec coït, et liquidæ frustra lacus adstitit undæ,*
> *Fecit aquas in aquis cœli indulgentia tutas.*
> *Tu modo, tu purum solito tege numine flumen,*
> *Sic populos, te vate, Patris spargatur in omnes*
> *Nomen et in vestros orbis conspiret honores. »*
> *Hactenus et voti compos, lætusque favore*
> *Jordanis lapsu se mergit in antra sonoro.*

Chandelier (*Baptiste le*), conseiller au parlement de Rouen, où il est mort le 15 mai 1549. Il est fâcheux qu'on ne connaisse pas assez ce magistrat qui, au moins en qualité d'homme de lettres, doit avoir marqué dans son temps. C'était un des poètes célèbres à Rouen au commencement du xvie siècle, et son ouvrage poétique sur la cour souveraine dont il était membre justifie sa réputation. Les muses françaises ne lui étaient pas étrangères, et sa correspondance avec J. Bouchet en est la preuve. J.-B. Chandelier lui adressa plusieurs épîtres en vers, dont une le 16 septembre 1537, contenant *Louange d'éloquence et des abus qu'on y fait au temps présent :*

> Las ! maintenant devant tous fais complaincte,
> Tant décherie en public et complaincte,
> Dont la doulceur trop m'abaisse le cueur,
> C'est que l'abuz de vertuz convainqueur,
> Comme surtout meine son entreprisse.
> . . . .
>
> Tant a gaigné le fonds, et si avant
> Que soubz rondeaux, ballades et chants royaulx
> Ne sont trouvez que songes desloyaulx,
> . . . .
>
> Au grand scandalle et opprobres patens
> De nos erreurs incongneuz et latens,
> Que mieulx vaulsist n'avoir été ouverte.
> Cette science entre nous découverte.
> . . . . (1)

---

(1) Toustain de Richebourg fut sur le point de réimprimer ce poème en 1767 (*Affiches de Normandie*, 17 avril). En 1883, la *Parthénie* de ¦le Chandelier a été rééditée par M. Bouquet pour les Bibliophiles normands. L'introduction réunit tous les renseignements désirables sur l'auteur, nommé avocat général le 16 janvier 1546.

Le poète parle ainsi parce que, en effet, les auteurs des troubles de religion, qui commençaient alors, semaient dans le public des chants royaux, des ballades, etc., etc., où ils insinuaient leurs doctrines et leur morale.

Un savant de ce caractère ne pouvait manquer de favoriser un institut établi pour diriger les talents vers le but le plus noble, en les rappelant à leur première origine. Aussi le voit-on le trente-septième des confrères juges et Princes au Palinod de Rouen, où il commença par les aider de ses lumières dans l'examen et le jugement des poésies concurrentes, jusqu'à ce que, en qualité de juge, il distribuât lui-même les couronnes. L'année de sa principauté a été longtemps ignorée. C'est en 1546, et il n'y a point à douter qu'on ne s'y soit empressé de recevoir à l'envi de sa main des lauriers qu'il savait si bien moissonner lui-même sur le Parnasse latin et français. Il y a même des pièces qui ont été visiblement composées à cette occasion, et le Chandelier d'or, qui était le fond de ses armoiries, ne manqua pas de faire celui de quelques poésies dont on parlera à l'article de leurs auteurs. B. Chandelier mourut âgé et fut inhumé à Saint-Pierre-du-Châtel, où était la sépulture de sa famille. Son livre sur le Parlement de Rouen est intitulé :

Virorum omnium Consularium ab instituto Rotomagensi Senatu hactenus promotorum libri quatuor; autore Baptista Candelario, Regio senatore; et il s'y est peint ainsi :

Extulit immeritum me hoc tempore et ordine princeps,
　Quæso, animum superis auspicibus tribuam (sic).
Cum tunc exciperer qui pene novissimus essem,
　Hæc ego nunc scribens pene prior sedeo.
Et sum qualis eram, mea vix est aucta facultas,
　Nil superest opibus plusve minusve meis.

Jam prope bis denos adjectis quattûor annos
Tot noctes studiis totque dies dedimus.
Perque illa errantem invenit nodosa podagra,
Compressitque meas dura chiragra manus.
Cæsareæ postquam sum factus inutilis aulæ,
Otia me posito munere lenta vocant.

Le livre, où sa principauté est marquée en 1546, est intitulé : *Bapt. Candel, cl. v., Partheniorum lib. unus, 1593, Rotom.* On y voit la relation du festin des Princes.

Chapelain (Charles-J.-Baptiste le), jésuite, né à Rouen le 15 août 1710 (1), mort à Malines le 26 décembre 1779, prédicateur de Leurs Majestés impériales. Ses sermons ont été imprimés, d'abord en un seul volume, puis en six, in-12.

« Des idées grandes et justes et bien présentées forment
« la base de tous les plans de ses sermons ; il s'est attaché
« dans le style à la manière de Bourdaloue, et sans y
« avoir, comme son modèle, cette profondeur et cette plé-
« nitude de raisonnement qui le rendent original, il a
« quelquefois plus de chaleur et des traits d'élévation
« propres à ranimer l'attention de l'auditeur ou du lec-
« teur. Ses péroraisons surtout sont vives, fortes et poéti-
« ques, selon les différentes matières qu'il traite. On doit
« distinguer parmi ses discours celui qu'il composa pour
« la prise d'habit de Mme la comtesse d'Egmont, discours
« unique pour l'à-propos et l'énergie des divisions. C'est
« dans ces sortes de circonstances que le talent se déve-

---

(1) Le P. Sommervogel le dit né le 18 août; il n'a pas connu ses pièces de poésie. Les sermons du P. le Chapelain, traduits en plusieurs langues, ont reparu au tome LIX des *Orateurs sacrés* de l'abbé Migne.

« loppe. Celui du P. Chapelain obtiendra toujours
« l'estime de quiconque aimera la religion et le ton qui
« convient à la chaire. »

Il composa aussi, à la sollicitation de Mme Louise de France, un petit ouvrage plein d'onction intitulé : *L'âme chrétienne au sacrifice de la Messe* (1).

C'est à cette réputation que préluda cet orateur célèbre en présentant au Palinod de Rouen une allégorie latine sur *la Cathédrale* de cette ville qui fut respectée dans les guerres des Normands ; hommage et prémices de ses talents dont l'Académie a conservé la mémoire parmi les ouvrages de ses lauréats. C'était en 1725, et à la même époque on trouve encore son nom parmi ceux qui concoururent aux prix extraordinaires proposés par les directeurs du collège royal en cette même ville à l'occasion du mariage de Louis XV.

Chapelle (*Pierre de la*), né à Bourges en 1656, professeur à Saint-Lô de Rouen en 1689, et à ce titre jugené du Palinod en cette ville. Il mourut en 1705.

Chaperon (*Louis*), en latin *Capitius*, était de Rouen et fut le premier poète français couronné au Palinod de Rouen dès son institution (2). Son chant royal commençait ainsi :

(1) Inséré en 1760 dans la première édition de ses discours.

(2) On nous saura gré de réimprimer ici son « petit avertissement au lecteur » qui, remarque Farin avec une pointe de malice, en ce temps-là tenait du haut style :
« Ce présent a esté parfait, obstant les négoces familières et
« empeschemens domestiques urgens et interpellans nôtre poëtique
« étude quotidiane ; qui, requerant un esprit libre et tranquile, a

Noble Vierge, sur toutes la princesse
Origine de sceptre réginal,
Sur tous anges sublimée en haultesse,
Métropole sur l'état virginal,
En ton Concept n'eut tache original
Ne aultre si de te souiller capable :
Car ton cher Filz sur tous irréfragable
T'en veult garder par don particulier ;
Pourtant est dict de toy ce mot louable :
Vierge et mère, pour tiltre singulier.

. . . .

Si des Normands es tour et forteresse,
En leur besoin secours médicinal,
Pourtant doibvent en triomphe et liesse
Solempniser pour tous en général
Ton sainct Concept. Car qui de cueur loyal
Feste en fera, luy seras secourable,
Et à toujours champion defensable
Pour l'ennemi combattre et prélier ;
Si dy de toy ce mot tout agréable :
Vierge et mère pour tiltre singulier.

L'année suivante il rentra dans la lice où il s'était fait tant d'honneur ; et il n'en reçut pas moins, en 1487, pour un autre chant royal en la même matière.

Chapperon (Jean), conseiller en court laye à Rouen, sa patrie, et le troisième des confrères juges et Princes du

« esté de la turbine du vent de fâcherie, tempeste de ménage, et
« ravine de mariage, détourné, diverti et empesché. »
Farin a inséré les cinq strophes du chant royal et son envoi. Une preuve que ses éditions posthumes n'ont pas été faites avec tout le soin désirable, c'est que le premier vers de la dernière stance s'y lit :

Si des Normands es tour et *fortessa,*

faute d'autant plus fâcheuse qu'elle pourrait faire croire à une forme archaïque si le vers n'était boîteux.

Palinod de cette ville, y donna la couronne à Richard Bonne-Année, qui remplaça Louis Chapperon en 1488. Ce Prince mourut antérieurement à la fin du xve siècle, car son nom ne se retrouve point parmi ceux des premiers magistrats composant le Parlement rendu stable et perpétuel en 1499; car il n'est pas à présumer qu'il fut exclu du choix qu'on fit alors des premiers titulaires de cette cour souveraine (1).

Charles. Voir Gabr. de Saint-Ch.

Charon (*J. le*), couronné au Palinod de Rouen, en 1622, pour un chant royal sur une plante dont la racine est venimeuse et le fruit salutaire.

Charpentier (*Vivien le*). Son prénom annonce assez de quelle ville et de quelle paroisse il était, à ceux qui savent que saint Vivien est patron d'un quartier très considérable de Rouen. Il parut dans la lice du Palinod, en 1523, et il remporta le prix de la ballade (2).

Après que Adam se veid déceu

---

(1) On connaît en outre trois autres poètes palinodiques de même nom, grâce au Recueil de Vidoue :

Une épigramme (fo 79, vo) y est signée *Capitius* seulement. Une autre épigramme latine *M. Capitii* se trouve au fo 95; et un peu plus loin (fo 98, vo) une troisième avec l'attribution *N. Capitii*. Enfin au fo 74, le rondeau au refrain « Pauvres humains, cessez toutes vos larmes » porte le nom de Arnould Chapperon.

(2) Sa ballade dite « Première de la Rose » est dans le Recueil de Vidoue (fo 73). Elle s'y compose de trois strophes et d'un « Renvoy ».

Par Eve du serpent deceue,
Nud de grâce fut apperçu
Laquelle avait de Dieu receue.
Lors dit : « Par mon offense sceue
J'ay toute ma secte asservye,
Tant que soit pour moy apperceue
L'arbre portant le fruit de vie. »

En pleurant son crime advenu
Pour l'arbre de Dieu retenue,
Charité le voyant tout nud
Des sainctz cieulx est vers luy venue
Et lui dit : « Paix est revenue
Qui rendra ton âme assouvye ;
Car en ton plant sera congneue
L'arbre portant le fruit de vie. »

. . . .

Chartier (Pierre), de la Congrégation de l'Oratoire, né à Vire (1), couronné aux Palinods de Rouen et de Caen, à deux époques différentes et assez éloignées : en 1664 et sur les bords de la Seine par une allégorie latine touchant *la Robe de N.-S.*; en 1680 sur les rives de l'Orne par une ode française sur le *Débordement du fleuve Lycus* arrêté par saint Grégoire le Thaumaturge.

Chartier (le), maître ès-arts en l'Université de Caen, mit en vers latins l'histoire de l'enfant d'un Juif échappé aux flammes où son père voulait le faire périr, et fut couronné pour cette allégorie au Palinod de Rouen, en 1695.

(1) Nommé par d'autres « Pierre le Chartier » (1635-1690), ce religieux a publié en 1683 un *Dictionnaire apostolique*.

Chassebras se vit adjuger trois couronnes au Palinod de Rouen en 1613, sous Charles de la Rocque, pour un sonnet sur *la Perle* et pour deux stances, les unes sur *les cinq Sens* de la nature, les autres sur *la Conception*.

Château-Roux, voyez Daré de...

Chaulieu du Bourget, de Caen, remporta au Palinod de Rouen les mêmes prix que, probablement, il remporta dans sa patrie ; c'est-à-dire deux premiers prix d'allégorie latine en 1673 et en 1678, puis un second prix pour le même genre en 1681. *La Montagne du Thabor* était son dernier sujet, *le Lin incombustible* le second, et *le Papier* [le premier].

Chauvin (Jean), peut-être le fameux Jean Calvin lui-même, qui en 1544 aurait voulu se mesurer avec les athlètes du Palinod de Rouen, ce qui ne serait pas plus extrordinaire que de trouver Michel Servet un an après dans la même lice. Quoi qu'il en soit, Jean Chauvin concourut pour les prix de ces deux années, d'abord en présentant un chant royal et un rondeau puis, en 1545, une ballade commençant par

> Le principe de toute créature.

Son chant royal avait pour refrain une sorte de vers rétrograde :

> D'homme la femme, et de la femme l'homme.

Chesnaye (noble homme *Nicolas de la*), receveur du domaine de Rouen, le trente et unième de la nomenclature de la confraternité qui donnait des Princes au Palinod de cette ville, le présida en 1519. Pierre Crygnon fut le principal lauréat du concours de cette année. Ce prince avait été député en 1515, et était un des fondateurs de Saint-Maclou de Rouen (1).

Chennot (*Claude*), prieur de Saint-Lô de Rouen depuis 1662 jusqu'en 1673, siégea au Palinod dans un temps où les Oratoriens n'en dédaignaient pas les lauriers. Il contribua à assurer sur la tête du jeune Fontenelle ceux qu'il y moissonna en 1671. C. Chennot était né à Bray, diocèse de Sens, en 1611, et mourut en 1680.

Chéruel, professeur au collège du Bois à Caen, fut couronné au Palinod de Rouen, en 1695, pour une ballade sur *Moyse sauvé des eaux*.

Cheval ou *Caval* (*François*), en latin *Cavallus*, présenta au Palinod de Rouen une allégorie latine en 1545.

Chevalier (*Pierre le*), second lauréat pour le chant royal (2) au Palinod de Rouen, en 1522.

> Dieu, qui voullut prendre humaine nature,
> Avait donné en son éternité
> Degré d'honneur sur toute créature
> En pureté, en grâce et dignité,
> Au sang esleu pour sa divinité
> Décentement incarner en Marie,

---

(1) Il eut notamment part à la fondation de la messe chantée qui se célébrait chaque jour à Saint-Maclou. Il concourut de même à l'établissement de Saint-Etienne-la-Grande-Église. On compte un Nicolas de la Chesnaye parmi les échevins de Rouen de 1514 à 1517.

(2) Vidoue a inséré ce chant royal (fol. 49, v°), et ajoute : « Maistre Le Chevalier a eu le liz pour le prix debatu. » Il écrit au quatrième vers : « En purité... »

>Qu'il fist porter de beauté l'armarie
>De saincteté et bénédiction ;
>Tant ici-bas qu'au céleste domaine
>Montrant qu'elle eust, par préeslection,
>Conception plus divine que humaine.

Chevalier (*le*), président à Rouen, auteur de vers élégiaques sur le symbole de la *Ruche*, fondé en 1624 par François de Harlay, pour une ode latine, surnommée tantôt pontificale, pour marquer qu'elle était de fondation archiépiscopale, tantôt pindarique, parce qu'elle était composée de différentes espèces de vers en strophes et antistrophes ; le mètre alcaïque fut ensuite préféré sans exclure néanmoins les autres, le saphique, etc.

Chivot (*A.-F.*), d'Amiens, docteur agrégé à la Faculté des Arts, à l'Université de Paris, et professeur d'humanité au collège de Montaigu. Son nom était avantageusement connu dans la littérature, lorsqu'il travailla en 1784 pour le Palinod de Rouen. Successivement inspiré par les muses grecques, latines et françaises, il fut citoyen d'Athènes, de Rome et de Paris. Chaque année il avait célébré avec succès les événements les plus remarquables du règne de Louis XVI : *In sacram Lud. XVI inaugurationem ode*..... *Cæsar agnitus*..... *Mars trompé*, ode française sur la naissance d'une princesse. Epitaphe de Marie-Thérèse en vers grecs, avec la traduction française, précédée d'un poème français allégorique : *le prêtre d'Osiris fait donner la sépulture à une reine d'Égypte*..... *Oratio in ortum sereniss. Delphini*..... Poème grec : *Orphée chante sur les bords du Tanaïs les voyages d'un jeune prince destiné à l'empire du Nord* à l'occasion du voyage du comte du Nord (1), etc. Tels étaient

_____
(1) Nom que prit Joseph II pour voyager incognito.

les succès de M. Chivot, lorsqu'il augmenta le nombre des bons poètes latins à l'Académie de la Conception. L'ouvrage intitulé *In laudem Spei christianæ* annonçait un maître formé par Horace et digne de remplacer Sauteuil. L'auteur, dans cette pièce lyrique, s'adresse à cette fille du ciel, consolatrice des mortels, *l'Espérance*.

Chrétien, maître de pension à Rouen, fut associé aux juges académiciens du Palinod de cette ville, en 1704.

Cideville (Pierre-Robert le Cornier de), l'un des titulaires de l'Académie des Sciences, Belles-Lettres et Arts de Rouen, était né en cette ville le 2 septembre 1693, sur Saint-Lô, avait été un des compagnons d'étude de Voltaire, et cette liaison ne cessa qu'avec leur vie. Il n'en était pas pour cela toujours l'admirateur. Il mourut à Paris sur Saint-Eustache, le 5 mars 1776. Son Eloge a été composé par M. de Couronne pour l'Académie royale et son nom conservé dans les annales du Palinod avec son Allégorie latine sur *Moyse sauvé des eaux*, pour laquelle il eut un prix en 1709.

Clémence (Guillaume-Joseph), né au Havre, le 9 octobre 1717, curé de Saint-Cande-le-Jeune à Rouen, en 1751, vicaire général de Poitiers en 1759, chanoine de l'Eglise de Rouen en 1771, auteur de plusieurs ouvrages polémiques en faveur de la religion et des livres saints, dont quelques-uns ont été traduits en anglais et en italien. Avait été pensionné du clergé en 1782 (1). N'était d'aucune académie, et cependant il aida les juges de celle de la Conception, en 1778, dans l'examen de l'excellent

(1) Cette pension fut de 1,000 livres. (*Procès-verbal de l'Assemblée générale*, p. 300, 302.)

discours de M. Ancillon sur les livres saints. M. Clémence, versé dans les langues, fut chargé de vérifier les citations hébraïques et répondit en outre à différents points sur lesquels l'auteur du discours demandait des éclaircissements. C'est pour le remercier de ses peines que lui fut adressée de Berlin une pièce ecclésiastique en hébreu, dont voici la traduction par M. Clémence.

Vision du prophète Ancillon.

« J'étais seul chez moi, me rappelant les temps anciens
« et réfléchissant sur les premiers âges. Il était nuit ; je
« m'occupais de mes cantiques, mon cœur les méditait et
« mon esprit s'y appliquait, lorsque saisi du sommeil
« profond qui absorbe les mortels dans les visions de la
« nuit, je sentis mes os frémir de crainte et d'horreur. La
« terre trembla, les abîmes mugirent, et les objets qui
« avaient fait ma satisfaction et ma gloire, disparurent
« tout à coup. Alors quittant les bords du Cisson et les
« palmiers qui sont entre Rama et Bethel, Debora vint se
« joindre à David qui laissa les rives charmantes du
« Jourdain, de ce fleuve qui tressaillit de joie et applau-
« dit par le bruit de ses vagues au triomphe du Seigneur,
« lorsque, porté sur son arche, il approcha de son rivage.
« A eux se joignit Habacuc venant de Babylone, con-
« damnée à une désolation éternelle, et de chez ceux qui
« au jour du désastre de Jérusalem, criaient : « détruisez-
« la, découvrez jusqu'à ses fondements ». Ces trois per-
« sonnages réunis m'apparurent, leur nable et leurs cin-
« nors en main, le visage tout en feu, le cœur embrasé
« de la divinité tout entière, qui le remplissait. Accor-
« dant leur voix aux sons de leurs instruments, ils for-
« mèrent un concert dont la mélodie arrêta dans leur
« course la lune, les étoiles, l'astre du matin fils de

« l'aurore. Alors les ténèbres devinrent semblables au
« jour; une musique harmonieuse résonnait dans le
« silence de la nuit. Les collines tressaillirent, les vieux
« arbres plantés par la main de Dieu même s'ébran-
« lèrent, les lionceaux quittèrent leurs repaires, comme
« s'il eût été jour, les chœrogrilles sortirent du faîte de
« leurs rochers et les oiseaux de leurs bosquets. Cavernes
« profondes, pourquoi ces longs soupirs ? Entrailles de la
« terre, pourquoi vous ouvrez-vous en gémissant ? Les
« morts ressuscitent et sortent de leurs tombeaux; c'est
« Job, c'est Moïse, c'est Salomon, ce sont tous les
« anciens prophètes qui se plurent à faire résonner la
« lyre de leurs cantiques, ravis du concert qu'ils enten-
« daient. La joie dont leur cœur était rempli éclatait
« sur leur visage. Cependant je demeurais immobile,
« triste et baigné de pleurs. J'entendis une voix qui me
« disait à l'oreille : « Homme de Dieu, pourquoi es-tu
« ainsi triste et consterné ? » — Hélas ! répondis-je, ceux
« que je voix ici saisis d'admiration sont des morts; ne
« viennent-ils pas de sortir du sein des ténèbres de cette
« région que la mort couvre de son ombre, où tout n'est
« que confusion, où la lumière ne luit jamais ! Je suis
« dévoré du zèle du Dieu des armées, du zèle de cette
« langue dont les beautés sont inépuisables. Si vous res-
« suscitez les morts, vous conduisez les vivants au tom-
« beau. Malheur à moi de ne trouver personne à qui je
« puisse inspirer le goût de chanter avec moi tes can-
« tiques, ô Sion, et de toucher ta lyre sacrée dans une
« terre étrangère. Hélas ! que fais-je encore ici ? » Tandis
« que je faisais ces plaintes, je sentis sur mon visage un
« souffle qui me remplit de terreur; tous les poils de mon
« corps se hérissèrent; j'aperçus une figure qui m'était
« inconnue; j'en discernai les traits; j'entendis sa voix.

« Elle me parla ainsi : « Pourquoi êtes-vous dans le
« trouble et dans l'abattement? Consolez-vous; vous
« n'êtes pas le seul qui soyez sensible aux divins accords
« de Débora, de David, d'Habacuc; je suis épris comme
« vous des charmes qui distillent de leurs lèvres; mon
« cœur est embrasé du beau feu qui anime leurs poésies.
« Soyez béni, soyez célébré à jamais, ô vous, qui con-
« naissez ses beautés inexplicables! Que les faveurs du
« Seigneur se répandent sur vous; qu'il dirige lui-même
« votre plume, qu'il en fasse prospérer les productions. »
« A ces mots, je m'écriai, tout transporté de joie :
« O! que les sentiments de mon cœur deviennent vifs
« pour vous, qui que vous soyez, dont le goût, les occu-
« pations, les inclinations sont les miennes. Ah! lorsque
« vous penserez à accorder la lyre pour en tirer des sons
« harmonieux; que vos accents intéressent; que de grâces
« coulent de vos lèvres! Puissiez-vous, élevé sur le char
« prophétique des chérubins, être porté au ciel sur les
« vents! Puissiez-vous vous élever au-dessus des nues, ou
« bien que les nues s'abaissent sous vos pieds, que la
« campagne de Saron produise pour vous ses roses, que les
« lis des vallées croissent pour vous; que, pour en ceindre
« vos tempes, on les marie aux autres fleurs odoriférantes;
« et que la couronne qu'on vous en formera ne flétrisse
« jamais. Soyez tout à la fois Débora, David et Haba-
« cuc; mais, de grâce, ô vous que je chéris, dites-moi
« votre nom, avant que le jour paraisse et que les ombres
« se dissipent. » L'Inconnu me répondit : « Pourquoi
« cherchez-vous à savoir mon nom? » En même temps,
« il déploya devant moi deux volumes qu'il tenait dans
« sa main en me disant : « Lisez. » Je lus à la tête du
« premier : *Défense des Livres saints contre la Philo-*
« *sophie de l'histoire*, et à la tête du second : *Jésus de*

« *Nazareth est le Messie.* Alors il ajouta : « Me connais-
« sez-vous maintenant ? » et dans l'instant il disparut. Je
« voulus le suivre à sa voix ; je le cherchai et ne le trou-
« vai plus ; je l'appelais et il ne me répondit point. Il
« fuit avec la vitesse d'un chevreuil ou d'un faon qui
« gagne le sommet parfumé des montagnes. Lève-toi,
« aquilon ; venez, vent du midi, apportez-moi avec les
« vapeurs parfumées de mon jardin, le nom que je
« cherche avec tant d'ardeur ; ô filles de Jérusalem, si
« vous le savez, apprenez-le-moi, je vous en conjure. »

Il faut ajouter à ces deux ouvrages de M. Clémence, celui auquel il travaillait alors : « *l'Authenticité des* « *livres*, tant du nouveau que de l'ancien testament, « démontré et leur véridicité défendue, ou réfutation de « *la Bible enfin expliquée* de Voltaire, in-8°, 1782. M. Clémence est mort à Rouen, en 1792, d'une maladie de langueur. (*V.* son article dans la *Clio Rotomagensis* (1), au 9 octobre, où est en vers élégiaques la vision de M. Ancillon.)

Clément (*Pierre*), quatre-vingtième évêque de Périgueux (2), prit possession de ce siège le 24 février 1703. Il quittait Rouen où il était curé de Saint-Maclou, chanoine de la cathédrale, grand vicaire et official ; il était de Besançon et non de Rouen, comme on a pu le croire en voyant l'épitaphe de Claude Clément, conseiller au Parlement, mort en 1661, et inhumé aux Carmes de la ville. Il fut Prince du Palinod en même temps que nommé à la

(1) La *Clio Rotomagensis* est l'œuvre de l'abbé Guiot.
(2) D'autres listes en font le soixante-dix-neuvième évêque de Périgueux. La date du 8 janvier est plus communément adoptée pour celle de sa mort.

prélature en 1702; le Recueil des pièces couronnées lui est particulièrement dédié dans un épitre du P. Gabriel de Saint-Charles, ancien prieur de la maison et juge au Palinod. M. Clément mourut le 6 janvier 1719, le 8 suivant le *Gallia Christiana*.

Clerc (Guillaume le) était de la famille des Le Clerc, seigneur de Croisset, proche Rouen, et le quatre-vingt-huitième des confrères et juges du Palinod de cette ville dans l'expectative de la principauté (1).

Clerc (Jean-Baptiste), prieur de Saint-Lô de Rouen en 1751, ne fit qu'entrer et sortir pour ainsi dire au Palinod de Rouen, ayant eu un successeur dès l'année suivante, tant au prieuré qu'au Palinod. Il fut enlevé à l'amitié de ses confrères à Rouen pour être visiteur à sa congrégation. Il est mort en 1778 et était né en 1718, à Montigny-sur-Aube (2).

Clerc (Nicolas-François le) de Beauberon, docteur en théologie, chanoine de Rouen, recteur en l'Université de Caen, prononça au Puy de cette ville un discours latin pour l'ouverture de la séance où devait se faire la distribution des prix en 1769 (3).

(1) Un Pierre le Clerc de cette famille était échevin de Rouen en 1518. C'est lui sans doute qui, le 6 mars 1505, fonda une messe quotidienne à perpétuité dans l'église Saint-Vincent.

(2) Arrondissement de Châtillon, *Côte-d'Or*.

(3) Ce savant homme, né à Condé-sur-Noireau (Calvados) (1714-1790), a publié en 1777 un *Tractatus... de Homine lapso et reparato*, en 2 vol. in-8º, assez estimé pour avoir été réimprimé de nos jours par l'abbé Migne dans son *Theologiæ cursus completus*, t. X. Il professait la théologie à Caen en 1766-1767; et un résumé de ses

Clopin avait lu dans Pline qu'il y avait un endroit voisin d'un temple de Vénus où jamais la pluie n'a touché ; et ce phénomène fut le sujet d'une allégorie latine couronnée au Palinod de Rouen par Charles de la Rocque, Prince en 1613.

Clume (*Jean de*) remporta, en 1620, le prix de la ballade sous la principauté de Daniel de la Place. Il avait puisé son sujet dans l'histoire de la Chine, où l'on voit qu'un enfant fut sauvé des eaux d'une manière extraordinaire.

Coquerel (*J.*) se trouve au nombre de ceux qui présentèrent des poésies françaises, en 1544, et l'année suivante au Palinod de Rouen. La ligne palinodiale de son chant royal en la première de ces deux années était la Vierge

    Conçuē en Dieu pour concepvoir un trône,

et le premier vers d'un rondeau qui accompagnait le chant royal

    En corps sans chair et en âme sans vie.

Sa ballade en 1545 avait pour refrain :

    Nouveau Concept en nouveau corps.

Cocquerel (*Vincent*) reçut de Charles de la Rocque,

leçons *de verâ Ecclesiâ*, fait par son élève C.-A. Gode, du Havre, se conserve dans la bibliothèque du Petit-Séminaire.

Sa situation officielle de recteur lui valut de voir insérés dans les *Affiches de Normandie* son discours latin au cardinal de la Rochefoucauld (3 novembre 1769), son mandement pour faire chanter un *Te Deum* à l'occasion du mariage du Dauphin (23 et 30 novembre, 7 décembre 1770), enfin son compliment au Conseil supérieur de Caen (19 janvier 1772).

Prince du Palinod en 1613, un prix d'allégorie latine sur un *Temple dédié au dieu Pan.*

Coëtlosquet (Jean-Gilles de), évêque de Limoges, instituteur des enfants de France sous Louis XV (1). S'était retiré à Saint-Victor, ainsi que tant de personnages distingués dans tous les états, comme on l'a dit en particulier de M. de la Bourdonnaye. (*V.* son article). Il distingua parmi les chanoines réguliers de cette maison l'ancien secrétaire du Palinod de Rouen; et celui-ci rechercha son amitié pour en faire sentir un jour les effets à l'Académie, dont les intérêts lui étaient toujours chers, malgré son éloignement. C'est dans ce dessein, qu'à l'occasion du sacre de Louis XVI et du cordon bleu qu'y donna à son ancien précepteur, son auguste disciple, M. Guiot adressa au prélat une pièce de vers latins, desquels il fit part à l'Académie, dont il écrivait l'histoire, et desquels on cite un morceau imprimé avec le discours préliminaire de la séance publique de 1775. Ce vertueux évêque avait donné parole et consenti d'être compté parmi les Clements, les de Cerysy, les de Luynes et les de Missy, qui avaient protégé l'Institut de la Conception à Rouen; mais en attendant qu'il pût suivre plus amplement les mouvements de sa générosité, il remit, sous le secret, au juge Victorin de quoi entretenir l'émulation des auteurs, comme avait fait le président d'Acquigny et autres. Un état habituel de faiblesse et d'infirmité survint et empêcha l'effet de ses promesses. Ainsi la mort permettant de déchirer le voile qui couvrit cette œuvre pie, il est juste

(1) Lors de sa réception à l'Académie française, le 9 avril 1761, ce bon prélat « a beaucoup pleuré », dit Grimm (*Corresp. litt.*, III, 6), en rappelant le souvenir du duc de Bourgogne, dont il avait été le précepteur.

de rendre à sa mémoire l'hommage qu'il eût reçu si ses désirs eussent pu s'accomplir. Et pour lui payer ce tribut il ne faudra pas employer d'autre plume que celle de l'auteur ci-annoncé, lequel composa aussi son épitaphe, imprimée dans l'*Esprit des Journaux*.

Coge (Jean-François), né à Rouen sur Saint-Cande-le-Jeune, chanoine de Poitiers, était au séminaire de Joyeuse, à Rouen, quand il composa pour le Palinod de cette ville une hymne saphique sur le Sacré-Cœur de Marie, et il reçut un second prix de M. de Courvaudon, Prince en 1752 (1).

Colombel (Jean) prit pour argument d'une allégorie ces paroles : *Vade ad mare et mitte hamum* [S. Matth., XVII, 26], et la description du miracle du statère trouvé dans un poisson pour payer le tribut de César, lui valut le prix des vers latins en 1545.

Compain (Claude), chanoine régulier de la Congrégation de France, né à Montferrand, diocèse de Clermont, le 12 août 1718, auteur, lauréat et juge-né au Palinod de Rouen. Il y était en cours d'étude lorsqu'il composa une allégorie latine sur la *Défaite des Gaulois par Camille*, et il fut couronné en 1737, par M. de Fitz-James. Devenu professeur à Saint-Lô en la même ville, en 1746, il usa de son droit et prit séance parmi les juges académiciens. Il est devenu par la suite premier assistant de son ordre.

(1) Coge (appelé *Jacques* sur les registres de Joyeuse) était de la classe qui suivait celle d'Angué. En physique l'année 1751-1752, il figure parmi les pensionnaires deux ans après, et disparaît ensuite sans avoir reçu les ordres au séminaire.

Commire. V. *Supplément.*

Confollant (*Guillaume de*), archer de la garde du corps du Roi, était le cinquante-neuvième sur le matricule des associés et juges du Palinod de Rouen. On ignore s'il en a été élu Prince, ce qui a pu être au xvie siècle.

Constant-Blanvillain. V. le *Supp.*, lettre B.

Constance (*Côme*). A l'âge où Fontenelle débuta dans la lice du Palinod de Rouen, et dans la même langue, et le même mètre alexandrin, il y annonça des talents prématurés. Il présenta à M. de Rouville, Prince en 1747, la description du *Siège et du sac de Thèbes*, dans lequel fut respectée la maison de Pindare; et il mérita le prix fondé pour l'allégorie latine.

Conte (*Jacques le*), marquis de Nonant, lieutenant pour le roi en ses pays et duché d'Alençon, était le cent quatre-vingt-quatorzième sur le tableau des Princes du Palinod de Rouen, et le fut en 1640. Il y couronna beaucoup de poètes latins et français. On trouve dans le Recueil de son année les noms de P. Hallé, de Caen; de Jean Samblançay, de Toulouse; et surtout celui de Jacqueline Pascal, sœur de Blaise (*V.* l'article de cette muse). Un des descendants de ce seigneur, ayant quitté le service militaire dans le siècle suivant, avait embrassé la règle de Saint-Bruno, sous le nom de dom Félix. Il était prieur de la Chartreuse de Paris lors de la Révolution de 1789, et a péri en cette ville vers le milieu de 1794 (1).

(1) Il ne figure pas dans la liste de Prudhomme ni dans celle de M. Wallon.

Coppin (Florent) était un des plus laborieux auteurs du Palinod de Rouen au milieu du xvie siècle. Cependant il n'y a que deux années dont on soit sûr pour l'âge de ses poésies; mais on en rencontre autre part que dans le manuscrit du Chapitre de Rouen pour les années 1544 et 1545. Outre le chant royal qu'il présenta en la première de ces époques et qui avait pour titre

>Chant royal comprend en sa ligne
>Comme la grappe est à la vigne;

il en est un autre pour lequel il eut le lis, mais sans qu'on sache la date de son couronnement. Il en exprimait ainsi l'argument :

>Tout ainsi que Dieu éternel
>Ne peult finir ne commencer,
>Il ne peut estre sans penser,
>En son prétoire supernel;
>Et pourtant le corps maternel
>Où il voulut en chair passer
>Fut, en son éternel penser,
>Exempt de vice originel.

Le prix de la ballade lui fut adjugé en 1545, dont les premiers vers disaient que

>Dieu est le chef de Jhésus-Christ,
>Et Jhesus-Christ chef de l'Eglise.

avec ce refrain :

>Corps sans vie à son chef uni.

Dans le ms. de la Bibliothèque du Roi, fol. ..., est une autre ballade, la dix-huitième, sous son nom.

>Ballade où saincte Trinité
>Me faict pure en humanité.

ENVOY

> Je suis sans macule ou offense,
> Conçue ainsi que humain pécheur ;
> Sinon que j'ay pour ma défense
> La grâce de troys en un cueur.

Cette dernière idée était à peu près la même que la première de son rondeau l'année suivante :

> De troys amans d'ung vouloir, d'ungne exsence.

Cordier (*Charles le*), sieur de la Pille, du Tronc et d'Yville, conseiller du Roi en ses conseils et président en la Chambre des comptes de Normandie, Prince du Palinod de Rouen en 1602. Les protégés de ce Mécène sont inconnus, excepté un seul, nommé Jacques le Lyeur, dont le nom avait été si singulièrement blasonné. Il semble qu'il ait voulu rendre la pareille aux autres en blasonnant aussi celui de Charles le Cordier. Ses armoiries, portant d'azur à la barre d'argent losangée de gueules, accompagnées de deux étoiles d'or, ne prêtaient pas à la parodie : mais il n'en était pas ainsi de son nom.

> Ung faulx cordier jadis corda
> La corde qui corde discorde,
> Et l'homme à Dieu la discorda
> Dont furent longtemps en discorde.
> Mais un aultre bon cordier corde
> La corde à tout bien concordant
> Dicte ainsy que Esprit-Sainct recorde
> Corde l'homme et Dieu accordant.
>
> Ceste corde tel accorda
> Par le cordier qui tout concorde
> Qu'en la cordant en recorda
> Ce que la première décorde ;

Sathan ne la tient en sa corde
Dont tout gerre humain fut cordant;
Car grâce là feist en concorde,
Corde l'homme et Dieu accordant.

Eve au serpent nous encorda
Quand au menger du fruict s'accorde,
Marie nous en descorda
Qui de péché ne fut onc orde,
Et l'homme discordé recorde
Avec Dieu à lui discordant;
Son descords toujours raccorda
Corde l'homme et Dieu accordant.

ENVOY

Le Cordier de miséricorde,
Paradis me fait (?) accordant;
Après ma mort où veoir s'accorde
Corde l'homme et Dieu accordant.

Un anonyme mit aussi au concours un rondeau de la même facture ; c'est la Vierge qui parle.

Chordâ qui semper oberrat eâdem [Horace, A. P. 356].

Pour traicter paix et cesser tous discords,
Mon cher enfant, doux et miséricords,
Par un baiser justice et paix accorde
Et vérité avec miséricorde.
Entre homme et Dieu par foy sont les accords
Dieu et l'homme seront faicts si concords,
Qu'ils seront saincts par amour en mon corps
Du beau lyen que charité y corde,
    Pour traicter paix.
Faictes les feux de oyr si beaulx records,
Malgré Sathan et ses angels discords
Que j'ai vaincus et disrompu leur corde,
Par mon concept où Dieu faict par concorde,

Sonner herpes, psaltérions et cors.
Pour traicter paix.

Cordier (Jacques le) fut couronné en 1617, à Rouen, sous la principauté de Guillaume Anfrye de Chaulieu, pour une ode française sur la *Fontaine de Siloé*, sujet tiré de la *Jérusalem délivrée* du Tasse.

Cormeilles (Richard de), écuyer, fut Prince du Palinod de Rouen en 1490, et y couronna Guillaume Tasserye pour un chant royal, la seule poésie qu'on récompensât alors. L'épitaphe suivante donne quelques éclaircissements sur sa famille et ses armoiries : elle était dans l'église des Carmes de la ville, avant que le Palinod y fût transféré :

« Ci-gît Richard de Cormeilles, escuyer, fils de feu
« Guillaume de Cormeilles, escuyer, pannetier du Roi
« notre sire, qui décéda l'an 1438, le 21 juillet (1). Il
« portait de gueules à une tour d'argent; et avec luy
« gist Jacquette, sa femme. »

V. J.-B. le Chandelier, pour Jean de Cormeilles, conseiller au Parlement de Rouen.

Corneille (Antoine), chanoine régulier au Mont-aux-Malades, proche Rouen (2), mérita souvent les prix du Palinod de cette ville au xviie siècle. Il débuta en 1636 par une ode française sur saint Martinien, et traita le même sujet dans des stances couronnées trois ans après,

(1) Un Richard de Cormeilles, vicomte de Rouen, était en 1395 panetier du roi.

(2) Il y entra le 20 octobre 1627. Le nouveau chanoine n'avait que seize ans révolus. M. de Beaurepaire a publié l'acte d'admission. (*Bulletin du Comité des Travaux hist.* 1884, p. 155.)

sous M. de Guichainville. Il reçut des mêmes mains le prix du sonnet ; *le Soleil* en était le sujet. Il en composa un second sur *la Statue de Tibère;* comme outre des premières stances dont on vient de parler, il en présenta d'autres sur le *Signe de la Croix* dès la première année de ses succès. En 1638, ils ne furent pas moins flatteurs pour lui : il eut un des prix du chant royal pour son

Sainct Augustin triomphant dans la lice (1).

Trois ans après il chanta une autre victoire, celle d'une muse extraordinaire qu'on avait couronnée en 1640 dans la lice palinodique : c'était Jacqueline Pascal.

> Mais en nos jours la modeste pudeur
> D'une pucelle aussi jeune que sage,
> Par dessus tous brille avecques splendeur ;
> Qui l'an dernier pour son apprentissage
> Rend sa vertu d'une immortelle ardeur.
> Des plus polis les veines moins forcées
> Sont par sa muse aisément surpassées.
> Les juges même en demeurent surpris ;
> Et jusqu'à ceux que sa vertu supplante,
> Tous à l'envy trouvent digne du prix
> La seule fille en ce Puy triomphante.

Cependant le nom d'Antoine Corneille ne s'est trouvé ni dans la généalogie du grand Corneille, ni sur les registres du Régime de Sainte-Geneviève (2).

---

(1) Ce vers, qui a fourni à son dernier éditeur l'occasion de conjectures peu honorables pour Antoine Corneille, s'explique tout naturellement par ce fait que le poète était chanoine régulier de Saint-Augustin.

(2) Il y a plus. Son volume de *Poésies chrestiennes*, publié à Rouen en 1647, et qui ne renferme pas moins de vingt-cinq pièces, est resté inconnu à nos bibliographes les plus experts jusqu'en 1877

Corneille (Thomas), le jeune ou de l'Isle, ainsi que le porte sa signature dans les recueils du Palinod de Rouen, sa patrie, où il fit ses premières armes en 1641, par l'ode suivante pour laquelle il remporta le Miroir :

>Quelles soudaines ténèbres
>Dérobent l'aspect des cieux,
>Et de leurs voiles funèbres
>Nous enveloppent les yeux ?
>J'apprends d'un feu qui m'anime
>D'où vient cette obscurité :
>Tole, Dieu par là t'exprime
>Quelle noirceur a le crime
>De ton infidélité.
>
>Le père de la lumière,
>Auteur des mois et des jours,
>Tourne ses chevaux arrière
>Dans le milieu de son cours.
>Il semble qu'un autre Atrée
>Sa rage ici reproduit,
>Et faict dans cette contrée
>Quelque repas dont l'entrée
>Plonge le jour dans la nuit.
>
>Le mont partageant la peine
>De ce qu'il n'a point commis,
>Avec la ville prochaine
>A de communs ennemis.
>La foudre dessus sa teste
>Darde un si cruel flambeau,
>Que du pied jusques au faiste
>Les éclats de la tempête
>N'en font qu'un large tombeau.

qu'il fut réimprimé pour les Bibliophiles rouennais, par Pr. Blanchemain.

Les vents tout à coup se changent
En mille épais tourbillons,
L'un contre l'autre se rangent
En autant de bataillons.
Ces mutins sujets d'Eole,
D'un souffle qui fait horreur,
Poussent la flamme qui vole,
Et lui font chercher dans Tole
De quoy nourrir sa fureur.

La terre prend la querelle
De ces deux fiers éléments,
Et destruit ceste infidelle
Par d'horribles tremblements.
Mais leurs forces amassées,
Superbes d'un tel débris,
Contre le temple élancées,
D'un bras secret repoussées,
Sont l'objet de ses mépris.

Leur plus farouche insolence
Tombe devant ce sainct lieu,
Qui brave leur violence
Estant soutenu de Dieu.
Toy qui n'eus jamais d'exemple,
Chaste fille de Sion
Qui sans tache le contemple,
Doit advouer que ce temple
Marque ta Conception.

Telles furent les prémices des talents de l'auteur d'*Ariane* et du *comte d'Essex*. On peut voir tout ce qui concerne sa vie et ses succès littéraires dans tous les lexiques-biographes. Il mourut aux Andelys, le 8 décembre 1709, à quatre-vingt-quatre ans. Il portait d'azur à la fasce d'or, chargées de trois têtes de léopards, de gueules, avec trois étoiles d'argent, deux en chef, une en pointe.

Cornier (Jean le) était le septième sur le tableau des Princes du Palinod de Rouen, existait par conséquent à la fin du xve siècle. Le temps de sa gestion n'est marqué sur aucun registre ; et tout ce qu'on a pu recueillir à son sujet, c'est que sa famille, dont la sépulture était en la paroisse de Saint-Lô, portait d'azur à une tête de licorne d'argent en pointe et deux étoiles d'or en chef. La principale de ces pièces pouvait monter l'imagination des poètes de son temps. Cependant on n'a d'autres vestiges de la réalité de sa présidence au Palinod, que les deux pièces suivantes, dont les auteurs semblent s'accorder à jouer sur le nom de leur Mécène : c'est d'abord un rondeau de Doublet, dieppois :

> Au son du cor les dyables encornez
> Sont estonnez, divisez et discords,
> Veu qu'ils voyent Dieu et homme en accords
> Par le Concept qui les rend escornez.
> Sainctes âmes poseront en corps nects :
> Car par le veuil de Dieu miséricords,
> > Au son du cor
> > Sont estonnez ;
> O tous humains qui n'estes encor nez,
> Dieu vous presdict, par chants, trompes et cors
> Des prophètes, que vous aurez purs corps;
> Il les rendra de gloire encore ornez,
> > Au son du cor.

Un anonyme donne plus d'étendue à ces idées plaisantes dans une ballade :

> Au tems que le cornu corna
> Vers Eve et Adam de faulx cors,

Bien cinq mille ans les escorna
Et l'homme et Dieu rendit discors;
Mais pour les remectre concors
Vint une Vierge qui cornoit
D'ung pur cors, digne par records,
Toute belle en âme et corps nect.

Son Père et Fils son trône orna
De grâce qui n'en mist onq hors,
Et tache en âme ou en corps n'a,
De peché membres n'eust oncq ords;
Justice et paix furent accords,
Qui fort le cornu escornoit,
La voyant par divins accords
Toute belle en âme et corps nect.

Du noir cornu sur la corne a
Mys le pied et brise ses corts
Tellement qu'il ne l'encorna
Comme avait faict tous humains corps :
Car son doux Fils misericords
La garda du son du cornet
Aux humains cornant faulx accords,
Toute belle en âme et corps nect.

ENVOY :

Vierge, soyez de nous records,
Et en paradis ung cornet
Nous donnez, ostant nos discords,
Toute belle en âme et corps net.

Vers 1540 mourut à Paris un professeur de l'Université, nommé Pierre *a Cornibus*, sur lequel on fit maintes épitaphes recueillies dans un petit in-12, et qui se trouve à Sainte-Geneviève, Y 667.

Cossart (Jean), sieur de Bobaistre, était inscrit le

cent septième sur l'ancienne liste des maîtres et Princes du Palinod de Rouen.

Cossart (Jean), sieur de Bobaistre, fils du précédent et son suivant immédiat en la nomenclature des associés du Palinod de Rouen. On ne connaît plus le temps où il fut Prince, ainsi que son père, si toutefois le choix est jamais tombé sur eux pour gérer la principauté. Farin seulement nous apprend à l'article de Sainte-Croix-Saint-Ouen que leurs ancêtres y étaient inhumés, suivant cette épitaphe :

« Cy, en la sépulture de leurs prédécesseurs, gisent
« honorable homme Jean Cossart, capitaine des Bour-
« geois, trésorier de cette église, décédé le 16 avril 1582 ;
« honneste femme Marie Le Poultier, son épouse, décé-
« dée le 11 juillet 1631. »

Cossart (Thomas), sieur de Franqueville, le soixantième sur la nomenclature des confrères et associés destinés à la principauté du Palinod de Rouen ; mais dont on ne trouve pas d'autres traces de sa pieuse libéralité.

Cossart (Thomas), un des poètes français et latins dont les pièces sont contenues au manuscrit de la cathédrale de Rouen sur la Conception pour les années 1544 et 1545.

L'arche d'alliance entre Dieu et nature

était le sujet et le refrain d'un chant royal présenté à Jacques le Lieur, Prince en la première année.

Les vers latins qu'il présenta l'année suivante étaient sur ces paroles

Benedixit Deus Noë et filiis ejus. [Gen., IX, 1.]

Cossin (Michel), prêtre de Cherbourg, se rencontre au Palinod de Rouen avec le jeune Fontenelle en 1671. Il ne paraît pas qu'il ait voulu concourir pour le prix, sa pièce n'étant qu'honoraire. C'était une allégorie latine sur la mécanique d'une horloge où jamais on ne voit de rouille, à cause de son mouvement perpétuel (1).

Coste (Léonard) présenta au Palinod de Rouen, en 1544, un chant royal, dont le refrain était :

Femme entre les humains, sans première ou seconde

traduction d'un vers latin dans les homélies de S. Bernard et du vénérable Bède :

Nec primam similem visa est nec habere sequentem.

Un rondeau accompagnait le chant royal, et la Vierge y dit à Abraham :

Je suis au père et le père est à moy.

L'année suivante il ne présenta qu'une ballade :

D'ung imparfait chose parfaite.

Cotterel (dom Guillaume), religieux infirmier, grand prieur et bailly de l'abbaye royale de Saint-Ouen de Rouen, vicaire-général de l'abbaye de Saint-Georges-de-Bocherville, et de la Congrégation des anciens bénédictins en France, prieur de Saint-Jacques du Val-Huin (2), Prince du Palinod de Rouen en 1643. Tant de titres cumulés sur une seule et même tête n'étaient rien en comparaison de tant d'œuvres pies, qui ont immortalisé

(1) Ce curé du château de Cherbourg (1628-1685) a écrit quelques opuscules théologiques.

(2) Il faut lire « Val-Hulin, » aujourd'hui commune de Saint-Vigor, arrondissement du Havre, *S.-Inf.*

ce vertueux disciple de S. Benoît (1); on peut en voir la preuve dans les inscriptions qui concernent dom Cotterel, et ses charités au Bureau général des pauvres valides de Rouen, dont le texte est conservé dans Farin, t. II, page 381, édit. in-12 [1668]. Il n'est pas étonnant qu'il ait été choisi pour répandre sur les poètes des faveurs spéciales de sa pieuse générosité. Aussi il y en eut-il un grand nombre qui se présentèrent pour en profiter et ils en furent comblés; un d'eux surtout en fut particulièrement flatté. C'était Antoine Halley, dont la pièce sur *Sainte Cunégonde* avait échoué à Caen. Elle réussit à Rouen, ainsi qu'une ode latine d'un chartreux sur *le Lis*; les anonymes même virent leurs pièces conservées dans le Recueil de cette année.

Coudray ou *Couldray*, sieur de Fréville, notaire et secrétaire du roi, était le quarante-troisième inscrit parmi ceux qui attendaient leur rang pour être à la tête de l'Association et du Palinod de Rouen au XVIe siècle.

Coudray (*Germain du*), sieur de Sydetot, contrôleur du domaine du roi, était le quatre-vingtième destiné à être Prince du Palinod de Rouen, au XVIe siècle. Farin a conservé une anecdote particulière à cet associé, t. I, in-12, p. 528.

« L'an 1542, dit cet historien, le 22 jour de septembre,
« Germain du Couldray ayant permission du roi de
« faire enlever aux pays étrangers un navire chargé de
« bled, le peuple se souleva et pilla le vaisseau, disant

---

(1) Ce bon religieux fit en effet d'importantes fondations à l'Hôtel-Dieu et au séminaire Saint-Vivien (*Farin*, III, 61 et 459). Il mourut le 12 février 1667. Farin a publié son épitaphe (*ibid.*, 12).

« qu'on allait porter du bled aux ennemis du royaume ;
« après quoy les auteurs de cette sédition furent punis du
« fouët. »

Coudray (*Pierre du*), sieur de Fréville, secrétaire du roi, fils probablement du premier des deux précédents de ce nom et prénom, était conseiller échevin de Rouen en 1550, et fut député aux Etats de Normandie en la même année. Son nom se trouve aussi au quatre-vingt-deuxième article du tableau des Princes du Palinod de Rouen.

Coudray (*Pierre du*), sieur de Marquemont, peut-être de la même famille que les précédents, était comme eux dans l'expectative de la principauté du Palinod de Rouen et il a dû leur survivre, étant le cent trente-septième associé.

Coudray (*Pierre*), un de ceux dont Adrien Boccage a recueilli les poésies françaises en 1615. Le nom de Pierre du Coudray se trouve dans son ouvrage, p. 33, pour des stances sur les paroles : *Pulchra ut luna, electa ut sol* [Cant. VI, 9],

> J'irai donc dans les cieulx voir la troupe angélique
> Pour là y remarquer ce que tu as de beau,
> Mais je crains d'y monter : car l'esprit catholique
> Me dict que ce grand vol bâtirait mon tombeau.

p. 34, par des stances signées Pierre du Couldray le jeune, d'où l'on pourrait inférer qu'ils étaient deux frères ; p. 36, autres stances où Pierre du Coudray dit :

> L'homme qui ne saict rien que ce qu'il peut connaître,
> Le plus de son sçavoir, c'est de tout ignorer.

> En la pierre d'ayman qui n'a que son simple estre,
> Le plus savant esprit ne peut que l'admirer,

p. 68, par un chant royal, dont le refrain était :

> L'œuvre de Dieu aux hommes incognue,

p. 88, sur

> La saincte paix au plus fort de la guerre.

p. 122, ode française sur la *Perle*.

Outre ces pièces, dont plusieurs ont pu être couronnées à la fin du xvie siècle ou au commencement du xviie, on trouve dans les registres de l'Académie une ballade sous le même nom et sur « l'Or luysant dans l'image obscure, » étant prince Guillaume Anfrye de Chaulieu, qui en couronna l'auteur.

Coudray (*Thomas du*), prêtre, remporta deux fois le prix (second) des stances au Palinod de Rouen : la première en 1648, sur le *Sacrifice d'Abraham*, la seconde sur un *Arbre de l'isle de Fer*, en 1651. Entre ces deux victoires, il fut couronné pour une ballade sur « la fleur qui seule est immortelle, » sous François d'Harcourt.

Coudray (*du*), curé de Palluel. Il serait difficile de croire que ce soit le précédent, à moins de penser que sa muse n'ait été vingt ans dans l'inaction, ce qui n'est guère croyable dans les poètes. Quoi qu'il en soit du sommeil de cet Epiménide, il fut couronné au Palinod de Rouen pour des stances qu'il y présenta sur le *Temple de S. Exupère*, second évêque de Bayeux, et patron de la ville de Corbeil. Il réussit également dans la ballade et le sonnet en 1674 et 1678, la première pièce sur *le Lis* la seconde sur *Richard Ier*, duc de Normandie.

Coulembe (*Nicolas*), un des plus anciens lauréats du Palinod de Rouen (1). Il y fut couronné par Louis Daré de Châteauroux, en 1500, qui lui donna le chapeau de laurier sur la tête pour prix du second chant royal.

> O vous Normands, qui, par chacune année,
> Solempnisez en jubilation
> De mon Concept la très saincte journée,
> Persévérez en bonne intention ;
> Vous en aurez rénumération
> De mon cher Filz. Tenez pour véritable
> Que ce sainct jour luy est trop agréable ;
> Car il me fit de toute grâce pleine,
> Entre toutes les femmes bien eurée,
> Et me créa très pure, clère et saine,
> Maison de Dieu, de péché séparée.

ENVOY

> Jhesus, mon filz, gardez de mort soudaine,
> Mes vrays amants, par qui suis décorée,
> Et chacun jour chantent à doulce haleine.
> Maison de Dieu de péché séparée.

Coulon (Mlle). En l'année 1659, quoiqu'il n'y eût point de nouveau Prince au Palinod de Rouen, il y eut cependant un concours brillant pour les prix. On a déjà parlé de Mlle Canu, qui s'y présenta, et y fut couronnée pour un sonnet. Cette muse était accompagnée d'une autre studieuse, qui donna une ode française sans prétendre au Miroir qui devait en être le prix. Cette pièce, signée Coulon, était sur *la Rose*.

> Riche et précieux tableau
> De ceste fleur qu'on vit naistre,

(1) Ne peut-on pas croire à sa parenté avec Guillaume Colombe, qui a inséré un chant royal dans les Palinods de Vidoue (f° 29) ?

> Où tout fut pur, tout fut beau
> Au moment qu'elle prit l'estre,
> Le nom n'en est plus caché....., etc.

Couppel (Jean) existait au milieu du XVIe siècle (1), et quoiqu'il y ait composé plusieurs poésies pour le Palinod de Rouen, il ne paraît pas qu'il y ait été couronné. Ces poésies consistent en un chant royal, présenté en 1544.

> Cesse ton pleur, pense à te consoler,
> Homme dampné par divine sentence.

Deux rondeaux accompagnaient ce chant royal, le premier vers du premier était :

> Du blanc caillou dont l'esleu est signé,

pensée tirée de l'Apocalypse [II, 17].
Le second commençait par :

> Ung corps pollu d'originelle offense.

Une autre ballade porte encore le même nom, mais avec le prénom de Pierre :

> Chair vive et chair morte au sein.

Courcelles, au collège du Mont, à Caen, couronné en cette ville pour une ode française en 1770. Cette pièce lyrique était sur *l'Idolâtrie*.

Courcel de la Ferrière, de Caen, remporta aux prix de cette ville le premier prix d'épigramme latine, en 1683. Il y peignait le bonheur d'*Arion* sauvé du naufrage par un dauphin.

(1) Jean Couppel, de Domfront, a imprimé quelques poésies fugitives à Rouen en 1543, et à Paris l'année suivante. Le Palinod compta aussi parmi ses concurrents de cette époque Philippe Couppel, apparemment de la même famille que Jean.

Courcy (Mme *de*), à Paris, était déjà connue par ses vers *au Sommeil*, insérés dans plusieurs journaux. Elle le fut en 1774 par une pièce de vers libres sur *les Passions* couronnée au Palinod.

> Quel joug les passions imposent à nos cœurs !
> On ne peut être heureux qu'en fuyant leur empire ;
> L'homme agité par leurs fureurs
> A travers les écueils promène son délire.
> Porté par des guides trompeurs,
> Leur funeste flambeau qu'à leurs mains on voit luire,
> Ne fait qu'éclairer nos malheurs.
> O passions, mères des crimes,
> Pour qui vous voit de près, que vos traits sont affreux !
> Sortez du fond de vos abîmes
> Et dévoilez-vous à nos yeux.

Suivent les tableaux plus ou moins affligeants de l'ambition, de l'avarice, de l'envie, de la passion du jeu, de la colère, de l'amour et du fanatisme,

> Qui souffle la discorde et dévaste la terre,
> Et qui détruit l'ouvrage en annonçant l'auteur.

Courde (*Jacquemin*), poète du Palinod de Rouen à la fin du xve siècle, y remporta, en 1493, le premier Chapeau de laurier qui ait été donné pour le prix du second chant royal sous la principauté de Jean le Saulnier. Il revint à la charge deux années après, et eut la Palme, premier prix du chant royal en 1495.

Couronne (*Jean-Baptiste-Guillaume Haillet de*), président et lieutenant-général du bailliage et siège présidial de Rouen, secrétaire perpétuel de l'Académie royale des Sciences, Belles-Lettres et Arts de la même ville pour la partie des belles lettres, et en cette qualité juge-né du Palinod de la Conception en 1769, a composé les Éloges de plusieurs membres de l'Académie de la Conception, tels que l'abbé Saas, M. Du Boullay, M. de Rouville, de l'abbé des Houssayes, etc., lesquels étaient aussi titulaires de l'Académie des Sciences, Belles-Lettres et Arts de Rouen (1).

Courrayer (Louis-Claude le), frère du fameux Père le Courrayer, né à Vernon-sur-Seine, le 8 mars 1696, professeur à Saint-Lô de Rouen, et à ce titre juge-né au Palinod de cette ville en 1726. Il a été depuis visiteur et assistant de la Congrégation de France ; mort en 1774.

Courvaudon (Maximilien-Constantin Anzeray de), président à mortier au Parlement de Normandie, était le neuvième dans sa famille qui fut décoré de ce titre dans la magistrature (2). Et avant qu'il joignît celui de Prince du Palinod, on voyait dans l'église des Carmes où il se tenait, les armoiries de ses ancêtres, qui portaient d'azur à trois têtes de léopards d'or, 2 et 1. Ce blason était sur différentes épitaphes de ses ayeux et de leurs épouses ; il leur fut réuni le 7 avril 1761, année de sa mort. Le Recueil des pièces couronnées de ses mains en 1752 offre des noms déjà connus dans la ville de Rouen, et des pièces latines et françaises qui ne pouvaient qu'ajouter à la célébrité de leurs talents.

(1) Haillet de Couronne est mort le 29 juin 1811. Il a laissé des manuscrits importants. Deux ont été publiés : les *Documents sur les fabriques de faïence de Rouen*, édités par M. Léopold Delisle. (Valognes, 1865 ; in-8º); et la copie du *Merceriana*, par M. Tourneux. Paris, 1893 ; in-8º.

(2) En 1581, F. de Courvaudon, de Caen, était président du Parlement de Normandie.

Cousin (*Louis-Célestin*), né en Flandre, au diocèse de Saint-Omer, était déjà maître ès-arts quand il entra chez les Célestins de Rouen. Il y fit profession en 1580, à l'âge de vingt ans. Il avait beaucoup de talent et de facilité pour la poésie latine, sans toutefois négliger la versification française. Le Palinod de Rouen fut le théâtre de ses succès, et il y fut couronné trois fois; l'Etoile et le Laurier qu'il dit y avoir remportés, prouvent qu'il composa deux épigrammes ou allégories latines, dont ces symboles étaient les prix; l'Anneau d'or, qu'il dit avoir reçu, désigne le prix du sonnet. Ses deux pièces latines étaient dans le recueil manuscrit de ses poésies, conservé dans la bibliothèque des Célestins de Paris; l'une est sur *la statue du roi Tullius*, l'autre sur *l'Ombre d'Hélène*. Sur la fin de sa vie il fit encore quelques pièces pour les Princes du temps, pour M. de la Place, M. Puchot et autres. Il mourut à Rouen en 1621, à soixante et un ans. Il était fort lié avec Adrien Boccage, et fut comme lui un des juges du Palinod, après avoir commencé par être de ses lauréats. La plus considérable de ses poésies latines est celle intitulée :

Panegyricum Podii Rotomagensis poetarum christianorum in laudem Intemerati Conceptus B. V. M., pro indulgentiis a Leone X Pont. datis, sanctius recognitum ad RR. DD. Celsum Americum, abbatem Cœlestinorum generalem, antistitem dignissimum.

Coustou (*Jean-François*), nom célèbre parmi les modernes sculpteurs dont un est particulièrement connu par la statue de la Mère de Dieu; et il n'est pas d'amateur qui ne connaisse la Vierge de Coustou. Avant ce chef-d'œuvre, J.-F. Coustou, né à Paris, le 4 octobre 1675, et mort à Auxerre, le 14 décembre 1750, avait été curé de

Saint-Lô depuis 1716 jusqu'en 1727, et fut au moins dix ans juge-né du Palinod de Rouen, où il ne se piquait d'autre chose que d'une grande assiduité aux séances publiques et particulières.

Couteulx (Barthélemy-Thomas le), premier président en la Cour des comptes, Prince du Palinod de Rouen en 1766. C'est de son temps que s'est faite une des plus heureuses révolutions dans l'Académie dont il devait donner les prix. On en renouvela les règlements et les statuts, on y adopta de nouvelles formes de poésies. Le prix d'éloquence y fut rétabli, et les récompenses changées : toutes ces nouveautés furent de puissants aiguillons pour l'émulation, et le prix d'honneur y fut remporté par un jeune athlète, dans les veines duquel coulait le sang du Grand Corneille (*V.* à l'art. Boisguilbert). Le symbole de ce prix était une Arche d'alliance en argent, dont le Prince lui-même avait dessiné le modèle. Un autre prix extraordinaire fut remporté par M. Duruflé, pour une ode sur le *Triomphe de l'Eglise,* où il dit dans la vingt-deuxième strophe, en parlant de la foi :

   Cèdre battu par la tempête,
   Son tronc ferme et majestueux
   Oppose une pompeuse tête
   Aux aquilons impétueux.
   Qu'importent ces feuilles séchées,
   Ces branches mortes arrachées ?
   Sa sève nourrit sa vigueur,
   Plus épurée et plus féconde ;
   Les nouveaux rameaux qu'elle inonde
   S'enrichissent d'un fruit meilleur.

Ces pensées sont appuyées dans une note par un passage de Bossuet bien remarquable :

« Qu'importe, dit l'aigle de Meaux, qu'on lui (à l'Eglise)
« arrachât quelques branches ? La bonne sève ne se per-
« dait pas pour cela ; elle poussait par d'autres endroits,
« et le retranchement du bois superflu ne faisait que
« rendre ses fruits meilleurs. En effet, si l'on considère
« l'histoire de l'Eglise, on verra que toutes les fois qu'une
« hérésie l'a diminuée, elle a réparé ses pertes et en
« s'étendant au dehors, et en augmentant au dedans la
« lumière et la piété (1). »

Couteulx (*Antoine le*), ancien maire de Rouen, Prince du Palinod de cette ville en 1774.

Quelque remarquable que doive être la présidence du chef de l'Académie de la Conception du même nom en 1769, elle doit cependant le céder à celle d'Antoine Le Coulteux, tant par les personnes qu'il eut à couronner que par le mérite réel de leurs productions. Deux dames se présentèrent dans la lice : Mme de Courcy (*v.* ce nom plus haut) et Mme la comtesse de Laurencin. Le prix d'honneur que cette muse remporta était un vase d'albâtre à l'antique, monté sur une base peinte en bleu, ornée de guirlandes dorées. Ce vase était entouré et surmonté de deux branches en argent, l'une de rosier, l'autre de lis, chargées de fleurs et de boutons artistement travaillés et réunies dans le haut par une couronne de laurier. Ce vase est aussi orné d'une bande d'argent doré : sur les deux faces opposées sont gravés ces deux mots : *Vas honorabile ;* ces deux mots qui sont pris dans les litanies de la sainte Vierge, et les branches de lis et de roses, désignant la virginité et la maternité de la mère du Sauveur ; ces branches sont en même temps la repré-

(1) *Discours sur l'Histoire univ.* II, XXVI fin.

sentation des anciens prix de l'Académie de l'Immaculée Conception ; la branche de laurier en forme de couronne qui réunit les branches de rosier et de lis, désigne celle qu'on a donnée au poète qui a remporté le prix. Sur une des deux autres faces de la bande dorée on a gravé : *Offerebat D. D. le Couteulx, eques, Major urbis, academiæ Immaculatæ Conceptionis Princeps*, anno 1774; et sur l'autre face on lit : prix de l'Immaculée Conception mérité par Mme la comtesse de Laurencin. Ce prix, dont les détails sont tirés d'une note du discours préliminaire pour la séance publique, fut donné à cette dame pour une Epitre « d'une femme à son amie, sur l'obligation et les « avantages qui doivent déterminer une mère à allaiter « son enfant, conformément au vœu de la nature. »

> Le temps approche donc, ô ma chère Idamie,
> Où tu dois éprouver de nouveaux sentiments.
> Des fleurs parent l'autel et bientôt mon amie
> Va de son jeune époux recevoir les serments.
> Il faudra qu'à son tour ta bouche les prononce.
> Que ne puis-je, dis-tu, différer ces instants ?
> Oui, j'ai lu dans ton cœur : l'avenir ne t'annonce
> Que des biens mérités et des plaisirs constants :
> Non, non, le vrai bonheur n'est pas une chimère,
> Pour qui s'en montra digne, il exista toujours :
> Pourrait-on s'étonner qu'il embellît mes jours.
> Je porte un cœur sensible et suis épouse et mère.
> Ne crains pas les regrets, ton sort va s'accomplir.

V. l'article *Laurencin*.

Coutte, nom que l'on croit supposé, sous lequel a été couronnée une hymne sur la Nativité de la Sainte Vierge, en 1771, sous M. de Crosne, Prince du Palinod de Rouen en cette année.

Couvrigny (Jean-Charles de), jésuite, né à Falaise (1), fit presque seul les honneurs du Palinod de Rouen en 1705, et en reçut dans tous les genres de poésies françaises qu'on y couronnait. Il puisa dans l'histoire ecclésiastique le sujet d'un sonnet sur *la Mère de sainte Brigitte*, le spectacle de la nature lui fournit celui d'un chant royal sur *un Oiseau* qui brille en tout temps, et d'une ode française sur la *Primevère*. Il choisit dans la mythologie *la Délivrance d'Andromède* pour en composer des stances ; toutes ces pièces forment presque le Recueil de l'année. Il alla à Alençon, et les lauriers cumulés sur sa tête ne le garantirent pas des tracasseries qu'il y éprouva ; elles se terminèrent néanmoins par une chanson qui lui était personnelle et dont était auteur le nommé Nicolas Jouin, de Chartres. Le P. Couvrigny est mort en 1746 (2).

Crespin (Jacques). Dans le ms. in-4º de l'Académie de la Conception de Rouen, vers 1530, se lit un chant royal signé du nom de cet auteur :

> Ung cousturier saige et industrieux,
> Pour faire habits de bonne invention,
> Voulut bastyr pour le Roy glorieux
> Ung beau pourpoint sans imperfection.

Cette pièce doit avoir rapport au nom ou à la profession de quelque ancien prince du Palinod comme on en a fait

---

(1) Le P. Sommervogel ignore la patrie du P. Couvrigny et ses succès palinodiques. Il place sa naissance en 1686, et sa mort à Paris, le 19 novembre 1745. On n'a de ce jésuite qu'une lettre au P. André, publiée naguère par Charma.

(2) Cette *Chanson d'un Inconnu*, publiée sous le nom de Mathanasius, est bien de Jouin. Elle parut en 1737.

sur celui de cordier et autres. Ce même auteur présenta aussi en 1545, une ballade où la Vierge adresse la parole à tout le genre humain, puis un chant royal qui fut couronné par Jacques le Lieur, prince de l'année. Le sujet en est ainsi rendu :

>Par ce chant qui bien y prend garde
>Je m'adresse à la grand paillarde,
>Dont saint Jehan descript les effets
>Plains de tyranniques effets.

>N'enyvre plus de ta coupe dorée
>Princes et Rois en tes terrestres plains,
>Femme au pur sang des martyrs adorée
>Femme en habitz d'or et de pourpre plains.
>Va forniquer, paillarde intolérable,
>Au Puys d'Enfer en tourment perdurable.
>La Vierge a fait de tes présens refus,
>Et n'est par toy en l'esprit d'elle infus
>L'impur venin d'originelle offense :
>Car elle obtint sur tes efforts confus
>Concept signé du signe d'innocence.

Cretin, chantre de la Sainte-Chapelle de Paris, trésorier de Vincennes, chroniqueur du Roy sous Charles VIII, Louis XII et François Ier, souverain des poètes, suivant l'expression de Clément Marot, vint se mesurer à Rouen en 1516, avec les lauréats du Palinod. Il y fut couronné, après Pierre Avril, pour un chant royal dont le refrain était :

>La carte blanche où n'eust onc tache auculne,

Il fut plus heureux en 1520, et il eut le premier prix :

>Après fonder universelle étude,
>Le principal régent et directeur
>Des facultez ayant sollicitude

Acte exercer de souverain recteur,
A ordonné au couvent et chapelle
De ce beau mont que du Carme on appelle,
Hommes savans, fondez en charité,
Pour exhaulser d'entière vérité
Certaines règles aux escolles trouvée,
Escripte, ainsy qu'elle a bien mérité,
Règle infaillible en tous cas approuvée (1).

Voyez les deux pièces imprimées dans ses œuvres en 1723. Son vrai nom était Guillaume Dubois (2).

Cretot (Marc-François de Chalon de) présenta au Palinod de Rouen, en 1698, une allégorie latine et honoraire sur le *Massacre des Innocents*. Elle est imprimée dans le Recueil des pièces couronnées en cette année.

Crette (de la). V. Bellenger.

Crével (Jacques), avocat et professeur royal en droit français à Caen, auteur de plusieurs mémoires intéressants, l'est aussi de quelques odes latines et françaises, telles qu'un sonnet sur *Lyncée*, couronné à Rouen en 1711, et une allégorie latine sur *Daniel*, qui réussit également au même Palinod en 1715. Il fut depuis recteur de l'Université de Caen et membre de l'Académie des Sciences et Belles-Lettres de cette ville; il était né à If le

---

(1) La fin de la pièce est chez Vidoue, f° 6 v°.

(2) Eu égard sans doute à la grande réputation de Guillaume Cretin, le Recueil de Vidoue en a réimprimé sept pièces (ff. 5-9 et 72 v°). Trois poésies du même auteur se trouvent dans les *Annales poétiques* (I, 207). Une de ses épîtres est adressée au vicomte d'Arques (Du Verdier, *Bibl. Franç.*, II, 79, éd. Rigoley de Juvigny).

2 mars 1692, et est mort octogénaire le 23 décembre 1764. Son *Eloge* a été fait par M. Rouxelin pour l'Académie dont il avait été titulaire.

Croisé, avocat au Parlement de Normandie, remporta au Palinod de Rouen en 1671 le premier prix du chant royal sur un lac extraordinaire qui est au royaume de Suède :

> Peu loin du Nord où la charmante Aurore
> De mille objets pare le sein de Flore,
> S'offre à vos yeux un séjour enchanté ;
> Mais le plus beau de sa vive peinture
> Est d'exposer dans un lit argenté
> L'unique lac dont l'onde est toujours pure.

Croismare (Jacques), en l'Université de Poitiers, au commencement du XVIe siècle, se trouve en nom dans un ancien ms. in-4° du Palinod de Rouen, au bas d'un chant royal sur

> La barque saincte en vertu non pareille.

Croismare (Robert), archevêque de Rouen lors de la création du Palinod, fut consulté sur le nouvel établissement et prié d'y donner son approbation, qu'il accorda à Me Pierre Daré, de Châteauroux, premier Prince et fondateur en 1486. Ce prélat eut plusieurs de ses parents dans l'Association : mais tandis qu'ils soutenaient cet institut, il crut devoir embellir sa cathédrale qui avait beaucoup souffert dans les troubles de la religion (1). La mort l'enleva dès 1493, et il n'eut pas le temps de porter

---

(1) Une distraction a fait raisonner Guiot comme si Mgr de Croismare eût vécu au *seizième* siècle.

ses regards sur tout ce qui avait besoin de sa généreuse protection, au moins de suivre les mouvements de sa bienveillance. Il n'en doit pas moins être compté parmi les bienfaiteurs de l'Académie de la Conception, quoiqu'on ait perdu la charte approbative de cette Société à sa naissance.

Servin dit dans son *Histoire de Rouen*, t. II, p. 23, que cet archevêque se chargea lui-même de faire les règlements de l'Académie.

Croismare (Jacques de), seigneur de Saint-Just et du Boscraux, général en la cour des aydes à Rouen, était le quarantième parmi les Princes et confrères du Palinod de Rouen au xvi⁰ siècle, le même à ce qu'on croit qui fut avocat général en 1590, et qui mourut en 1600.

Croismare (Jean), sieur d'Anfreville, était comme le précédent au nombre des confrères du Palinod de Rouen, et le soixante-quinzième, sans qu'on connaisse davantage s'il a géré la principauté et en quelle année.

Croismare (Pierre ou *Robert de)*, l'un et l'autre membre du Parlement, le premier en 1499, le second en 1529, suivant leurs éloges en vers latins dans J.-Baptiste Le Chandelier. Le nom de famille est sans prénom au quatre-vingt-dix-huitième rang sur le tableau des Princes du Palinod.

Dans les œuvres de Guy de la Boderie se trouve une pièce de vers intitulée : « à M. de Croixmare, Prince du Puy à Rouen ; Grâces pour la palme obtenue au Puy »; ce qui prouve que l'un des précédents en a géré la principauté :

Combien que les Gregeois veulent avoir le prix,
Sur toutes nations être les mieux appris,
Bien qu'ils aient fondé la mercerie étrange
Et de nos vieux Gaulois obscurcy la louange,
Desquels ils avaient eu les lettres et les arts,
Selon le vray rapport du premier des Césars,
Et au grand Chaldéen dont la doulce harangue
S'acquist des mesmes Grecs de fin or une langue,
Bien qu'ils ayent du vent aux fables triomfant
Enflé un corps de mouche en grosseur d'éléphant,
Bien qu'ils se soient promis d'emporter la victoire,
. . . .
Et que n'est, je vous prie, en ce tems où nous somes,
Qu'un Milon ait été puissant entre les hommes?
. . . .
Et toutes fois les Grecs, pour telles vanités,
Ont célébré les jeux de leurs solenmités.
. . . .
Et d'où vient que les Grecs qui nous avaient osté
La gloire de nos vers, aux vers n'ont point jousté?
Est-ce qu'ils ne pouvaient l'honneur mérité rendre
Comme excuser le veult le maistre d'Alexandre?
Est-ce qu'il n'y eust eu des juges suffisans
Si la jouste eust esté entre les mieux disans?
Non, non, mais il fallait qu'en la Gallicque terre
Où le vers commença, son prix il vint acquerre.
Les Bardes nos aïeux, longtemps avant les Grecs,
Avaient chanté en vers les mystères secrets
De la religion, les effets de nature,
Et l'œuvre merveilleux de la grand couverture.
C'est donc bien la raison que la France scavante
Sur tous peuples divers, quoique le Grec se vante
D'avoir d'honnestes prix les chantres guerdonnez,
De palmes enceptrez de lauriers couronnez.
   Callioppe jadis errante et vagabonde
Avecque ses huict sœurs par les cantons du monde,

Se partant de la Gaule en Grèce voyagea,
De Grèce vint à Rome où César la logea,
De Rome derechef en Gaule est revenue,
Où mieux qu'auparavant elle a esté cogneuë
Et chérie à l'envy, tant par faits que par vœux,
A la maison des Roys, et aux publiques jeux.
 Or entre tous ceux-là qui l'ont favorisée,
Et de dons libéraux sa harpe authorisée,
Tu es l'un des premiers, de Croixmare, croissant
En lettres et vertus, et renom florissant;
Qui par ton doux accueil et faveur honorable
As pu rendre ma muse et moi ton redevable.
....
Et les vainqueurs du Puy peuvent hault sur la scène
Eterniser leur nom et cel de leur Mécène;
Quand à moy, de Croixmare, encore que je sois
Le plus petit de tous les poètes françois,
Sous l'ombre d'Apollon je m'oseray promettre
Faire voler son nom sur l'aile de mon mètre.
....
Maintenant que Phébus au cercle retourné
Dedans le chèvrecorne a son chemin borné,
Je te renvoye aussi la palme non fardée
Que pour le mieulx disant jusqu'ici j'ai gardée
Sus donc, gentilz espritz....................

Crosne (*Louis-Thiroux de*), chevalier, conseiller du roy en ses conseils, maître des requêtes ordinaire à son hôtel, intendant de justice, police, finances de la ville et Généralité de Rouen (puis de Paris), et premier président au conseil supérieur de cette ville, Prince du Palinod en 1771; mort à cinquante-sept ans. C'est dans des temps orageux que ce magistrat fut employé par le Gouvernement, et il sut concilier la confiance de la cour et du peuple : malgré les caricatures qu'on ait faites et les mauvais pamphlets qu'on ait débités contre sa personne et son ministère, le silence et la conduite furent toute sa réponse. Il présida l'Académie de la Conception avec autant d'honneur et de succès que les anciens Princes; et entre les auteurs qui voulurent être couronnés de sa main, l'on compte une nouvelle muse à donner pour compagne à Mme la C^{sse} de Laurencin, à Mme du Boccage, à Mlle d'Argences, à Jacqueline Pascal, etc. Ce fut Mme de l'Etoile. La pièce qu'elle présenta était une idylle, et le *Réveil d'Abel* en était le sujet :

> Sous un feuillage frais, au murmure de l'onde,
> Abel goûtoit un tranquille sommeil,
> Les premiers rayons du soleil
> A travers les rameaux doraient sa tresse blonde,
> Et coloroient son teint d'un éclat plus vermeil.
> Un air plus pur que le zéphyre
> Exhaloit de son sein doucement palpitant;
> Sur sa bouche un léger sourire
> De ses sens agités par un songe inconstant
> Exprimoit l'aimable délire.
> Assise près de lui la timide pudeur,
> L'innocence ingénue et la simple candeur
> Le fixoient avec complaisance.
> ....

Le prix d'honneur fut remporté par une autre idylle sur la *Mort du Juste*, dont était auteur M. le comte de Laurencin. Ce prix extraordinaire était un lis d'argent en relief, dans un vase de même matière, dans la forme de celui qui se donne tous les ans aux jeux floraux de Toulouse pour un sonnet en l'honneur de la Vierge, mais beaucoup plus riche et plus grand, digne en un mot du goût et de la générosité de celui qui le donnait.

Mortels qui vous livrant aux soins les plus futiles,
Répandus dans le monde y restez inutiles,
Qui, cherchant à tromper l'ennui de vos loisirs,
Achetez à prix d'or d'insipides plaisirs ;
Que l'éclat imposant qui marque votre vie
Aux cœurs simples et purs doit causer peu d'envie !
Vous ne connaissez pas ces spectacles touchants,
Le calme intérieur dont on jouit aux champs.
Les pavots du sommeil sont loin de vos demeures ;
Le temps à pas tardifs règle pour vous les heures,
Et des maux du vieil âge avant le terme atteints
Le désir vainement presse vos sens éteints.
Le bonheur peut-il être où n'est pas la nature ?
Fuyez de vos lambris la superbe imposture,
Et venez dans ces lieux du vice préservés
Contempler tous les biens qui nous sont réservés.

....

Un des auteurs les plus remarquables par ses talents alors, et depuis par ses malheurs, est M. Baïeux, dont on couronna une ode française, *la Piété filiale* (*V.* son art.)

M. de Crosne fut décapité à Paris le 9 floréal an II. Voyez le *Dictionnaire des condamnés*, de Prudhomme, t. II, in-8°.

Crosnier, prêtre de Rouen, concourut deux fois au Palinod de cette ville à la fin du xviie siècle. Il avait présenté en 1692, une allégorie latine sur le poisson nommé *Rémora*. Il composa l'année suivante une pareille pièce pour la forme, mais différente pour le sujet : *S. Jean l'Evangéliste* préservé de l'huile bouillante dans laquelle il avait été jeté, fut le tableau qu'il offrit aux juges pour être mis à côté de celle à qui il fut dit : « Femme, voilà votre fils » ; et il remporta également le second prix.

Crulle (*Dieudonné-Louis*), né à Liége le 6 octobre 1734, curé de Saint-Lô (et le dernier) en 1777, et à ce titre juge-né au Palinod de Rouen en la même année jusqu'à celle de la Révolution.

Crygnon ou *Chrygnon* (*Pierre*), de Dieppe, avait été l'éditeur des œuvres poétiques de Jean Parmentier, son compatriote, lorsqu'il vint comme pour le remplacer au Palinod de Rouen en 1519. La Croix du Maine en parle, mais sans détail (1); cependant il est un des plus célèbres d'alors. Son premier chant royal couronné est dans tous les Recueils d'alors, mais sans les figures qui l'accompagnent dans le manuscrit de la Bibliothèque du Roi. Il paraît que l'auteur avait en vue l'état de quelque Prince, peut-être le sien personnellement.

> Ce chant royal monstre en ce lieu
> Comme ung drappier dict genre humain
> A deux ouvriers d'esprit en main
> Dont l'ung est diable et l'autre est Dieu.

> Un grand drappier sorty de fine layne
> Pour faire drap d'excellente ornature
> Eust ung ouvrier qui promist mectre peine
> A les bastir : mais par faulce nature
> En noir enfer et quasi en paincture
> Tansdit la layne, et feist par ses barats
> Le fil filer aussi gros que bouras ;

(1) L'abbé Cochet lui a consacré dans la *Galerie dieppoise* (p. 141-142) une intéressante notice. Sa « célébration » sur la mort des frères Parmentier a été imprimée à Paris en 1531 (Du Verdier, *Bibl. fr.*, III, 262). Les *Palinods* de Vidoue (ff. 51-53) nous ont conservé de lui deux chants royaux, où l'on voit que l'auteur était fier de son pays natal, puisqu'il signe « Crygnon, de Dieppe ». La citation de Guiot est d'autant plus intéressante, qu'elle ne fait pas double emploi avec l'ancien Recueil.

> Quand le drappier apperceust ceste affaire
> Craignant tout perdre eust en son cueur effroy.

Pourpre excellent pour vestir le grand Roy.

Il reparaît encore, après quelques voyages, en 1527, et fut de même couronné pour un chant royal sur

La Souveraine en beauté parfaicte.

Cette souveraine était *Esther*, sujet d'une très belle peinture sur vélin, à la tête de cette poésie dans le manuscrit de la Bibliothèque du Roi, n° 7584.

Cussy (Pierre de), ecclésiastique à Caen, couronné au Puy de cette ville en 1760 pour un sonnet sur *Daniel, délivré de la fureur des lions.*

SUPPLÉMENT

Commire (Jean), l'un des meilleurs poètes latins qui fût chez les Jésuites, professait en leur collège de Rouen (1) avant que ses confrères Dubois et la Rue fussent couronnés au Palinod avec le jeune Fontenelle. Il était un des académiciens juges de cet institut en 1642 (2); et dans la suite il fut toujours extrêmement lié avec son poète lauréat, qui traduisit en vers français son ode sur la convalescence du roi et plusieurs autres de ses pièces (3). Il y

---

(1) Le P. J. Commire fit à Rouen un assez long séjour pendant lequel il composa, en l'honneur de S. Godard, de belles hymnes qui se sont longtemps chantées à la fête patronale de cette paroisse.

(2) Il doit y avoir erreur de chiffre. Commire n'aurait eu que dix-sept ans; d'ailleurs il n'entra au noviciat que l'année suivante.

(3) Il s'agit bien de Fontenelle, dont la traduction parut avec l'édition originale de l'ode *Regi pro recuperata valetudine*. Paris, 1687, in-4°. Fontenelle réimprima sa traduction à Rouen. Dès 1676, n'ayant encore que dix-neuf ans, il avait traduit en vers l'ode de

aurait lieu de s'étonner qu'auparavant le P. Commire n'ait pas concouru aux prix du Puy de Rouen, si l'on ne voyait pas dans ses œuvres que les vers qu'il a composés sur la Conception étaient plutôt une sorte d'épopée qu'une simple épigramme ou allégorie, telle qu'on l'exigeait alors avec rigueur pour le nombre des vers. Il était né à Amboise le 25 mars 1625, et mourut à Paris le 25 décembre 1702. Outre le poème latin dont on vient de parler, le P. Commire composa une invitation aux poètes pour l'année de la principauté de Pierre Damiens, en 1645. Elle est imprimée dans le tome II de ses œuvres, page 297. L'auteur était d'ailleurs en commerce littéraire avec plusieurs savants qu'il eut occasion de connaître, soit à Rouen, soit à Caen, avec Huet, Bochart, Bigot, Segrais, et le président Pellot, ainsi qu'on le voit par différentes pièces qu'il leur dédia. Il en adressa aussi quelques-unes à des princes du Puy de Sainte-Cécile, tels que Jean Hamel, Etienne de Fieux, etc., chanoines de Rouen (1).

D

Dallet (Jean-Nicolas), de Rouen, couronné au Palinod de cette ville par M. de Luynes, Prince en 1746, pour une allégorie latine sur *le Siège de Bruxelles*.

Commire au prince de Condé et retoucha plusieurs fois cette version. Il mit aussi en français la fable du *Coq*.

(1) Sans jouir de la renommée des plus grands auteurs, Commire et quelques autres jésuites ont l'enviable mérite d'être nécessairement mis à contribution pour d'utiles recueils. Quand Pornin publia chez Mame, en 1828, sa *Sacra Seges* ou *Recueil de sujets religieux*, il réimprima huit pièces de Commire, neuf des P. Le Jay et Frizon, etc.

Dambray (Henri), le cent quarante-neuvième sur le tableau des Princes du Palinod de Rouen, était conseiller du roi, receveur général en Normandie. Il donna les prix en 1604 aux lauréats du Palinod, entre lesquels on distingue Jean Grisel, qui fut couronné pour une ballade, des stances et un sonnet. L'épitaphe de ce seigneur était à Saint-Maclou dans la chapelle de Notre-Dame-de-Pitié :
« Ci-gist le corps de feu Henry Dambray, escuyer, con-
« seiller, et M° d'hôtel ordinaire du roi, seigneur de
« S.-Crespin, Montigny, Bosctheroude, le Gaulez, Bouf-
« fard, le Lien, etc.; lequel décéda l'an cinquante-sixième
« de son âge, le 18 mai 1609. » Il portait d'azur à trois tours d'argent et un lion d'or en cœur. Le nom de cette famille était encore en honneur au Châtelet de Paris, lors de la Révolution.

Damiens (Pierre), conseiller au roi en son parlement de Normandie, Prince du Palinod de Rouen en 1645, en couronna les auteurs dans tous les genres de poésies latines et françaises pour lesquelles il y avait des prix fondés. Quelques poètes ne se contentèrent pas d'une seule couronne : le Vavasseur en mérita deux en latin, Auger trois en français. On croit que ce Mécène est l'auteur de l'épitaphe de sa femme à Saint-Laurent de Rouen :

Hic jacet Maria Godard, Petri Damiens Regis in sua Parlamenti curia Consiliarii uxor. Superstes conjux hanc ei, sibi et familiæ suæ urnam posuit, sanctumque Deo locum sub titulo apostolorum Principis erexit.

Il portait d'azur à trois panaches d'or. Un trait particulier à ce Mécène des gens de lettres, c'est que, lors de l'établissement du Bureau général des pauvres valides, il quitta et sa maison et sa charge pour se loger dans le Bureau même afin de s'employer plus exactement à un si digne usage. V. Farin, t. II, in-12, p. 379. L'Hôtel-Dieu de la même ville le compte aussi au nombre de ses bienfaiteurs.

Outre les pièces couronnées, furent données deux odes françaises à ce Prince l'une par Desrives, l'autre anonyme. Pierre Bersoy présenta aussi une allégorie latine honoraire sur *Jeanne d'Arc.* V. les œuvres du P. Commire pour l'éloge de ce Prince du Puy, t. II, p. 297.

Dampont (frère Maximilien), chevalier de l'ordre de Saint-Jean de Jérusalem, bailli de la Morée, etc., c'est-à-dire commandeur de Saint-Jean-de-l'Isle, proche Corbeil, Prince du Palinod de Rouen en 1647. Vincent Duval, le premier des poètes qu'il couronna, dit dans une ode française :

> D'un courage magnanime
> Imitant nostre Dampont,
> Chassez les Turcs de Solyme
> Ainsi que de l'Hellespont.

et l'auteur des *Fastes de Corbeil*, dans la description de la grande trésorerie de Malte où était M. de Dampont, aux portes de cette ville, le 24 juin :

> *Tu quoque Dampontæ haud prima haud ultima stirpis*
> *Gloria per socios, Maximiane, nites*
> *Non te Corbolii plebs admirabitur und ;*
> *Scutum Rotomagus gaudet habere tuum.*
> *Parthenici certant ibi te laudare poetæ*
> *Dum lauros positas frontibus esse jubes.*

Aux poésies récompensées par ce prince, il faut joindre un chant royal, donné par Rault en même temps qu'il fût couronné à Caen : il y eut aussi deux sonnets donnés l'un par Ducoudray, prêtre, l'autre par J. Dujardin.

Danet, professeur au collège Dubois, à Caen, eut le premier prix d'ode latine au Palinod de Rouen en 1740. Elle était sur le néant des grandeurs humaines, suivant les paroles de Salomon : *Omnia vanitas* [Eccl., 1, 2.]

Dantan (*Guillaume*), curé de Saint-Lô de Rouen en 1533, et par conséquent juge-né du Palinod de cette ville. Il est mentionné dans l'inscription de la dédicace de son église paroissiale le 9 juin de cette année.

Daré de Châteauroux (*Pierre*), premier fondateur et Prince du Palinod de la Conception, à Rouen, était lieutenant général au bailliage de cette ville (1). Guillaume Thibault avait dit, dans une moralité jouée au Palinod de Rouen en 1520 :

NOBLE CUEUR

.... Foy qui devalle
De Basle en a maints amassez.

CUEUR FÉLON

Et par où seroient-ils passez ?

LA DAME A L'AIGNEAU

Par la voye d'inspiration.

CUEUR FÉLON

Et où se sont-ils entassez ?

LA DAME A L'AIGNEAU

A Rouen, seconde Sion.

CUEUR FÉLON

Qui les maine?

(1) Pierre Daré, juge à l'Echiquier de 1490, fut député aux Etats de Normandie en 1497. Deux ans plus tard, il fut envoyé vers le roi pour le remercier de la création du Parlement.

LA DAME A L'AIGNEAU
Dévotion.

CUEUR FÉLON
Ont-ils relevé un concile?

NOBLE CUEUR
O la noble convention.
Où mainct facteur promt et docille
Monstre par mainct beau codicille
Que Dieu a voullu ordonner
A Marie son domicile
Pour le serpent envers tourner.

CUEUR FÉLON
Qui a fait ce bien-là?

LA DAME A L'AIGNEAU
Donner.

LA DAME A L'ASPIC
Donner c'est un étrange compte.

NOBLE CUEUR
Tu faicts maincts avares dampner;
Dieu d'homme libéral tient compte.

LA DAME A L'ASPIC
Est-ce un bailly, ou un vicomte?

LA DAME A L'AIGNEAU
L'ung des deux.

NOBLE CUEUR
Dieu lui pardonna,
Ainsy que nostre foy racompte,
Quand ce riche vœu lui donna.

LA DAME A L'AIGNEAU
>Ce donneur
Me ordonna
Son Seigneur,
En Seigneur
Ce don a.
Prince, pour moy si tres agréable
Que lieu ord est inabitable ;
Ils ne l'ont laissé esgaré :
« Donner » en latin c'est *dare*.

M. Daré ne couronna qu'un poète, Louis Chaperon. Ce ne fut que successivement que les prix se multiplièrent (*Voir* l'article Chapperon).

Daré (*Louis*), de Châteauroux, lieutenant général au bailliage de Rouen, tint le Palinod de cette ville en 1500, année jubilaire dont l'ouverture se fit le jour même de la Conception. Le concours des pénitents et des pèlerins ne nuisit point à celui du Lycée parthénique ; deux poètes y furent couronnés, Ravernier et Coulombe (*V.* leurs articles). Le Mécène dont ils avaient reçu leurs palmes reparaît sur d'autres théâtres, après avoir quitté celui-ci. On le trouve à la tête de ceux qui saluèrent Louis XII à son entrée à Rouen en 1508, le 28 septembre. M. Daré était chargé du compliment en 1514, après l'incendie de la Cathédrale. Il alla avec le Chapitre métropolitain à l'Hôtel-de-Ville solliciter des secours pour réparer ce dommage. Voilà les principaux traits de sa vie publique. Il mourut dix ans après et fut inhumé à Saint-Jean, dans la chapelle même où il avait donné les prix. Son épitaphe se lisait dans un vitrage :

L'an de douleur mil cinq cents vingt et quatre,
Au mois d'avril, le vingt-unième jour,

> *Louis Daré aigre mort vint abattre,*
> *Lequel faisait ici bas son séjour.*
> *Pour ses bienfaits et vertus en son jour*
> *Fut du Bailli général lieutenant;*
> *O priez Dieu qu'au ciel soit bien tenant.*

Le défunt ne possédait pas encore sa charge, lorsqu'il fit les frais du Palinod : il ne fut lieutenant du bailliage qu'en 1507.

Davanne (dom Nicolas), prieur de Meullent et de Bonnes-Nouvelles, conseiller-aumônier du roi, prieur de Lamberville, de Notre-Dame-les-Ambresy et doyen de Maillebois, était à la tête du Palinod de Rouen en 1634. C'est de son temps que l'ode pontificale de la fondation de M. Harlay commença à être mise en vers alcaïques; et Desfosses essaya le premier ce mètre qui fut accueilli. Le Prince qui le couronna était de Meulan, né en 1578, et y mourut considéré dans l'ordre de Saint-Benoît dont il était. On a de lui un petit ouvrage hagiographique, intitulé : *La vie et martyre de S. Nicayse, premier archevêque de Rouen, S. Quirin, prestre et Scuvicule, diacre, ses compagnons, et de Ste Pience, jadis dame de la Roche-Guyon*. Rouen, 1643, in-16 de 210 pages. Il y a plus d'onction que de critique dans cette Vie. *V.* Farin, t. III, p. 136.

Daubellemare (Jacques de) était le soixante-treizième immatriculé sur la liste des anciens princes juges et confrères du Palinod de Rouen.

Daubert, de Caen, commença par se faire honneur au Puy de sa patrie en 1773, par des stances sur le Psaume [cxxxvi] *Super flumina Babylonis*, non couronnées toutefois, par plusieurs sonnets et stances en 1774, avant de se présenter au Palinod de Rouen, où son cantique du matin, stances intitulées *Amintas*, fut couronné en cette seconde année. Il présenta aussi une ode tirée du xive chapitre d'Isaïe [v. 4] : *Quomodo cessavit exactor ?*; mais elle n'était qu'honoraire (1).

Dauchin, de Caen, remporta deux prix en vers français, en 1695, au Palinod de Rouen : premièrement celui d'une ode française sur *le Massacre des enfants de Médée*, puis des stances sur *Ariarathe*.

Daumont, de Caen. En 1701, M. de Vaubourg, Prince du Palinod de Rouen, avait proposé dans le programme de l'année pour sujet de l'allégorie latine, la Victoire de Jahel sur Sisara; mais les auteurs ne le suivirent pas. Celui-ci avait pris *Lyncée* pour son argument et eut le second prix.

Declaist, avocat au Châtelet, se trouve parmi les poètes couronnés au Palinod de Rouen en 1675. Il y remporta le premier prix du chant royal sur

> L'unique fleur qu'en son fruit l'on voit naître.

C'était le grémil ou herbe aux perles, qui ne produit sa fleur que quand le fruit est en maturité.

Delahaye (Jean) essaya des trois genres de poésie en usage au milieu du xvie siècle. Jacques le Lieur présidait

---

(1) Avant 1778, Daubert avait publié, selon la *France littéraire*, trois autres poésies d'ailleurs fort courtes. Il n'est plus cité dans la continuation de 1784, ce qui peut faire croire qu'il mourut dans l'intervalle.

le Palinod de Rouen en 1544, et le poète lui présenta un chant royal, dont le premier vers était :

> Dieu qui est bien souverain par nature,

avec un rondeau qui commençait par

> Tout par amour, par mesure et par prix.

L'année suivante, c'est-à-dire en 1545, il adressa une ballade.

> Ballade de deux cueurs amants
> Plus clert luysans que dyamans.

Delanos, au Séminaire de Saint-Nicaise de Rouen, eut un troisième prix d'ode française en 1750, au Palinod de Rouen, le premier donné de la fondation de Louis le Gendre, chanoine de Paris, sous la principauté de M. de Bailleul. Le sujet de cette pièce lyrique était *La France fidelle à ses rois*.

Delarue (*V.* après l'article suivant).

Delastre (*Charles*), nom célèbre dans les annales du Palinod de Rouen au commencement du xviie siècle. On le trouve d'abord dans le Recueil d'Adrien Boccage, p. 100, pour un chant royal sur

> L'entier tableau préservé de la foudre.

Cette peinture était un ouvrage de Panhose; un autre, p. 114, sur

> La Vierge heureuse entre les mauvais signes.

Celui-ci fut couronné en 1614 par M. de Bretteville. Deux ans après,

> L'unique palme exempte de dommage,

lui valut en effet la Palme, c'est-à-dire le premier prix du chant royal. Il en remporta encore trois fois : en 1620, où il décrivit le *Déluge* et ses ravages ; en 1623, où il parle d'une *Palme d'or* croissant dans la terre; en 1627, où il peint la métamorphose de *la Massue d'Hercule* en olivier. Il s'était essayé, deux ans avant cette dernière victoire, dans le genre lyrique, et il eut le prix d'ode française, la première année qu'il fut plus particulièrement fondé qu'auparavant par Barthélemy Hallé d'Orgeville, Prince en 1627.

Delarue (Charles), jésuite, poète lauréat aux Palinods de Caen et de Rouen (1), était né à Paris en 1643, et y mourut au collège de Clermont, le 27 mai 1725, à quatre-vingt-deux ans.

C'est surtout comme prédicateur (2) qu'il est ordinairement annoncé par les biographes. On lui accorde néanmoins le mérite d'avoir été bon poète, et même jusqu'à lui reprocher de l'avoir été dans ses sermons. Mais on semble ne le placer en cette dernière qualité que sur le Parnasse latin : cependant il faisait des vers français et les faisait très bien. L'approbation du Grand Corneille pour deux tragédies françaises *Lysimachus* et *Sylla* en est la preuve (3). On pourrait y joindre deux comédies sous le nom de son ami Baron l'*Andrienne* et l'*Homme à bonne*

---

(1) Le P. de La Rue semble avoir résidé à Rouen en 1669, puisqu'on y imprima cette année des vers de sa façon.

(2) Les œuvres oratoires du P. de La Rue ont été réimprimées par l'abbé Migne à la suite de celles de Fénelon (*Orateurs sacrés* t. XXVIII).

(3) La phrase de Guiot est remarquable. Aujourd'hui on ne connaît plus *Lysimachus* que par un texte manuscrit. Au contraire, la pièce latine du même nom a eu au moins deux éditions, mais ne semble

fortune. Car comment démentir ces deux vers en parlant des Jésuites :

> Leur grand la Rue, organe évangélique,
> Aidait Baron de sa verve comique (1) ?

Mais une autre production qui vient à l'appui de cette assertion, c'est sa belle ode française sur un sujet tiré du premier livre de l'Anthologie, et qui fut couronnée au Puy de Caen en 1670 (2).

> Esprits qui portez le tonnerre,
> Impétueux tyrans des airs,
> Qui faictes le péril des mers,
> Et les ravages de la terre,
> Vents, si l'audace des vaisseaux
> Qui vous affrontent sur les eaux
> En rend la perte si fréquente,
> Ils ont bien mérité les coups :
> Aïez pour celui que je chante,
> Plus de pitié que de courroux.

que le remaniement de l'œuvre dramatique intitulée *Agathocles*, citée en 1668.

Quant à *Sylla*, qu'on a parfois attribué à P. Corneille, il a été l'objet de contestations qui se sont prolongées jusqu'au xixe siècle. Mais il doit bien être attribué au P. de La Rue (Sommervogel, *Bibliothèque de la Compagnie de Jésus*, VII, 290-306).

(1) Le P. Sommervogel (*ibid.*, 306 fin.) ne parle pas de l'*Homme à bonnes fortunes*, mais ajoute l'*Ecole des Pères* à l'*Andrienne*. Il objecte les réclamations de Baron, trop intéressé pour en être absolument cru sur parole. Il est vrai que l'argument tiré des deux vers de quelque pamphlet antijésuitique a encore moins de valeur. Mais Guiot ne fait que reproduire le sentiment qui a eu cours durant tout le xviiie siècle.

(2) Voir ci-dessus l'article *Alleaume*, p. 75. — Cette ode, jointe à celle qui obtint le prix à Rouen, fut imprimée à Paris en 1671, avec les seules initiales de l'auteur. Le P. du Cerceau la traduisit en latin. (Sommervogel, n° 12, p. 292.)

Delisle (Gilles), en latin *Insularius*. C'était l'usage, au xvıe siècle, de latiniser son nom quand on écrivait la langue des Romains ; et c'est ce que pratiqua, suivant l'usage, G. Delisle, en signant ainsi l'allégorie latine qu'il présenta au Palinod de Rouen en 1545, sur *le Nœud Gordien*.

Deniseau (Jacques), avocat au Parlement de Normandie, a remporté pour la première fois le premier prix de l'ode latine fondé par François de Harlay en 1624. Cette pièce avait la forme des anciennes odes grecques : strophe, antistrophe et épode, et chacunes composées de vers de différents mètres ; aussi l'appelait-on Pindarique.

Derel (P. le), jésuite (1), sembla vouloir remplacer le P. de la Rue au Palinod de Rouen ; il y fut couronné le premier de tous ceux qui avaient composé des allégories latines, dont cinq ont été imprimées en cette année [1671]. Le jeune Fontenelle était au nombre de ces auteurs, ainsi qu'un prêtre de Cherbourg ; mais leurs vers n'étaient qu'honoraires. Ceux du P. le Derel étaient sur *la Mère de Ste Brigitte*, qui échappa à un naufrage, enceinte de cette célèbre contemplative, suivant le témoignage de Surius (2).

Desaintcz, pour deux pièces à refrain, fut couronné au Puy de Caen, en 1672 et 1682. La première était un chant royal sur une jeune Romaine qui, plutôt que de se

---

(1) Ce jésuite (le P. Sommervogel écrit *le Drelle*) est mort à Paris en 1710, et n'a laissé que quelques poésies françaises. Sa pièce palinodique a été imprimée à part.

(2) La légende du Bréviaire a conservé ce détail : *Quum adhuc in utero gestaretur, a naufragio propter eam mater erepta est* (8 octobre, leçon IV).

marier, s'enfuit vers la mer et la passa à pied sec ; l'autre, une ballade sur l'esquif de Germanicus sauvé du naufrage.

Deschamps (*Nicolas*) présenta en 1614, au Palinod de Rouen, des stances qui eurent le second prix. Il s'y adressait à la Vierge :

> Vierge, espoir de la terre et du ciel les délices,
> Lis neigeux des vallons, et belle fleur des champs,
> Je me tiendrais taché du plus vilain des vices,
> Si vos nobles vertus je taisais en mes chants.
> ....

Deschamps a remporté le second prix de l'allégorie latine en 1634 sur *S. Martinien*, sous la principauté de dom Davanne.

Desfosses. Une ville du Vivarais avait été livrée au pillage pour cause de rébellion. Tout fut passé au fil de l'épée, excepté un enfant sur le sein de sa mère. Il fut présenté au cardinal de Richelieu qui le nomma Fortuné, et le fit élever à ses frais auprès de Toulouse, dans la religion catholique. Cet événement, tiré du *Mercure de France* (1), fut saisi par ce poète, pour concourir au Palinod de Rouen en 1634. Ce fut en vers alcaïques qu'il le

---

(1) Le *Mercure de France* est un périodique mensuel qui ne prit ce nom qu'en 1724. Son prédécesseur immédiat, le *Mercure galant*, remonte à 1672. Le recueil visé est le *Mercure françois* qui va de 1605 à 1644 et compte seulement vingt-cinq volumes, ce qui montre une périodicité irrégulière. Il est à croire que Guiot n'avait jamais vu ces volumes, qui ne sont pas des plus communs.

Le *Mercure français* de 1632 mentionne bien (p. 796) en octobre « le rasement » de plusieurs châteaux du Vivarais ; mais l'épisode de l'enfant ne s'y trouve point.

traita. Ce mètre ne devait pas être celui de l'ode Pindarique, de la fondation de François de Harlay. Cependant on dérogea à la forme usitée depuis dix ans, et Desfosses eut la Ruche d'argent, en quoi consistait ce prix.

Deshayes (*Jean-Jacques-François*), de Caen, prêtre professeur au collège Dubois, et académicien en cette ville, a été un des poètes lyriques les plus remarquables au Palinod de Rouen en différentes années au milieu du xviiie siècle. Il prouva d'abord *l'Existence de Dieu* en 1753. L'année suivante, il donna tout au sentiment en paraphrasant ces paroles de S. Augustin : *Fecisti nos ad te, Domine*; et finit par célébrer *la Grâce et ses attraits* en 1761.

> Don précieux du premier être,
> Toi qui réparas mon malheur,
> O grâce, qui me fais connaître
> Et mon néant et ma grandeur;
> Dans les transports d'un saint délire
> C'est de toi seule que ma lyre
> Veut entretenir l'univers.
> Sois ma muse; viens par ta flamme
> Fondre la glace de mon âme,
> Passe toi-même dans mes vers.

Obligé par état et nommé d'office pour faire l'ouverture du Puy de Caen, il s'y fit le même honneur dans le même genre; et c'est dans ces occasions qu'il composa deux odes françaises : l'une en 1760, sur *l'Entrée d'Alexandre à Jérusalem*; l'autre sur *le Messie* en 1769. Ces poésies étaient précédées d'une invitation aux poètes, et elles étaient comme un exemple de la manière dont il fallait écrire pour mériter les prix.

Deshais (Gilles) remporta en 1645 un premier prix d'allégorie latine sur *Esculape*, sous la principauté de Pierre Damiens, à Rouen.

Deshais (Guillaume), auteur d'une ode latine couronnée au Palinod de Rouen par Guillaume de Boyvin, qui le présidait en 1648. Cette pièce était sur *Rahab*.

Deshoussaies (J.-B. Cotton), V. Houssaies.

Deslandes (Pierre), procureur au parlement de Normandie, était le quatre-vingt-sixième sur la matricule des Princes, juges et confrères du Palinod de Rouen.

Deslandes (Jean), de la famille du précédent, était aussi de la même association à Rouen et occupait la cent cinquième place sur le tableau des confrères et Princes du Palinod de cette ville.

Deslandes (Pierre), un de ceux dont les poésies ont été conservées dans un ms. in-fol. du Chapitre de la Cathédrale de Rouen, vers le milieu du xvie siècle. La sienne était une sorte de paraphrase de ces paroles du Cantique [IV, 9] : *Tota pulchra es, amica mea.* Ses vers ne furent pas couronnés, mais seulement présentés et lus à la séance de 1545 au Palinod de Rouen.

Desmarets, l'un des plus infatigables athlètes du Palinod de Rouen au milieu du xviie siècle. Peu d'années, durant les dix ans qu'il s'y présenta, qui ne furent marquées par quelque avantage, et toujours dans la poésie française. Il remporta trois fois le prix du Chant royal, sur *l'Alcyon*, en 1644; sur *Hippomène* et sur *Hérione* en 1653. Il n'eut le premier qu'en 1664, sur *l'Enfant sauvé* des fureurs de sa mère. Il paraît que c'était le *nec plus ultra* de son ambition : car il ne parut plus dans la lice.

On ne compte point un autre chant royal qui paraît peu palinodique sur *Pélée*, quoiqu'il ait été récompensé d'un Anneau surnuméraire en 1652. Il commençait ainsi :

> Allons, amour, sur ce Puy glorieux,
> Puisque la gloire en ouvre le passage ;
> Le Prince tient des rameaux précieux
> Pour couronner ton front et mon ouvrage.
> Si, comme toi, la justice est sans yeux
> On ne saurait te faire résistance.
> Le ciel est même aujourd'hui sans puissance
> Pour s'opposer à ta divinité ;
> Quand tu fais voir à la postérité
> Le seul mortel époux d'une déesse.

Il ajouta à ces palmes les prix de deux ballades : l'une en 1652 sur *l'Herbe* qui de nuit étincelle, l'autre en 1659 sur *la Pierre* qui flotte sur l'onde. Des stances sur la *Peste d'Egine* lui réussirent en 1652, comme lui avait réussi, en 1648, un sonnet sur *Crésus*. Restait l'ode française; et le Miroir lui fut deux fois adjugé, en 1646 et en 1650, le *Dauphin d'Arion* et *la Baleine de Jonas* en étaient la matière.

Desmarets (*Jean-Bapt.*), de Vaubourg, chevalier, conseiller du roi en ses conseils, maître des requêtes, intendant de la Haute-Normandie, etc., Prince du Palinod de Rouen en 1701, couronna les poésies de son temps avec autant de magnificence que ses prédécesseurs. Il fit donner avis aux auteurs de ne pas exagérer les louanges de la patronne du Puy, de ne pas se servir, par exemple, du terme adoration à son égard pour ne pas blesser ceux qui sont d'une autre communion que les catholiques, et les catholiques eux-mêmes. Il fit aussi indiquer les sujets qui devaient être traités tant par les orateurs que par les poètes; ce qui ne fut pas exactement observé.

Desmazis (*Antoine-Augustin-René*), curé de Saint-Jean de Rouen en 1781, était né à Vouvray-sur-Huisne (1), diocèse du Mans, le 11 août 1742. Son assiduité aux exercices du Palinod n'a pu en empêcher la chute. Cet établissement avait été transféré de son église en 1515 au cloître des Carmes, à cause de la trop grande affluence du peuple qui s'y rendait. Il le vit s'éteindre chez ces religieux en 1789, non par faute de Princes qui excitassent l'émulation, ni d'académiciens qui secondassent comme lui les desseins de ces généreux Mécènes; mais faute de combattants, qui se virent obligés alors de penser à d'autres victoires et à prendre d'autres armes :

Bella geri decuit patrios habitura triumphos.

Desminières (*Jean*) était porté le soixante-dix-huitième sur le tableau des Princes et confrères du Palinod de Rouen.

Desminières (*Jean*), (autre que Mathieu Postel, sieur Desminières), conseiller en 1499, avait pour sujet de deux de ses poésies le *Christi bonus odor sumus* [S. Paul, II, *Cor.* II, 15], et après avoir essayé le succès dans un chant royal au Palinod de Rouen en 1544, il revint encore à la même idée l'année suivante dans une ballade. L'un et l'autre ne furent pas présentés et n'eurent pas les honneurs de la lecture :

---

(1) Arrondissement de Mamers, *Sarthe*.

> Chant royal faict dessus le naturel,
> Et même extraict du supernaturel.
> Sainct Paul descript que nous sommes oudeur.

Le refrain de la ballade était :

> L'ung oudeur vif, l'autre oudeur mort.

Cependant il fut dédommagé par le prix du rondeau qu'il remporta la première de ces deux années :

> Myeulx que Jacob qui fut le second né.

Desmoueux, docteur en médecine, professeur et recteur en l'Université de Caen, a prononcé des discours latins au Puy de cette ville pour l'ouverture des séances publiques en 1759 et 1760 (1).

Desnanville composa une ode française et des stances pour le Palinod de Rouen en 1670 et l'année suivante, et il y remporta le Miroir et la Tour d'argent, l'un pour *Andromède*, l'autre pour *le Lis*.

Desportes (*Thibaut*), sieur de Beuvilliers, trésorier général au grand Bureau de Rouen, et grand audiencier de France, Prince du Palinod en 1603. Cette année ne s'accorde cependant pas avec celle où Jean Grisel dit avoir remporté le Soleil en 1603, sous Jacques Cavelier d'Auberville ; la ressemblance des noms patronymiques a pu causer cette méprise. Th. Desportes était le cent quarante-septième sur le tableau, et probablement mourut l'année qu'il fut élu et avant qu'il ait pu gérer ; et il dut

---

(1) Charles-Nicolas Desmoueux fut président de l'Académie de Caen, sa patrie (1728-1802), et a donné quelques publications relatives aux sciences naturelles.

avoir pour successeur Jacques Cavelier qui, en effet, était le cent quarante-huitième sur la même liste.

Destoz ou *Dersoz (François)*, nom peu commun si ce n'est pas un pseudonyme. La peste était à Saint-Clair-sur-Epte en 1622; un enfant y avait échappé comme par miracle. Cet auteur fit de cet événement un tableau touchant dans une allégorie latine, pour laquelle il remporta le premier prix.

Desvaulx (Gilles). Une ballade et un rondeau se trouvent sous ce nom en 1516 et 1524 dans les Recueils manuscrits du Palinod de Rouen; la première de ces anciennes poésies avait pour refrain, en parlant de la Conception :

> Dieu le peult, le feist et voullut.

La seconde commençait par ces vers :

> Du bien d'amour, du feu sacré de charité,
> Des dons de grâce et saincte pureté,
> Mon pur concept a eu parfait douaire.

Diacre, du Havre, composait, pour le Palinod de Rouen, vers la fin du xviie siècle, et en vers latins. Les premiers pour lesquels il fut couronné étaient une ode alcaïque sur *Thésée,* vainqueur du minotaure; c'était en 1693 qu'il remporta ce prix. Il lui fut encore adjugé, trois ans après, pour une autre ode latine sur *Iphigénie,* et en cette même année 1696, il remporta le premier prix de l'allégorie latine. Celle qu'il présenta était sur l'*Alcyon.*

Dinouart (Joseph-Antonin-Toussaint), prêtre, chanoine de Saint-Benoist à Paris, de l'académie des Arcades de Rome, né à Amiens le 1er novembre 1716, rédacteur du *Journal ecclésiastique* et auteur de plusieurs pièces indiquées dans *la France littéraire*, t. Ier, s'était déjà annoncé pour poète latin par des hymnes de S. Charles et de S. Remy et autres morceaux de poésie latine, lorsqu'il concourut au Palinod de Rouen en 1768 dans le genre lyrique. Il en remporta le prix pour une ode sur la *Naissance de Jésus-Christ*. Les nouveaux bréviaires auraient pu l'adopter pour une hymne à la fête de Noël. Elle est imprimée dans le recueil de l'année. Parmi les ouvrages de ce laborieux écrivain, il en faut distinguer deux qui ont été justement critiqués : l'un pour ses puérilités et même les faussetés qui s'y trouvent, c'est le *Santoliana*. Il a été désavoué par les supérieurs de la maison de Saint-Victor. L'autre est l'*Art de se taire en matière de religion* (1) pour lequel il fut convaincu de plagiat; il y a inséré un dernier chapitre sur les dangers de la lecture contre la religion et les mœurs. L'auteur qui l'a démasqué avoue qu'il ne sait où il a pris ce chapitre. C'était un discours qui avait été composé pour le même Palinod de Rouen, qui avait en effet proposé ce sujet pour 1769.

Dodelith, licencié en droit civil et canonique. Ce nom, malgré les qualités qui l'accompagnent, n'est probablement qu'un nom supposé ou anagrammatisé, sous lequel on adressa au Palinod de Rouen en 1744 une allégorie latine sur l'*Œil*, matière déjà traitée par plusieurs auteurs, parmi lesquels on compte Fontenelle. Celui-ci la mania de façon à être couronné. *V.* le Recueil de cette année.

(1) Comme ce livre ne fut pas du goût des « philosophes », ils trouvèrent mauvais que l'auteur n'eût pas prêché d'exemple en ne l'imprimant pas. (Grimm, *Corr. litt.*, VII, 192.)

Donnest (*Jean*), l'un des conseillers de la Ville de Rouen en 1566, député aux Etats de 1567; l'un aussi des notables de la paroisse de Saint-Cande-le-Vieux, lorsqu'on alla chercher les reliques de ce saint évêque à Vernon en 1562; se trouve également parmi les Princes et confrères du Palinod de Rouen, le cinquante-huitième au milieu du même siècle (1). C'était une des lumières du collège de Saint-Cande, et il avait donné au public un ouvrage de grammaire qui eut de la réputation (2). Un des lauréats palinodiques en fit le sujet d'un chant royal, dont l'anagramme a une forme dramatique :

Le principal...............	*Deus pater.*
grammaire................	*status innocentiæ.*
erreur.....................	*peccatum originale.*
le verbe...................	*Christus.*
le donnest................	*B. Virgo.*
le nom....................	*Maria.*
élégance parfaite...........	*pulchritudo conceptus.*
les écoliers................	*genus humanum.*
l'antécédent ou préposition................	*gratia præveniens.*
le relatif..................	*bona fama.*

(1) La famille Donnest était alors une des premières de la ville. Jacques Donnest, mort en 1603, fut conseiller, notaire et secrétaire du roi. Parmi les échevins de 1599 figure P. Donnest, qui fut aussi député aux Etats de Normandie en 1601.

(2) M. de Beaurepaire a cité cinq *Donnest* (on appelait ainsi cette petite grammaire), sur des comptes d'écoliers du collège des Bons-Enfants, de 1571 à 1580. (*Académie de Rouen*, 1895-96, p. 114-116). En connaît-on encore aujourd'hui autant d'exemplaires ? Le Donnest ne se trouve pas dans nos bibliothèques les mieux fournies.

Trompé par une singulière homonymie, Guiot a-t-il attribué à

> Le principal de grammaire est le maistre ;
> Voyant icelle estre en destruction,
> Feist un Donnest excellent pour remestre
> Ses escolliers à vraye instruction.
> En quel il mist, pour sa construction,
> Toutes les parts propres à ceste affaire.
> Pour mieulx apprendre à parler, à bien faire,
> Tant l'exorna par son impératif
> Qu'il ne reçut jamais comparatif.
> Car il ny eust oncques chose imparfaite
> Dont fut nommé par digne vocatif
> Le beau Donnest d'élégance parfaite.

. . . .

Doregistre ou *d'Orgistet* (*Jean*), sieur de Fontenelles, Saint-Pierre et Clinchamp, greffier criminel au Parlement de Rouen, se trouve dans la montre des nobles existant en 1486, et le vingt-cinquième parmi les Princes et associés du Palinod de Rouen. Son père gît à Saint-André-de-la-Ville, décédé le 9 mai 1492, suivant son épitaphe. On peut placer l'année de sa principauté en 1505.

Dornay (*Jean-François-Gabriel*), avocat au Parlement et en la cour des Aides et Finances de Normandie, conseiller en l'Hôtel-de-Ville de Rouen, titulaire de l'Académie des Sciences, Arts et Belles-Lettres en la même ville et à Caen, juge académicien au Palinod de Rouen en 1769 (1).

son poète le rudiment célèbre dont l'origine se perd dans la nuit du moyen âge et se rattache aux écrits du commentateur de Térence, précepteur de saint Jérôme ? Le rang où le nomme M. de Beaurepaire pourrait faire croire à un classique français. L'opuscule même permettrait seul d'être plus affirmatif.

(1) D'Ornay (telle est la vraie orthographe), né en 1729, devait

Dorval ou *Duval* (*Jean*) eut le Signet ou cynet, prix du rondeau en 1516, sous Roger Gouel de Posville, Prince de l'année.

> Pouvres humains, chantez proses et vers :
> Tous biens perdus sont en moy recouverts.
> Huy je floris comme la palme verte,
> Plaine d'oudeur et de fare couverte
> Pour résister aux ennemis pervers.
> Pour vos regretz, et hauts soupirs divers,
> Joye vous est aujourd'hui descouverte,
>   Pouvres humains.
> Le fier dragon aux longs grifs descouvers,
> Lequel jadis dedans les champs tous vers,
> Sus notre mère eust la grand gueulle ouverte,
> Guerre oultrageuse est ce jour à revers,
>   Pouvres humains.

Douaires (*des*), après avoir été couronné en 1671 pour un chant royal sur *Astyanax*, revint en 1678 au même Palinod de Rouen recevoir le premier prix pour un autre chant royal sur *l'Ame d'Hermotinus*.

Doublet, de Dieppe, composa en 1544 un rondeau qu'il ne fit que donner au Prince de l'année, sans prétendre au prix (1). Les deux premiers vers suffiront pour donner une idée de la singularité de sa pièce :

---

mourir plus que centenaire en 1834. En 1763, l'Académie de Caen couronna de lui un discours (*Mém. secrets*, III, 84).

(1) J. Doublet (1528-1580) a eu quelque succès comme écrivain. Sa traduction des *Mémoires* de Xénophon, publiée en 1548, reparut en 1582. Les Bibliophiles normands ont réimprimé ses *Elégies* et ses *Épigrammes*. Les *Annales poétiques* avaient déjà reproduit (X, 67) quelques-unes de ses poésies ; et il n'est pas jusqu'à Du Verdier (II, 406) qui n'ait cité une page de ses vers.

> Comme le germe est en la coque clos,
> Vierge, ton fils est en ton ventre clos.

. . . .

Doueppe (de la), avocat à Caen, composa pour le Puy de cette ville une ode française en 1727 sur l'*Œil*, qui ne souffre pas d'impureté. C'était un sujet déjà traité à Caen et à Rouen ; il ne réussit pas, et l'auteur ne fut ni couronné ni imprimé. Mais il trouva un asile dans le *Mercure* de mai 1728, où sa pièce est dans son entier (1).

Doujat (Jean), docteur et professeur en droit à Toulouse, sa patrie, avocat au Parlement de Paris, puis de l'Académie française en 1650, mort à Paris le 27 octobre 1688, à soixante-dix-neuf ans. *V.* le dictionnaire de Ladvocat pour les ouvrages qui firent sa réputation et sa fortune (2). On ne parlera ici que de pièces fugitives qui en furent les premiers véhicules. Un événement particulier, dont le Prince dont il avait été précepteur (*sic*), fut comme le signal pour sa muse d'entrer en lice au Palinod de Rouen. L'ode française qu'il y présenta sur *le Roi préservé du tonnerre en 1635* n'eut pas, il est vrai, le prix de la fondation ; mais Henri d'Orléans, duc de Longueville, Prince de l'année, gratifia l'auteur d'un anneau d'or ; c'est à cet anneau qu'il attacha, les années suivantes,

---

(1) Louis de la Douespe (*sic*), né en 1661, mort en 1740, était membre de l'Académie de Caen. En 1725, il réunit en un volume ses diverses poésies. Le Recueil des Palinods de Caen pour 1707 en avait recueilli quelques-unes (pp. 24-28). On connaît encore de lui un fragment du IV° livre de l'*Énéide*, in-8º de 7 pp. Son nom enfin était entré au *Mercure*, au plus tard en 1690.

(2) Doujat, professeur au Collège de France, était, dès 1668, au dire de Chapelain, « doyen des docteurs en droit canonique. »

tous les symboles des prix qu'il remporta dans la même carrière ; le Laurier du chant royal en 1643, sur :

La ville saincte au Vandale fermée.

Le Soleil et la Tour pour les premières et les secondes stances en 1635 sur *l'Aurore,* et en 1638 sur *Sainte Claire*. La Rose, non seulement pour avoir peint cette reine des fleurs au-dessus des épines, dans une ballade en 1636, mais encore pour avoir analysé *le Phosphore du ver luisant,* dans une autre ballade en 1642. La poésie latine ne lui fut pas moins favorable ; et outre une ode alcaïque sur le *Buisson ardent,* pièce honoraire, son *Cucuyo,* pour lequel il eut le premier prix d'allégorie latine en 1641, fut extrêmement goûté partout où il fut répandu dans la République des lettres, qu'il parcourut in-4°, avant d'être imprimé dans les Recueils du Palinod. (Cette feuille de 4 pp. est à la Bibliothèque du roi, ij, 2179). *Le Roi des Abeilles* sans aiguillon, sujet doublement allégorique dans la bouche de l'auteur, fut peint d'après le tableau de Virgile et valut à l'imitateur un prix extraordinaire en 1644, qui consistait en un portrait de Marie de Médicis, mère de son auguste élève.

Doury (*Firmin*), ou *Douri,* l'un des juges du Puy de Rouen les plus savants et les plus judicieux au xvie siècle. On peut juger du mérite de ce docte personnage par les regrets dont il fut honoré à sa mort ; ils sont conservés dans un recueil in-4° qui se trouve à la Bibliothèque du roi, lett. Y, n° 4674, et intitulé : « Le tombeau de feu de
« bonne et vertueuse mémoire, M. Firmin Doury, l'un
« des premiers philosophes et plus savants hommes de
« son temps, curé de Saint-Candre à Rouen, gravé d'épi-
« taphes et regrets de plusieurs amis, en vers en plusieurs

« langues. A Paris, chez Denis Dupré, imprimeur,
« demeurant en la rue des Amandiers, à l'enseigne de la
« Vérité, 1578. »

Parmi ces pièces, on en distingua une vraiment originale de A. Sorbière, évêque de Nevers, dialogue en vers français de 4 pages :

>Que faictes-vous, race des dieux ?
>Que plorés-vous, muses gentilles ?
>Quel deuil a terni vos clers yeulx ?
>Quel est vostre ennuy, chères filles ?
>Et qui vous a si promptement
>Changé vostre riche ornement ?

Le prélat termine ainsi sa longue complainte :

>Prions le bon Dieu qui donna
>A son âme tant de richesses,
>Et qui pour jamais l'ordonna
>Vostre mignonne, mes déesses ;
>Qu'au ciel, palais royal de Dieu,
>Puisse au grand jamais avoir lieu.

Mais cela ne vaut pas l'épitaphe par Guy le Febvre de la Boderie, duquel on a parlé plus haut comme lauréat :

>Cy git avec Dori la langue et l'or dorique,
>Cy dorment de Dori les dicts et mots dorés,
>Dori de l'or romain l'or aristotélique
>Vestit et redora, et les sens honorés
>De Cléomède grec, le grand dieu qu'on adore,
>Qui de l'or des splendeurs dore les bons esprits,
>D'ornement de savoir, et d'or, de meurs encore
>Avait doré Dori entre les mieulx appris,
>Si qu'au beau nom sera d'éternelle durée.

Cet homme célèbre a eu parmi ses successeurs, dans le modique bénéfice dont il était pourvu, un savant de sa force et de sa vertu dans la personne de Guil.-Jos. Clémence, dont on a parlé ci-dessus. *V.* son article.

Douville, de Rouen, concourut pour les prix du Puy de Caen en 1685; il y remporta celui du sonnet, dont le sujet était la *Valeur d'Horatius Coclès*.

Drouet-Desfontaines, de Rouen, profita de la circonstance du *Sacre de Louis XVI* pour faire connaître son talent au Palinod de cette ville. L'ode latine qu'il présenta sur cette matière, y fut couronnée au milieu des applaudissements.

Druël (Richard), d'une famille ancienne et considérée, était le cent neuvième des Princes et confrères du Palinod de cette ville au XVIe siècle.

Dubois (J.), de Caen, couronné au Palinod de Rouen en 1644, pour une allégorie latine sur l'*Ile de Rhodes*, donnée à M. de la Place, Prince en cette année.

Dubois (Etienne), jésuite (1), renferma dans une allégorie latine presque tout Vida sur le *Ver à soie*, et sa pièce fut la première couronnée au Palinod de Rouen en 1670. A ce prix il voulut joindre celui de l'ode française, et ce fut au Puy de Caen qu'il présenta à ce dessein

(1) Etienne Dubois (1650-1688), connu sous le nom d'abbé de Bretteville (du lieu de sa naissance (*Calvados*), ne fut jésuite que depuis 1667 jusqu'en 1678. Outre une poésie latine et une rhétorique sacrée, dont il faut citer une édition de 1699, il composa des sermons et des panégyriques, plusieurs fois imprimés. L'abbé Migne a donné place dans sa collection des *Orateurs sacrés* (t. XII) à ses *Essais de Sermons*.

une pièce lyrique dont le sujet était « un enfant vivant sur le sein de sa mère morte dans les ruines d'Antioche, au temps de Trajan »; et deux ans après son succès à Rouen, c'est-à-dire en 1672, il fut couronné à Caen.

> Fortune, que tes vains caprices
> Nous font mépriser tes faveurs !
> D'une main tu fais les grandeurs,
> Et de l'autre les précipices.
> On voit tes biens s'évanouir
> Après une longue espérance :
> Des plus superbes monuments,
> Comme il plaît à ton inconstance,
> Tu renverses les fondements.
>
> Trajan, la trompeuse te joue.
> . . . .

Dubois remporta en 1681 le second prix de stances au Palinod de Rouen. Elles étaient sur *Joas*. Il serait possible que cet auteur fût le même que le précédent.

Dubois (*Guillaume*), V. *Crétin*, que Rabelais appelle Raminagrobis dans son Pantagruel.

Dubosc (*J.-Bapt.*), professeur émérite en l'Université de Paris, chanoine de l'Eglise de Rouen, sa patrie, juge académicien du Palinod de cette même ville en 1776, y avait été couronné comme auteur en 1747 pour une ode latine sur *Joas* (1).

Dubosc (*Rolland*), prieur de Saint-Lô en 1589 et juge-né du Palinod de Rouen. Il était estimé du prési-

(1) On a de ce professeur quelques poésies latines.

dent Groulard, qui dix ans après fit tant pour relever cet établissement.

Dubusc, de Rouen, remporta le Laurier en 1745 pour avoir chanté ceux du maréchal de Tavanne, dans une allégorie latine au Palinod de Rouen.

Ducerceau (*Jean-Antoine*), naquit à Paris en 1670, année où le P. de la Rue, son confrère, fut couronné pour la belle ode sur la Conception, ode que le P. du Cerceau mit dans la suite en vers latins. On en a vu la première strophe à l'article du poète français.

Le P. du Cerceau, dont on connaît les poésies, mourut à Véret, près Tours, le 4 juillet 1730 (1).

Duclos (*le P.*), *V.* le supplément ou Norbert.

Dufour, porté le quatre-vingt-onzième des Princes et confrères du Palinod de Rouen au xvie siècle. Ce peut être Jacques Dufour, curé de Saint-Cande-le-Vieux en 1562. Cette famille a donné au clergé un autre Dufour, abbé d'Aulnay et curé de Saint-Maclou, à qui Hercule Grisel dédia un trimestre de ses *Fasti Rotomagenses*.

Dufour (*François*), conseiller, notaire et secrétaire du roi, comme le précédent au rang des associés et Princes du même Palinod, le cent vingt et unième.

---

(1) Cet aimable poète a été mis à contribution par les *Annales poétiques* (XXXV, 5). Cinq de ses œuvres latines ont été reprises par Pornin dans sa *Sacra Seges*.

Voir plus loin (après les Duval) une note complémentaire assez développée.

Dufour (Jean), poète français du même siècle que ceux du nom dont on vient de parler, fut couronné au Palinod en 1544 pour un premier chant royal, dont le refrain était :

> Mal tourne à bien, et grâce est pour justice.

Il donna en outre un autre chant royal qui commençait par ce vers :

> En Adam seul ont péché tous humains.

avec un sonnet :

> Soubs mort sus loi, vie et grâce en moi.

L'année suivante il présenta également une ballade :

> Mal sans péché et sans vertu.

Dufour (Georges), ecclésiastique de Vire, puis professeur d'éloquence à Coutances, couronné au Puy de Caen pour deux épigrammes latines : la première en 1667 sur *le Soleil*, la seconde en 1672 sur *le Paon* dont la chair est incorruptible.

Duloir (François), trois fois couronné au Palinod de Rouen par trois différents Princes : sous dom Davanne en 1634, pour une ballade sur

> La pierre aux efforts indomptable ;

sous le duc de Longueville, en 1635, sur des stances sur la *Vierge comparée à une amazone* ; enfin sous Guil. de Marescot, en 1636, pour d'autres stances sur le Lis. Les unes et les autres eurent les seconds prix du genre.

Dumesnil, de Rouen, imprimeur, l'un des juges académiciens du Palinod de cette ville au commencement du xviiie siècle. Composa pour l'an 1700 une nouvelle invitation aux poètes en vers latins, où il donne pour modèle les Commire et les la Rue à leurs disciples pour la plupart.

> *Nunc fas vera loqui, nunc sacrum promere carmen*
> *Quale aut Commirium, quale aut cecinisse Ruæum*
> *Novimus et novisse juvat.....*

On a bien vu plus haut de la Rue au nombre des lauréats, mais on n'y a pas rencontré Commire. Peut-être sa pièce a-t-elle été anonyme ou n'a-t-il fait qu'adresser par honneur à l'Académie celle qui se trouve sur la Conception dans ses œuvres, comme a fait depuis le Père Boscovich, ci-dessus.

Dumont (*Pierre*) remporta le prix de la ballade en 1653 au Palinod de Rouen :

> Funeste et charmant précipice,
> Plaisir rempli d'appas trompeurs,
> Indigne que l'on te chérisse,
> Qui corromps les plus sainctes mœurs ;
> Douce peste de la nature,
> Cesse enfin de flatter nos cœurs ;
> Puisque tu fais perdre aux pécheurs
> Le ciel où toute chose est pure.

Cette strophe rappelle le commencement du monologue de *Polyeucte* :

> Source délicieuse, en misère féconde,
> Que voulez-vous de moi, trompeuses voluptés ;
> Honteux attachements de la chair et du monde,
> Que ne me quittez-vous, quand je vous ai quittés ?

Dumont (*P.*), auteur des secondes stances couronnées en 1621 au Palinod de Rouen :

> Vierge, pour te chanter, embrase-moi d'amour,
> Guide ma voix, ma plume et mon ouvrage;
> O jour qui mit au jour le jour de notre jour,
> Que ta grande clarté m'enveloppe d'ombrage.

Dumont, de Vire, composa encore des ballades en 1727 et 1732, malgré le discrédit où le genre tombait, et ne perdit cependant pas sa peine. Les dernières Roses lui en furent adjugées pour avoir chanté en effet ces reines des fleurs dans la première pièce, et dans la seconde « Job, à qui l'enfer ne peut nuire. » En 1731, il remporta l'Etoile pour une allégorie sur *le Laurier*. Son remerciement ne fut imprimé que l'année suivante, année où il eut le Miroir, prix de l'ode française, sous M. de Pontcarré, Prince en 1732. Cette ode était sur *Suzanne*.

Dumontier, ecclésiastique de Lisieux, auteur d'une ode française couronnée au Palinod de Rouen en 1764. Elle était sur *Pompéïa*, épouse de César; en voici les dernières strophes, où il dit en parlant de Rome :

> Ce n'est plus cette ville heureuse,
> Cette nation vertueuse,
> Que Pyrrhus même respecta.
> C'est une courtisane avide,
> Jouet d'un intérêt sordide,
> Et le mépris de Jugurtha.

> Un seul citoyen, un seul homme
> A sçu la mettre dans les fers;
> César sçait comme on soumet Rome,
> César va venger l'univers.
> Dans les qualités qu'il rassemble,
> Je vois plusieurs hommes ensemble,
> Et plus d'un Sylla se former.

Il aura tout dans sa puissance :
Des vices pour notre vengeance,
Des vertus pour se faire aimer.

Laisse là ta grandeur jalouse,
Trop ambitieux citoyen,
On soupçonne ici ton épouse,
Sauve son honneur et le tien.
Ah ! je l'entends ; il l'abandonne :
« Rome, lui dit-il, vous soupçonne,
« Ma gloire est ternie en vos mains.
« Je romps le nœud qui nous attache ;
« Il faut une épouse sans tache
« Au plus grand entre les Romains. »

Né à Rouen, eudiste, et depuis professeur à Caen (1).

Dumouchet fut couronné au Palinod de Rouen en 1754, et y remporta un troisième prix d'ode française. *La Justice* en était le sujet (2).

Duny, de Caen, auteur d'une allégorie latine, couronnée au Palinod de Rouen, sous M. l'abbé Terrisse, en 1783. Son sujet était tiré de M. de Maupertuis dans la relation du voyage qu'il fit en 1736 au cercle polaire. Dans les climats glacés j'ai vu, dit-il, une fontaine dont les froids les plus rigoureux n'arrêtent point le cours ; et tandis que la mer du fond du golfe et les fleuves d'alentour étaient aussi durs que le marbre, cette eau coulait comme pendant l'été. Ainsi Marie, par un privilège qui la

(1) Les archives des Eudistes ne signalent vers ce temps-là qu'un P. Gabriel Dumontier, né à Caen en 1745, et entré dans leur congrégation en 1768.

(2) Elle obtint cette même année le premier prix à Caen, où Dumouchet présenta aussi en 1754 des strophes alcaïques, récompensées d'un second prix.

distingue entre toutes les créatures, est la seule que la tache originelle n'ait point souillée. (Extrait du programme de 1783 dans les *Affiches de Normandie*.)

Duparc (*Mathurin*), un des plus anciens lauréats du Palinod de Rouen (1), prit son propre nom pour sujet allégorique à la Vierge en 1514, qu'il fut couronné :

> Passans, entendez bien les dicts
> De ce parc fait en champ royal ;
> Que tout bon servant et loyal
> Doit appéter : c'est Paradis.
> Ung bon pasteur, du bercail amoureux,
> Fist ung beau parc en sa terre loingtaine,
> Auquel estoient des arbres plantureux
> Pour croistre mieulx auprès d'une fontaine
> Qui arrosoit ce lieu d'aménité,
> Auxquels il mist par sa bénignité
> Son beau bercail pour paistre sainement,
> Le hesbergeant en ce lieu proprement,
> Pour engendrer proufitable ovicule,
> Qui produyroit miraculeusement
> La brebiette et l'Aigneau sans macule.

ENVOY

> Prince pasteur, je vous prie humblement,
> Lâchez vos chiens sur tels loups hardiment.
> A celle fin que plus on y calcule ;

---

(1) Il a signé « Jacques du Parc » les trois chants royaux que les *Palinods* de Vidoue ont recueillis (ff. 43 v⁰-47). Voici les variantes de notre citation :

> De ce par faict...
> Doibt appeter...
> ... de bercail...
> ... on n'y calcule.

Puisqu'il suffit bien croire et fermement
La brebiette et l'Aigneau sans macule.

Duparc (Gaspard) prit pour sujet d'une allégorie latine l'*Eau bénite,* et remporta le premier prix en 1621 sous Toussaint Lefebre, Prince du Palinod de Rouen.

Duparc (Jacques), né à Pont-Audemer le 15 novembre 1702, célèbre professeur au collège Louis-le-Grand à Paris, auteur de plusieurs ouvrages critiques, tels que des *Observations* sur les « Trois Siècles de la littérature » de l'abbé Sabatier; tel que que la fameuse harangue : *Adversus invidos Normannorum censores,* prononcée à Caen (1) et à Rouen, tel enfin que la collection complète des *Œuvres spirituelles du P. Judde* (2), son confrère, né à Rouen, où il est mort en 17.., (3). Le docte jésuite avait commencé à se faire connaître dans la République des lettres par une allégorie latine sur *Caton,* et se trouve le seul lauréat de 1720 dans la poésie latine.

Duperré de l'Isle (Constantin le Bourguignon), juge honoraire du Puy de Caen en 1777; on lui adressa en cette année un sonnet honoraire sur son anoblissement.

Dupin (Gilles), un des poètes latins que couronna Anfrye de Chaulieu, Prince du Palinod de Rouen en

(1) Ce discours, fait à Caen le 28 novembre 1743, y fut aussitôt imprimé. Il a reparu en 1774, à la suite des observations qui viennent d'être citées.

(2) Cette publication, où l'abbé Duparc (connu alors sous le nom de Le Noir Duparc) fut aidé par un prêtre de Saint-Sulpice, parut en 7 vol. in-12, 1782. Elle a été réimprimée dans notre siècle.

(3) Le P. Judde, né à Rouen en 1661, est mort, selon le P. Sommervogel, à Paris en 1735.

1617. Ses vers étaient une allégorie latine qui eut le premier prix. Elle était sur *Hypermnestre*.

Dupré, prêtre de Rouen, et poète français souvent proclamé vainqueur au Palinod de Rouen. Après avoir débuté par le prix de l'ode française en 1638, il sembla quitter les bords du fleuve *Alphée*, qui en était le sujet, pour contempler l'*Etoile* du matin et l'*Iris*, dont il célébra l'éclat dans des stances et dans un chant royal. Cette dernière poésie lui valut le deuxième prix en 1646, et il n'en eut le premier qu'en 1651, où il peignit le courage d'*Horatius Coclès*. Dans l'intervalle, il remporta le premier prix des stances sur *la Chrysolampe* en 1647.

Dupuy (*Nicole*), de Dieppe, ne fut couronné que deux fois au Palinod de Rouen, en 1515 et 1519, et n'eut que le second prix dans le chant royal en cette dernière année. Son refrain était :

<blockquote>La belle grappe apportant nouveau moust.</blockquote>

Mais en 1515 il avait remporté le prix du rondeau, et ce prix lui fut d'autant plus honorable que sa pièce était d'une forme extraordinaire :

<blockquote>
Le rondeau à double couronne
Est faict à trois couppes planières,
Et si est la sentence bonne,
En le lisant en six manières ;
Ainsi sont qui gardent leur rung
Dix rondeaulx contenus en ung.
Et qui les sçait mettre à l'envers
Peut voir douze rondeaulx divers.
</blockquote>

Par mon filz qui me fist, je suis régente   gente
Pure en concept parfaict, vierge et pucelle   celle
Je fus faicte en effect femme mortelle   telle
Le saint baume confit, droicte et décente   sente
J'ai Sathan desconfit, beste pullente   lente
Avec péché infect Enfer rebelle   belle
Par mon filz qui me fist, je suis régente   gente
Pure en concept parfaict, vierge et pucelle   celle
J'ay tant qu'il me suffit comme parente   rente
Dieu m'a son temple faict et colombelle   belle
Pour oster le forfaict de la séquelle   quelle
Sainct-Esprit me parfaict noble et patente   tente
Par mon filz qui me fist, je suis régente   gente
Pure en concept parfaict, vierge et pucelle   celle
Je fus faicte, en effet, femme mortelle   telle
Le sainct baume confit droicte et decente   sente (1).

Dupuys (*Nicole*). L'intervalle des temps empêche de croire que ce soit le même que le précédent, celui-ci s'étant présenté au Palinod de Rouen en 1544 et l'année suivante. Un chant royal et un rondeau portent son nom, sans annoncer de victoire. Le premier annonçait ainsi le sujet :

> Chant royal faict du mariaige
> Du filz du grand Roy tout-puissant,
> Lequel est nature espousant,
> Pour la paix de l'humain lignaige.

Paix éternelle entre Dieu et nature

---

(1) Ce rondeau est dans Vidoue (f° 70 v°), avec ces variantes intéressantes :

> Ce fu faicte...
> Le sainct basme.
> Dieu a son temple.

en était le refrain, comme le premier vers du rondeau était cette ligne :

> Dessus la loi pour tous les humains faicte.

Les deux ballades qu'il envoya ont pour ligne palinodiale, l'un

> Vaisseau d'honneur au grey du cueur.

l'autre :

> De double Adam et de double Eve.

Dupuys (*Noël*), religieux à Mortemer. La situation de cette abbaye de Bernardins est célèbre par la journée de ce nom dans l'histoire en 1055 (1), et si la victoire eût été pour la France, ce poète cénobite en eût certainement fait la matière de ses vers. Mais il se tourna du côté de la spiritualité, et le chant royal qu'il présenta au Palinod de Rouen en 1544 est sur

> Le feu de grâce en l'eau de fange impure ;

comme un rondeau en la même année sur :

> Feu vif en chair sans cryminelle offense.

Cette dernière pièce est signée *Nicole*, et non pas *Noël*.

Durant (*Alexandre-Alexis*), prieur de Montore, religieux de l'abbaye de Saint-Ouen de Rouen, était le cent soixante et unième sur le tableau des Princes et confrères du Palinod de cette ville.

---

(1) Selon toute apparence, la bataille eut lieu à Mortemer-sur-Eaulne, près de Neufchâtel, *S.-Inf.*

Durand, de Saint-Lô, poète latin et français, dont les vers, lyriques pour la plupart, furent applaudis et récompensés au Palinod de Rouen vers le milieu du xviiie siècle. Trois odes françaises sur *la Fidélité d'Israël*, sur *la Grâce*, sur *le Duel... des créatures*, furent couronnées en trois années consécutives depuis 1741. Ses succès lui en firent tenter dans une autre langue en 1743; et le prix de l'ode latine lui fut adjugé, ainsi qu'un prix d'allégorie latine; l'une était sur *le Duel*, l'autre sur *Fabius* (1).

Duruflé, né à Elbeuf, proche Rouen, avocat, l'un des rédacteurs du *Journal encyclopédique*, auteur du *Siège de Marseille*, par le connétable de Bourbon, et de *Brutus à Servilie*, poèmes qui ont concouru à l'Académie française, avait auparavant remporté plusieurs prix au Palinod de Rouen (2). On a déjà parlé de son ode sur le *Triomphe de l'Eglise*, à l'article le Couteulx, qui l'a couronnée en 1769. Son début annonce une imagination pleine des idées de Milton :

> Les enfers ébranlés gémissent,
> Satan jette un cri de fureur :
> Leurs portes s'ouvrent et vomissent
> Un torrent de noire vapeur.
> Il s'élève au milieu du gouffre,
> Roulant dans des ondes de souffre
> Qu'allume le courroux du ciel ;

(1) Une pièce sur le *Mont Olympe*, signée Durand, se lit (p. 18) dans le Recueil des Palinods de Caen en 1709.

(2) Louis-Robert-Parfait Duruflé (1742-1793), avocat au Parlement de Paris, puis de la maison de Monsieur, a publié quelques poésies, et fut lauréat des concours poétiques aux académies de Rouen et de Marseille. Son demi succès à l'Académie française en 1774 et 1775 est attribué par les *Mémoires secrets* (XXXI, 296) à une manœuvre de d'Alembert, auquel Gresset reprocha « de lire

> De la foudre son front difforme
> Porte la cicatrice énorme,
> Et brave encore l'Eternel.
>
> Au fond de l'abîme effroyable
> Son œil se plonge avec horreur,
> Et de sa chute épouvantable
> Il mesure la profondeur.
> Il hait moins le séjour funeste,
> Que l'aspect du trône céleste
> Dont il se vit précipité.
> Soleil qui, brillant de lumière
> Parcours ta pompeuse carrière,
> Satan éclipsa ta beauté.

Trois ans après, il chanta sur la même lyre la *Naissance du Messie* :

> . . . .
> Un enfant divin vient de naître,
> Qui brise le joug de l'erreur ;
> L'enfer a reconnu son maître,
> La terre a béni son sauveur.
> Delphes, ta gloire est éclipsée,
> En vain ta pythie insensée
> Veut rappeler son dieu qui fuit ;
> Elle sent sa langue enchaînée,
> Et sur son trépied consternée
> Elle pleure Apollon détruit.

La même année fut encore marquée pour M. Duruflé par des succès dans le genre des stances. Il y peignait les sentiments d'un cœur pénitent, paraphrase d'un des psaumes de la pénitence :

très mal de beaux vers », parce qu'ils n'étaient pas « du pupille de la secte encyclopédique », c'est-à-dire de la Harpe, pour qui *Brutus à Servilie* est « dénué d'idées et d'une marche languissante. » (*Corr. litt.*, I, 258.)

Seigneur, ne t'arme pas au jour de ta colère,
Ne tonne pas sur moi dans ta juste fureur;
  Dieu terrible, juge sévère,
  Retiens, retiens ton bras vengeur.

. . . .

J'ai pleuré, j'ai gémi; je veux pleurer encore.
Je flétrirai mes jours usés par les douleurs;
  Depuis le soir jusqu'à l'aurore
  J'inonderai mon lit de pleurs.

. . . .

J'ai dit : et j'ai caché ma honteuse blessure;
J'irai trouver mon juge, et d'un cœur révolté
  Etouffant l'orgueilleux murmure,
  J'avouerai mon iniquité.

. . . .

J'irai moi-même aux pieds de son trône adorable,
La rougeur sur le front, les yeux humiliés,
  Porter la liste épouvantable
  De mes crimes multipliés.

V. *l'article* Basly *et* Midy.

Dusart (*Michel*), professeur en théologie chez les Carmes à Rouen, et en cette qualité juge-né du Palinod, 1776.

Du Thot, de Rouen, se trouve comme poète français parmi ceux dont Adrien Boccage a recueilli les pièces en 1615. On y lit des stances sous son nom à la page 30, où il dit à la Vierge :

. . . .

Si tes grâces pouvaient s'exprimer par le dire,
Je voudrais voir mon corps tout en langues changer,
Ou si quelque autre change à un tel heur aspire,
Je veux avec Prothée à jamais me ranger.

. . . .

Ailleurs, et page 130, du même recueil, il y a une ode où ce qu'il dit de la canicule le fait bien reconnaître, quand elle ne serait pas signée :

> Lorsque l'ardente poitrine
> Du Chien au flair brusle-fleurs
> Loge ta face divine,
> Dont le bel œil achemine
> Et l'hyver et les chaleurs ;
> En vain le plaisant zéphyre
> Verse un respir gracieux,
> Flore estouffée soupire
> Perdant l'honneur de ses yeux.

. . . .

Dutrac, auteur d'un chant royal donné à Jean de Vauquelin, Prince du Palinod de Rouen en 1646. Ces vers étaient sur

> La France en paix au milieu de la guerre.

Duval (Philippe) est connu au Palinod de Rouen pour pour un chant royal sur le

> Pourtraict divin, pourtraict d'humaine race,

qui se trouve dans l'ancien ms. in-4° de cette Académie.

Duval (Jehan) ne se trouve que dans le ms. de la Bibliothèque du roi, n° 6989, au cinquante-huitième chant royal sur la Conception. Cependant il paraît plus fait sur l'Assomption, pour laquelle on donnait aussi des prix comme à Rouen. Voici la troisième strophe :

> Pour moy seras, ce jour, en bonne estraine
> Couronnée de fin or précieux ;

>Amour requiert que je face reyne
>Et maistresse du royaulme des cieulx.
>Je te donray plus de dons spécieux
>Que oncque ne fais à toute créature,
>Plus hault seras que angélique nature.
>Embrasse-moy, ma belle colombelle;
>Viens du Liban, pucelle incomparable,
>Tu es pure, sans péché, toute belle
>Pour triumpher en gloire perdurable.

Duval (dom *Jean*), grand prieur de l'abbaye royale de Saint-Ouen de Rouen, était le cent soixante-septième sur la matricule des Princes et confrères du Palinod de cette ville; et il en donna les prix en 1615. C'est en cette année et sous lui qu'Adrien Boccage publia *les Œuvres poétiques sur le subject de la Conception de la très sainte Vierge, Mère de Dieu, composées par divers autheurs;* in-12, Rouen. C'était aussi la première année séculaire de l'établissement du Puy transféré de Saint-Jean aux Carmes. On ne trouve cependant point de vestiges de la commémoration qu'on en aurait pu faire.

Duval (*Vincent*) fut souvent victorieux dans la lice palinodique à Rouen vers le milieu du XVIIe siècle. Il commença en 1632, sous Adrien Behotte, et finit en 1649 sous François de Harcourt. Outre le second prix de chant royal qu'il reçut du premier pour avoir chanté

>L'image que le Turc n'offense

(C'était celle de la Vierge dans Sainte-Sophie); il fut encore couronné de la même main pour une ode française sur

>L'œil qui ne gèle jamais.

En 1645 il ne s'exerça que dans le genre lyrique, et son ode était sur *la Chasse au faucon*. Deux ans après, une ode également couronnée était sur *le Saint Suaire,* et il y joignit un chant royal sur les *Corrèges*. L'année 1648 fut plus glorieuse encore, ayant mérité le premier prix de chant royal sur l'*Autel élevé par Pythagore,* celui de la ballade et de l'ode française : l'une sur *la Belle de nuit*, l'autre sur la rivière de *la Plata*. Il avait aussi composé deux stances dont les unes obtinrent le premier prix, les autres furent données aux Princes.

Duval l'aîné ne remporta que le second prix de chant royal en 1659; mais ce chant royal est un des plus remarquables par le sujet, ainsi énoncé dans la ligne palinodiale :

   Un beau portrait de difformes figures.

C'était celui de Louis XIII qu'on voyait dans l'optique des Minimes de la place Royale à Paris. En l'année 1653, il avait donné au Prince une ode sur *la Sardoine*.

   Grand Prince, en reconnaissance
   A tant d'insignes faveurs
   Que votre magnificence
   Prodigue à tous les auteurs ;
   Ma muse aussi libérale
   Vous fait présent d'un anneau
   Dont la pierre sans égale
   Est plus riche que l'opale
   Et le ruby le plus beau ;
   C'est une rare sardoine.

V. l'*Encyclopédiana* pour celle des Minimes de la Place-Royale.

Duval, le jeune, se mit sur les rangs au Palinod de Rouen avec le précédent, et remporta en 1659 le premier prix des stances qui étaient sur un temple allégorique.

Duval, de Caen. *La Rose de Jéricho* fut le sujet d'une ballade qu'il adressa au Palinod de Rouen, en 1700, et la Rose fut sa récompense. On avait assigné l'année d'auparavant pour sujet de cette poésie *Judith victorieuse d'Holopherne*.

Duval (*Vincent*), curé de Saint-Germain du Vieux-Corbeil, après l'avoir été de Bry-sur-Marne au sortir du Chapitre de Champeaux, dont il avait été membre, était né à Rouen, ou plutôt à la Haye-Aubrée, dans le Roumois, le 11 mai 1722. Remporta un prix d'allégorie latine en 1740, et celui de l'ode latine en 1745. Lors de la Révolution de 1789, il resta à Paris, où il devint curé de Saint-Jacques-du-Haut-Pas.

De Chavane, ancien principal du collège de Mâcon, avait envoyé en 1773 pour le concours du Palinod de Rouen, l'idylle suivante :

BOLOSKIS

Fuyons, chères brebis, abandonnons ces plaines
Que le fer et le feu ravagent tour à tour.
Hélas ! le temps n'est plus où sans soins et sans peines
Je ne chantais que vous et Liskis mon amour.
    Le son bruyant de la trompette
A banni de ces bois nos paisibles musettes ;
Nos bergers, de douleur, ont brisé leurs pipeaux ;
Et l'amour en courroux s'enfuit de nos hameaux.
Objet de notre deuil, patrie infortunée
        Tes beaux jours se sont éclipsés ;
      A l'esclavage condamnée,

La liberté va voir ses autels renversés.
Des essaims de soldats infestent nos campagnes ;
 Et sur le haut de nos montagnes
  Leurs effroyables bataillons
 Viennent asseoir leurs pavillons.
Fuyez, nous disent-ils, d'une voix de tonnerre :
Vos guérets sont à nous par le droit de la guerre,
Bergers, il faut plier sous de nouvelles lois ;
  Tel est le vouloir de nos rois.
Barbares, arrêtez ! pour le malheur des hommes
  Vos maîtres sont-ils faits ?
Plus cruels mille fois que les ours des forêts,
Voudraient-ils nous ravir la cabane où nous sommes,
  Malgré nos cris, malgré nos traits ?
  Quoi ? du fond de la Sibérie
  Les destructeurs de ma patrie
Viennent, osent-ils dire, apaiser nos débats ;
Eux qui, pour enlever les plus riches provinces
  Au meilleur de nos princes,
Excitaient parmi nous la fureur des combats.
Etait-ce donc, grand Dieu, pour ces peuples coupables
Que ce troupeau chéri croissait dans nos étables ?
Des Russes abhorrés, de barbares Germains
Vont donc jouir en paix du travail de nos mains !
La Prusse à nos dépens accrue et redoutée
Tous les ans cueillera le miel de la contrée.
  Et nous, pasteurs infortunés,
  Au désespoir abandonnés,
Esclaves en des lieux où nous prîmes naissance,
Nous n'aurons que nos pleurs pour unique défense ;
Tandis que trois tyrans, insultant à nos maux,
Règleront à leur gré le sort de ces hameaux.
Non, non ! les Polonais n'eurent jamais de maître ;
  Et périsse à l'instant le traître
  Qui veut s'assujettir à des jougs étrangers.
Que ses troupeaux maudits restent sans paturages,

Qu'ils tombent sous la dent des animaux sauvages,
Que le froid aquilon brûle tous ses vergers.
Boloskis, à son roi toujours berger fidèle,
    Ne servira point de modèle
Aux pâtres scélérats qui violent leur foi.
Un vrai républicain n'est soumis qu'à la loi,
La Vistule au Dniéper ira mêler ses ondes,
Le Turc aura conquis le sceptre des deux mondes,
Avant que ma houlette obéisse aux tyrans.
Dussent-ils à mes yeux immoler mes parents,
Ou ravir dans mes bras ma bergère chérie.
J'aime mieux m'exiler du sein de ma patrie
Que d'y pleurer toujours ma triste liberté.
Tels sont donc vos exploits, ô discordes civiles !
Mais pourquoi me répandre en propos inutiles ?
Allons, chères brebis, chercher la sûreté.
Vous ne bondirez plus dans ces riants bocages ;
Les Russes y viendraient dévorer vos agneaux.
Le ciel vous fournira de nouveau pâturages,
Hâtez-vous de quitter ces malheureux coteaux.

    Etoile du matin, ô Vierge immaculée,
        Daigne guider mes pas errants.
    Tu vois du haut des cieux ma triste destinée ;
        Prends donc pitié de tes enfants.
Veille encore sur les jours du meilleur de nos princes,
Repousse les tyrans qui pillent ses provinces,
Eclaire la valeur de nos braves soldats :
Pour rétablir la paix dans ma chère patrie,
    Et terminer les maux de notre vie,
        Il suffit de ton bras.

Eh bien ! cette pièce admise au concours comme très bonne, l'Académie, après différentes délibérations, a décidé qu'elle présentait *un mérite littéraire très distingué, qu'elle était infiniment supérieure à toutes celles qui ont été envoyées au concours ;* mais que le sujet étant du nombre de ceux que les règlements ne permettent pas d'adopter, elle est dans l'impossibilité de la couronner.

Duval (*Louis-François*), deux fois élu prieur de Saint-Lô de Rouen, en 1745, et mort en 1781, le 4 octobre, très regretté de ses paroissiens. Il fit peu d'usage de son titre comme curé et comme prieur dans l'Académie de la Conception, à cause de ses sentiments particuliers sur un point, touchant lequel on dut toujours avoir une parfaite liberté d'opinion. Il était né à Saint-Germain-en-Laye, le 17 mars 1712. V. les *Affiches de Normandie,* 1781, n° 42.

Duval, sous-doyen de l'église royale et collégiale de Notre-Dame de Melun, couronné à Caen en 1669 pour une ballade sur *la Violette.*

Ducerceau (1), régentant la rhétorique à Rouen vers 1703, fut un des juges du Palinod à cette époque, avant d'aller professer à la Flèche. C'est pendant son séjour à Rouen, qu'il composa, du moins qu'il dédia son *Balthazar* (2) à Charles-François de Montholon, premier président au parlement de Normandie, et *ses Papillons* (3)

---

(1) Ceci n'est qu'une sorte d'appendice à l'article qu'on a lu plus haut.

(2) C'est la première publication connue du P. du Cerceau, Rouen, 1695, in-8°, réimprimée à Paris l'année suivante. Elle prouve que le poète devait dès lors habiter Rouen.

(3) Rouen, 1696, in-8°, et la même année à Paris, dans un recueil.

à Yves-Marie de la Bourdonnaye, Intendant de la même Généralité, père de Louis-François de la Bourdonnaye, depuis aussi décoré de la même dignité ; et l'ode latine qu'il adressa à Ch.-Fr.-Fréd. Montmorency, duc de Luxembourg, gouverneur de Normandie, lors de son entrée à Rouen (1) et une autre à Jacques Colbert, archevêque de Rouen, sur sa convalescence (2).

Dyel (Agnoste), nom supposé sous lequel un poète latin remporta le prix de l'ode latine en 1745. Elle était sur *le Phénix* (au Palinod de Rouen).

SUPPLÉMENT.

D'Amiens (Pierre), qui donna les prix en 1645, est cité par le P. Commire, dans une invitation aux poètes qu'il composa étant juge-né au Puy, en qualité de régent de rhétorique au collège de Rouen.

Denis, chanoine des églises royales et cathédrales de Saint-Aignan et de Sainte-Croix d'Orléans, auteur d'un chant royal qui eut le premier prix au Palinod de Rouen en 1642, sous Ferdinand de Palma. *V.* Raynel.

Delarue (Le P.) était à Alençon en 1681, en qualité de controversiste contre les ministres réformés (3). *V.*

---

(1) C'est une pièce de 4 pp. in-4°, sans date, mais qui fut certainement écrite en 1694.

(2) Elle porte le n° 4 dans la bibliographie de du Cerceau. Elle n'a de même que 4 pp. in-4° et ne porte point de date.

(3) Selon le P. Sommervogel (*Bibl. de la Cie de Jésus*, VII, 297, n° 24), le P. de la Rue, prêchant à Alençon en 1680, critiqua incidemment la version de la Bible publiée à Genève. Le ministre Benoît la défendit, et il en résulta différentes pièces recueillies par l'abbé de Tilladet en 1712.

ses disputes avec eux dans l'*Hist. de l'édit de Nantes*; liv. xvii, t. IV, p. 464, in-4° (1).

Desforges-Maillard. Dans ses poésies chrétiennes, outre les sept psaumes de la pénitence en vers, et sept sonnets sur les sept sacrements, a aussi composé cinq sonnets à l'honneur de la Sainte Vierge pour les Palinods (2).

Drouet (le P.). En 1750, ce nom était connu au Collége de Mazarin, où il étudiait, par une paraphrase en vers latins de l'ode d'Horace (*Epod.* vii) « *Quo quo, scelesti, ruitis?*

E

Elye (Martin), de Rouen, auteur couronné au Palinod de cette ville sous le nom de Mérien, pour une première allégorie latine en 1642. Elle était sur l'eau de vie, *Aqua vitæ.*

Enouf, prêtre au séminaire de Lisieux (3), a remporté au Palinod de Rouen, en 1670, un second prix d'allégorie latine sur *le Phosphore* qui résulte du bois pourri. *V.* l'article Bois luisant.

(1) Par le ministre E. Benoist, 1693-1696, 5 vol. in-4°.
(2) Paul Desforges-Maillard, né au Croisic (1699-1772), a réuni ses œuvres en 2 vol. in-12 (Amsterdam, 1759). Quérard ajoute que dans le *Mercure* il s'est caché sous le nom de Mlle Malcrais de la Vigne.
(3) Jean Enouf, dit des Vignes, né en 1636 à S.-Georges-Montcoq (arr. de S.-Lô, *Manche*), entra chez les Eudistes en 1659, et fut supérieur de la maison de Caen, de 1688 à 1692 (*Note due à l'obligeance du R. P. A. le Doré, supérieur général*).

Escalopier (Pierre l'), prieur de Saint-Lô à Rouen, en 1644, le fut près de quarante ans, et entra au Palinod de Rouen dans le temps où s'y distinguaient les deux Halley de Caen, avec des athlètes dignes d'eux. Il était de Paris et y était né en 1613. Sa mort arriva en 1676.

Escalopier (Nicolas l'), chanoine de Noyon, docteur en la Faculté de Paris, dans le diocèse duquel il était né, concourut aux prix du Palinod de Rouen en 1659 ; il y remporta le premier prix d'allégorie latine. Il avait pris pour sujet *le Melon,* que prit aussi Fontenelle onze ans après sur le même théâtre. Il avait beaucoup d'intelligence pour les affaires, ce qui le fit employer par son évêque. Il résigna dès 1646, et mourut à Paris en 16...

Escuyer, infrà.

Esmangart, nom révéré dans le clergé de Rouen, dans la personne de dom Charles Esmangart, curé de Saint-Maclou, vicaire général du diocèse de Rouen, etc... Mais il s'agit ici d'un autre personnage, non moins considéré dans sa dignité d'intendant de la généralité de Caen et juge honoraire du Puy de cette ville en 1778. C'est à lui qu'ont été adressées des stances, couronnées à ce Puy, sur *le Réveil de l'homme bienfaisant.* C'était son propre tableau qu'on avait peint et qu'on lui offrait (V. *Esprit des Journaux,* août 1776, p. 225).

Esneval (Anne-Robert-Claude le Roux d'), président à mortier au parlement de Normandie, prince du Palinod de Rouen, en 1734, né en cette ville le 21 mars 1686, sur Saint-Amand, avait fait ses preuves sur le parnasse latin quand il présida les muses du Palinod. Etant encore au collège Louis-le-Grand, il composa deux pièces de vers sur la mort du père du Régent, l'une en vers élégiaques, l'autre en grands vers.

Ceux de son nom et de sa famille qui avaient illustré la robe avant lui sont caractérisés dans les vers de J.-B. le Chandelier sur les premiers chefs de la magistrature normande. Il décéda à Rouen dans sa maison natale, le 20 novembre 1766. La cérémonie de son transport de Rouen à sa terre de Pavilly est décrite dans les *Affiches de Normandie*, même année.

V. l'article Acquigny.

Espernon (*Jean d'*) était le soixante-dix-neuvième sur le tableau des Princes et associés du Palinod de Rouen. Quelque grandeur qu'annonçât ce nom, il ne paraît cependant pas que celui qui le portait ait été chef et Président de l'association.

Esquetot (*Robert d'*), seigneur de Bouville, conseiller au parlement de Rouen. J.-B. le Chandelier en parle dans son poème latin sur cette cour souveraine, et le met trente-sixième des conseillers créés depuis 1500. Bourgueville en parle en ces termes, ou plutôt M° Nicole Aubert, de Carentan, dont il rapporte les vers sur les premiers magistrats de Rouen :

> Je souhaite à Monsieur d'Ectot
> L'interprète Sérapion,
> Pour bien trousser un Palinot
> Plus doux que la harpe Amphion.
>   Etc.

D'où l'on peut inférer que ce juge avait composé quelques poésies avant peut-être ou au moins depuis l'établissement du Palinod. Il était le vingtième sur le tableau de ceux qui en avaient été Princes, et étaient pour le devenir. Sa fille aînée a été inhumée aux Carmes de la ville sous le nom de dame du Gravier. Il y avait une fondation d'elle en 1575. *V.* plus bas *Fèvre d'Esquetot (Pierre le).*

Essarts (Martin des), ancienne famille de Rouen, dont quelques-uns, Jacques et Pierre, inhumés à Sainte-Catherine ou Trinité-du-Mont. Le père de celui-ci le fut à Notre-Dame-de-la-Ronde en 1483, et il y a de ses descendants qui ont été dans les charges municipales et les députations aux Etats au commencement du xviie siècle. Ils portaient de gueules à un sautoir dentelé d'or. Quant à Martin des Essarts, on ignore s'il fut à la tête du Palinod de Rouen. Il était le soixante-troisième sur le tableau de ceux qui y étaient destinés.

Estampes (Louis Roger, marquis *d'),* baron hault-justicier de Mauny, Touberville, Jouvaux, la Houssaye, etc. Elu Prince du Palinod pour l'année 1738, il portait d'azur échiqueté d'or au chef d'argent chargé de trois couronnes d'or. Un nom si connu dans l'histoire de la province et même du royaume ne pouvait manquer d'être un puissant aiguillon pour les auteurs palinodiques ; et, en effet, le concours fut nombreux et brillant. L'Assomption de la Sainte Vierge était le sujet indiqué pour le prix de l'hymne, et elle fut aussi la matière d'une ode française où l'on rappelle le premier centenaire du vœu de Louis XIII.

> Ce héros qui, dans la Rochelle,
> Armé pour défendre nos droits,
> Triompha d'un peuple rebelle
> Met son empire sous vos lois.

> De ses aïeux suivant les traces,
> Louis, digne des mêmes grâces,
> Renouvelle les mêmes vœux.
> Vierge sainte, notre espérance,
> Conservez à l'heureuse France
> Ce monarque victorieux.

Par une rencontre assez singulière et d'un autre genre, il se trouve que Louis le Juste est celui-là même dans le cabinet duquel François d'Estampes, marquis de Mauny, aïeul du Prince du Palinod, entra, lorsque le roi donnait audience au cardinal Richelieu. Le monarque lui demande en bégayant : « Que voulez-vous ma-a-a-ar-quis de Mauny ? » Le marquis qui bégayait encore plus que son maître, répondit : « Sire, je, je, je viens di, di, dire etc. » Le roi, croyant que Mauny le contrefaisait, le prit rudement par le bras et le voulait faire tuer par ses gardes. Mais le cardinal apaisa le roi, en disant : « Votre Majesté ne sait donc pas que Mauny est né bègue ? De grâce, pardonnez-lui un défaut dont il n'est pas même responsable devant Dieu. » Le roi, honteux de sa promptitude, embrasse Mauny, et l'aima toujours.

V. dans les œuvres du P. Commire une ode latine à Jean d'Estampes, l'un des aïeux, t. II, p. 77.

Etoile (*Mme de l'*), à Paris. On a déjà parlé de cette muse à l'art. Couteulx, pour l'année 1771, où il était Prince du Palinod de Rouen et où il la couronna pour une idylle sur *le Réveil d'Abel* (1) ; mais elle avait été déjà applaudie sur la même scène, l'année précédente, pour une ode française imitée du premier cantique de Moyse (*Exod.* xv).

(1) Le quatrain qui lui fut adressé à l'occasion de ce prix a paru le 11 janvier 1771 dans les *Affiches de Normandie*.

> Chante, fils d'Israël; célèbre la victoire
> Du Dieu qui, sur l'Egypte, a signalé sa gloire,
> Qui dans le sein des mers guida tes pas errants.
> L'Egyptien barbare, ardent à ta poursuite,
> De ses nombreux coursiers a vu périr l'élite :
> Dieu commande et l'abyme engloutit les tyrans.
>   Etc.

Escuyer (*l'*), de Rouen, poète latin lyrique, auteur d'une ode alcaïque sur *Jonas*, pour laquelle lui fut adjugée la Ruche d'argent, en 1698.

Eudemare (*François d'*), de Rouen, poète lauréat et juge académicien du Palinod de cette ville, y avait été couronné en 1599 pour des stances imprimées dans son *Histoire de Guillaume le Conquérant*, 227, et dans le Recueil d'Adrien Boccage, p. 15. Le prix qu'il reçut de M. de Saldaigne, Prince de cette année, était un Apollon d'argent. Sa dernière strophe porte :

> Ne me reprenez point, ô belle entre les belles,
> Si je chante si peu votre divinité;
> Vous voyez bien comment vos beautez immortelles
> Me cachent votre gloire en leur infinité.

Le terme *divinité* est répréhensible, même en vers; et c'est pour empêcher que les poètes ne prennent de pareilles licences que M. Desmarets, Prince en 1701, fit annoncer dans le programme de ne point se servir d'expressions qui choquassent les oreilles pies. On voit encore de lui (d'Eudemare) d'autres pièces dans le même Recueil; des stances sur *le Concept*, p. 23; un chant royal sur « l'unique jour qui fut sans nuit au monde » (à Gabaon), p. 52; un autre, p. 85, sur le grand-prêtre *Jaddus devant Alexandre*; puis une ode française sur *le*

Tournesol, p. 129 ; et une dernière sur la Conception, p. 134. Les vers ne furent pas son seul talent ni son unique occupation : outre son *Histoire de Guillaume le Bastard*, on a de lui *le Promenoir sacerdotal; les Tapisseries sacrées;* des *Institutions* traduites du latin; autre traduction des *Six ailes du Chérubin* de saint Bonaventure. Enfin de *la Discrétion spirituelle,* contre le jugement téméraire. Ce petit ouvrage, in-16, est terminé par sept sonnets, dont le cinquième est :

>Mondains, que voyez-vous dans ces déserts sauvages
>Des fleurs qu'une aube esclot, et qu'un vespre destruit;
>Des roseaux vacillans, de beaux arbres sans fruict,
>Et pour des fermes corps des errantes images.
>
>Que voyez-vous, mondains, plus bas à ces rivages?
>Un beau jour, mais qui cèle en ses rais une nuit,
>Des prés où maint serpent sur l'herbe se conduict,
>Des brèves libertez, des éternels servages.
>
>Las! aussi c'est au ciel où flambent les clartez
>Et des beautez du jour et du jour des beautez;
>Mais là, faibles mondains, votre lumière est vaine.
>
>O miroir de la mort, objets fallacieux ;
>O mondains aveuglez, levez au ciel vos yeux,
>Pour aymer son amour qui hayt tant votre hayne.

Cet écrivain mourut à Rouen le 2 juillet 1635 ; inhumé au cimetière Saint-Maur, chapelle de Saint-Nicolas (1).

(1) Outre les ouvrages généralement connus, d'Eudemare a encore écrit : *Epîtres de S. Ignace,* traduction ; 1615, in-8º ; — *sur les Pseaumes*, Rouen, 1628, in-8º; — *S. Hierosme, de la vie des clercs*, Rouen, 1633, in-8º. — On cite sous la date de 1626 son *Histoire des Nopces de S. Joseph.* Est-ce bien une réimpression?

M. de Beaurepaire nous apprend que d'Eudemare fut l'ami et le

Eudemare (Georges d'), de Rouen, poète français, dont on trouve non seulement un quatrain après la préface des *Institutions* du précédent, mais encore un sonnet au nombre des pièces qui sont à la tête du Recueil d'Adrien Boccage sur la Conception :

> Tu prends ici le vol, Euranie normande ;
> Portée d'un zéphir dans toy même naissant,
> Béniste du subject que tu vas benissant,
> Et qui, rendu plus grand, rend ta gloire plus grande.
>
> Tu n'aimes à voler parmi la vaine bande
> Des suivans d'Eraton qui, follement lanceant
> Ses soupirs dans les cieux, va l'air obscurcissant ;
> Car il faut que ton œil contre son feu se bande.
>
> Mais vois-tu point là-haut ses flammèches en l'air ?
> Il semble qu'ils voudraient enfin le ciel brusler ;
> Estein donc ton flambeau du souffle de ton aisle :
>
> Si qu'esteint, il revient, admirant ta beauté,
> A prendre peu à peu la cire de ton zèle
> Pour rallumer sa mèche aux rais de ta clarté.

Evesque (Pierre l') remporta le second prix du chant royal au Palinod de Rouen, en 1617, sur *le Temps*, sous la principauté de Guillaume Anfrye de Chaulieu.

> Je veux chanter le temps qui s'origine
> Du premier ciel qui meut les autres cieux.

Evesque (Henri l'), de Rouen, professeur au collège de Montaigu, à Paris, avait auparavant été couronné

collaborateur du savant chanoine J. Le Prevost (Voir plus loin son article). Il le signale comme controversiste, et remarque que son inhumation au cimetière de S.-Maur tient à ce qu'il était mort de la peste (*Revue cathol. de Norm.*, VII, 198).

deux fois au Palinod de Rouen, en 1752 et 1753, et chaque fois avait remporté le premier prix d'allégorie latine, sur *la Convalescence du Dauphin*, l'autre sur *la Naissance du duc d'Aquitaine*.

SUPPLÉMENT

Empérière (*Siméon de l'*), dominicain, d'Argentan, célèbre prédicateur de son temps (1) vers 1560 (Masseville).

Estampes (le marquis *d'*). *V.* sa généalogie dans *le Mercure* de mai 1755, à l'occasion du mariage de son fils, p. 202 et suivantes.

F

Fabry, le Febvre (*Pierre*), second Prince du Palinod de Rouen, en 1487. Ce que dit Jean de Launoy de ce Quintilien de la Normandie est si contradictoire avec ce qu'en ont écrit Masseville, Goujet, etc., qu'on serait porté à croire qu'il y a eu deux auteurs du même nom : celui de Jean de Launoy serait né à Amiens, aurait été professeur d'humanités, puis d'éloquence, à Paris, serait devenu membre de la maison et Société de Navarre, vers 1556, puis curé de Meray, où il composa son *grand Art de Rhétorique*, et serait mort après vingt-huit ans de ministère à la fin de février 1585; ayant été éditeur de l'*Explication des Hymnes*, par J. Le Blanc (son prédécesseur), en 1565. Paris, J. Macé.

(1) Il ne paraît pas qu'il ait rien publié : car on ne trouve pas son nom dans Quétif et Echard. — Guiot a repris presque textuellement ce qu'en dit Masseville, *Hist. de Normandie*, VI, 53.

Celui de Masseville, au contraire, et de Goujet, est de Rouen, comme le porte le titre même du *Grand et vray Art de Rhétorique*, publié en 1521, à Paris, suivant celui-ci, en 1539, in-8º, suivant celui-là, qui s'est trompé de libraires, lesquels se nommaient Cavailler et Seryount. C'est que l'un cite la première édition, l'autre la troisième et dernière, car il y en avait une seconde de 1531, petit in-12 gothique, Paris, Denis Janet, toutes bien antérieures à celles que Launoy suppose, puisqu'il ne lui fait composer sa *Rhétorique* que dans sa cure, où d'après son système, P. Fabry ne put guère aller que vers 1560; ce qui est formellement détruit par l'existence des dites éditions ci-relatées.

Il faut donc abandonner Launoy et son sentiment; d'ailleurs, si P. Fabry eût été d'Amiens, pourquoi, ayant dans sa ville natale un Puy ou Palinod semblable à celui de Rouen, n'a-t-il pas travaillé de préférence pour sa patrie. Or il dit expressément dans la préface de la seconde partie qu'il l'avait composé (son *grand Art*) *à celle fin que les dévots facteurs du chant royal du Puy de l'Immaculée Conception de la Vierge ayent plus ardent désir de composer, tout qu'ils en cognoissent la manière par laquelle leur dévotion croistra*. Ses liaisons avec la famille de P. Daré de Châteauroux lui firent seconder particulièrement les vues qu'on y avait d'établir et soutenir un Puy en l'honneur de la Vierge immaculée, et il fut enrôlé le second au tableau de ceux qui devaient en donner les prix, à l'exemple du fondateur. Il donna dans la suite à ses confrères la qualité de ses très honorés seigneurs et maîtres. Il ne couronna qu'une pièce de vers et qu'un auteur, le même L. Chapperon qui avait été proclamé vainqueur l'année précédente, mais pour un autre chant royal, dont le refrain était en parlant de la Vierge

> Royne des cieulx, sans tache et toute belle.

Avant de donner sa *Rhétorique*, P. Fabry composa un ouvrage en forme de drame, vers 1516, intitulé : *Epitaphes faictes à Rouen, du feu roi Loys, par M. P. Fabry*.

> Au temps que lors le fils de Ypérion
> Si se trouva en haulte région,
> En sa maison d'Erigone la belle,
> Il vint ung bruist de lamentation ;
> Jamais n'advint plus piteuse nouvelle.
> Haa, faulce mort, à tous humains rebelle,
> Comme as-tu prins ce très craint Roy Loys ?
> Pas ne debvois luy estre si cruelle.
>   Etc.

Ces poésies sont en plusieurs pages in-fol. dans un recueil de la Bibliothèque du duc de la Vallière, sur papier n° 92, relié avec *le Triomphe des Normans*, joué au Puy de Rouen en 1499 (1).

(1) Guiot n'a pas connu un précédent ouvrage de Fabri, car il l'eût certainement cité, tant il rentre dans son sujet. C'est le *Dialogue nommé le défenseur de la Conception, par P. Fabri, curé de Merey*. Roüen, Martin Morin, 1514, in-4° (Biblioth. Telleriana, p. 49).

Au reste, tout ce qui regarde P. Fabri a été très bien exposé par M. Héron dans son excellente introduction à la réimpression qu'en ont faite les Bibliophiles normands en 1889-1890 (3 vol. pet. in-4°). Il en résulte que P. Fabri, prêtre, docteur ès arts, et vraisemblablement professeur, doit avoir été l'un des fondateurs du Palinod. Il écrivait dès 1483 ; mais sa Rhétorique est une œuvre posthume qui n'en eut pas moins six éditions de 1521 à 1544.

Faé (Adrien le) remporta le Lis au Palinod de Rouen en 1625, sous Claude du Rosel, son sujet était le *Miroir qui représente le vif et le mort*.

Fanet, de Caen, couronné au Puy de cette ville en 1770, pour une épigramme latine sur *le Mariage de Louis XVI*.

Faulcon de Rys (Alexandre), chevalier, seigneur de Rys, conseiller du roi en ses conseils d'Etat et privé, premier président en son parlement de Normandie, était le cent quatre-vingt-quatrième sur la liste des confrères et Princes du Palinod de Rouen, et y donna les prix en 1637. Le poète Charleval de Ris put être du nombre des lauréats, mais sans qu'on en ait aucune certitude, aucune des pièces couronnées ne se trouvant dans les registres de l'Académie, quoique les années précédentes et suivantes y soient avec tous leurs détails. Un de ses neveux, prieur curé de Saint-Guenault à Corbeil, en 1720, aurait pu en conserver l'imprimé dans la bibliothèque de son bénéfice. On n'a pas été plus heureux à l'y trouver qu'autre part. C'est au premier Président que Pierre Marbeuf, ancien lauréat du Puy, adressa son vœu sur *le Temple de la Justice*. Dans le Recueil de ses vers, p. 48, édit. de 1628, il l'appelle

> O juge des juges l'exemple,
> Chéri du peuple, aimé des rois,
> Recevez, *ajoute-t-il,* le dessein d'un temple
> Qu'on bâtit au père des lois.
> Mais puisqu'il faut que l'on bâtisse
> Le temple au nom de la justice,
> Vos actes de juge sont tels,
> Qu'auparavant que l'on le trace

> Il faut savoir en quelle place
> L'on mettra pour vous des autels.

Il fait ensuite allusion aux troubles de Rouen au XVIIe siècle, et au nom d'Alexandre, prénom du magistrat :

> Contre une tempête civile
> Quand le secours de votre voix
> Fit venir dedans nostre ville
> Le roy, ses armes et ses lois ;
> Nous devions, par reconnaissance
> Des effets de ceste puissance,
> Avec raison confesser tous
> Que depuis la mort d'Alexandre
> L'on n'a vu personne entreprendre
> D'estre Alexandre comme vous.

> Ces vers icy que je vous porte
> Partent d'un cœur dévocieux :
> Car je vous parle de la sorte
> Que je voudrais parler aux dieux.
> Que si la peinture vivante
> Du pinceau parlant que je vante
> Me fait un Apelle nouveau,
> Permettez-moi de l'entreprendre ;
> Vous serez le seul Alexandre
> Que je réserve à mon pinceau.

M. de Ris mourut à Rouen le 10 février 1638, à soixante-quatre ans, et gît aux Carmes de la ville (1).

Fauconnet, avocat au parlement de Rouen, donna un sonnet au Palinod de Rouen, en 1674. Ses vers étaient sur *César*.

(1) Voir la notice sur les Faucon de Ris que M. de Beaurepaire a publiée en 1896-1897 dans *la Normandie*.

Favier (*Marc-Barthélemy*), né à Paris en 1719, professeur à Saint-Lô de Rouen en 1744, et à ce titre juge-né au Palinod de cette ville.

Favier (*Claude*) a remporté la Palme d'or, premier prix du chant royal, en 1615, sous la principauté de dom Jean Duval au Palinod de Rouen (1). Ses vers étaient sur *la Manne*.

Fauvel ou *Faulvel* (*Nicole*), religieux du Boscachard, diocèse de Rouen (2), couronné au Palinod de cette ville, en 1498, pour un chant royal dont le refrain était :

> Vierge et mere sans tache conçue.

et l'envoy :

> Se vous l'aimez, soutenez sa querelle
> Vous qui par Elle avez grâce reçue ;
> Et la nommez, quelque erreur qu'on querelle,
> Vierge et mère sans tache conçue.

Fauvel (*frère Jacques*), ce qui annonce un religieux comme le précédent, ne fit que donner ses vers en 1544 au Palinod de Rouen. C'était une ballade sur les cinq sens, et un rondeau dont le premier vers

> Au grey du roi qui tout lye et deslye

par allusion au nom du Prince Jacques le Lieur.

Febvre ou *Fèvre* (*Guilbert* ou *Gilbert le*), Prince du Puy à Rouen, dit la Croix du Maine (3) (en 1521), poète

---

(1) Cl. Favier fut un poète assez remarquable pour que les *Annales poétiques* en aient donné une notice (XVI, 272).

(2) Aujourd'hui Bourg-Achard, arr. de Pont-Audemer, Eure.

(3) Tome Ier, p. 282, éd. 1772, par Rigoley de Juvigny.

français. Il a écrit, ajoute-t-il, quelques rondeaux, ballades ou chants royaux en l'honneur de la Vierge, imprimés avec un Recueil de même subject. Sur quoi la Monnoye met une note où il explique ce que c'est que Puy. Il définit avec peu d'exactitude ce que c'est que Prince, en disant qu'on appelait Prince le poète à qui le prix était déféré; ce qui manque de justesse. Il n'y a jamais eu d'autres Princes que ceux d'entre les confrères qui étaient élus pour faire les frais de l'association et du Palinod ; et Gilbert le Fèvre ne l'a jamais été autrement, quoique d'ailleurs il ait pu avoir une réputation sur le Parnasse français.

Febvre (Nicolas le) présenta au Palinod de Rouen, en 1544, un chant royal avec ce refrain :

D'un pécheur fille et de grâce la mère

Puis, en 1545, une ballade sur le

Concept pur entre impurs ennemis.

Febvre (Claude le), connu au Palinod de Rouen pour un chant royal et une ballade qu'il présenta en 1544 et l'année suivante sur un

Corps vif sans chair, (et une) âme vive sans vie

et le

Concept vif en concept de mort.

Febvre (Jean le) n'envoya au Palinod de Rouen, en 1545, qu'une ballade en la personne de Marie, avec ce refrain monosyllabique

Mal du mal, et du bien le bien.

Febre (*le*), chanoine régulier au prieuré de Saint-Thomas-le-Martyr du Mont-aux-Malades, proche Rouen. Il remporta, en 1664, au Palinod de cette ville, l'Anneau d'or pour un sonnet qui était sur *une Fontaine d'eau douce*, qui jaillit de cinquante coudées dans la mer de Phénicie.

Febre, quelqu'un probablement des précédents, composa le chant royal suivant, où son nom est latinisé et acrostiche. Il est sur *la Rose* et cite Macer pour son auteur :

Dici flos florum nobis Rosa jure videtur,
Quæ specie cunctos præcedat odoreque flores.

F	Facteurs experts de la bende vermeille
	Qui de dicter souvent avez prins temps,
	Approchez-vous (nuls de vous ne sommeille)
	A la Rose du gracieux printemps.
	C'est une fleur de vertu magnifique,
Exor-	Tesmoing Macer qui la dict en distique
dium.	Estre la fleur qui plus complaist aux yeulx,
	La plus belle qui sent et flore mieulx
	Que nul aultre. Doncques la renommée
	La définit, jouxte l'escript des vieux,
	Rose de may, la fleur des fleurs nommée.
A	Ainsi fut fait par ordre naturelle
	Que le roy *Sol* après yeux contens (*sic*),
	Ayma *Tellus* d'une amour non pareille,
	En luy donnant ses désirs et prétends
	Celluy logé à l'enseigne Eccliptique
Decla-	En la maison de droicts bénéfique,
ratio.	Envoya tost *Zephyrus* valeureux
	Pour expeller *Boréas* furieux
	Et consoler *Tellus,* sa bien-aymée,
	Qui pour tout don lui céda sur ses fieux
	Rose de may, la fleur des fleurs nommée.

B   Bientôt après doncques Flora la belle
              Par cas secret fut hors de ses attents,
              Celle rose fructifia sans qu'elle
Confir-   Perdit fieulx, odeurs, couleurs, ni tems.
matio.   Quel fruict ce fut, il n'est qui le pratique,
              Comme la rose doulx est et spécieux :
              Davantage lui *sont* délicieux (*sic*)
              Pour ce soustien la secte réclamée,
              Des médecins prospectifs spacieux,
              Rose de May, la fleur des fleurs nommée.

E   Espanuye ceste rose ténelle,
              Combien qu'elle eust produit fruicts compétans,
              Vint au plaisir et pensée supernelle
              De trois nymphes dont les noms sont patens :
              Melpomène comme la plus antique
Insi-   Drame l'arrousoit en façon mirifique (*sic*) ;
nuatio.   Pour *Thalia*, de chœur franc et joyeulx,
              L'estanchonnoit de verges et de pieulx.
              Et *Erato* sous la belle ramée
              Soigneusement gardait des envieux
              Rose de May, la fleur des fleurs nommée.

R   Reste que *Sol*, au grand train et sequelle,
              Après que ailleurs eust prins son passetems,
              Remist loüer au dangeon et tournelle
              Soubs *Aries*, dont tous furent contens.
Conclu-   Ainsy ce fruict, comme hault juridique,
sio.   Voulut cueillir ce fruict tant gratieux,
              Sans quelque amer, si très solatieux,
              Que de l'odeur sa court fut embasmée ;
              Et disaient tous en vers omélieux
              Rose de May, la fleur des fleurs nommée.

ENVOY

              Prince Phœbus, des orbes radieux,
Petitio.   Influe sur nous, purge l'air odieux ;

> Afin que ayons de l'odeur imprimée
> De ce doulx fruict, et sentions en tous lieux
> Rose de May, la fleur des fleurs nommée.

Ce chant royal est suivi d'un sonnet et d'un quatrain sur le même sujet, avec une vignette représentant une rose de may, le tout avec cette signature : *inexperto venia Fabro*. C'est peut-être le suivant.

Febre (*Guy le*). V. *Boderie* et *Toussaint*. V. plus bas *Févre*.

Ferrand (*Guillaume*) eut le second prix de stances, en 1632, au Palinod de Rouen, sous Louis Bretel :

> Quand je vois le tonnerre, espargnant le laurier,
> Brusler, briser, broyer les grands cèdres en poudre;
> Pourquoi, dis-je, mon Dieu, par un don singulier
> N'exempterais-tu pas ta mère de la foudre.

Et à l'occasion du Soleil qui était le symbole du prix qu'il remporta, il dit :

> Quand j'aperçois Titan son flambeau rallumer,
> Et du profond des eaux tirer sa belle face,
> Je te vois, ce me semble, Estoille de la mer,
> Des vagues du péché sortir pleine de grâce.

Ferrand (*David*), de Rouen, imprimeur (1), auteur de la *Muse normande*, in-12, 1655, de 484 pages, ouvrage

---

(1) Depuis longtemps l'érudition locale se préoccupait de réimprimer ce poète rarissime, l'un des plus curieux auteurs rouennais du grand siècle. La Société rouennaise de Bibliophiles en a enfin procuré une nouvelle édition en 5 vol. pet. in-4° (Rouen, 1891-1895, et le commentaire de M. Héron en a savamment éclairé les nombreuses obscurités historiques et grammaticales.

moins souvent sérieux que plaisant et bouffon, où se trouvent plusieurs poésies sur la Conception, non couronnées toutefois au Palinod pour lequel elles avaient été composées; telles sont celles des pages 325 et suivantes :

> La Reine en paix au milieu de la guerre ;

p. 419, sur la victoire de David terrassant Goliath, avec allusion au prénom de l'auteur. Ces deux chants royaux sont de 1645 et 1650. La première strophe du dernier donnera une idée de son talent dans le genre sérieux :

> Un feu divin dans mon âme étincelle
> Dont la chaleur ma fureur renouvelle,
> Vieil combattant, je parais en ces lieux,
> J'entre en la lice, et l'ardeur de mon zèle
> Ne me promet qu'un effet glorieux.
> Divin harpeur, dont la docte faconde
> A pris l'essor sur la terre et sur l'onde,
> Vray truchement des oracles divers,
> Forme ma voix et me preste assistance
> Pour bien chanter par tout cet univers
> D'un petit bras une grande puissance.

Il était plus heureux dans le grotesque. Aussi tous les ans était-il le Scarron et le Vadé du Palinod au banquet des Princes, qui se faisait après la cérémonie du couronnement. C'est là qu'il réussissait ; témoin ce sonnet (1) qui fut fait à table le soir sur la ligne que donna le Prince, qui est celle de la conclusion du sonnet, dont l'auteur en emporta le prix, qui était une Boîte d'anis (1651) :

---

(1) C'est le dernier des « trois sonnets faits sur le champ » qui terminent la dix-neuvième partie de la *Muse normande*, t. II, p. 305, édit. Héron. Ce texte offre une variante excellente :
> Noé se sauve en l'arche...

Dieu voyant que son peuple, endurcy dans l'offense
Mesprisait le conseil qu'on lui donnait des cieux,
Contre sa dureté il devint furieux,
Et retira de lui l'effect de sa clemence.

L'eau punit aussitôt sa trop grande insolence.
Noé se lève en l'arche et en sortit joyeux,
Et cultivant la terre il advise en ces lieux
Une chèvre broutant un fruit plein d'excellence.

Ce dévot patriarche ayant vu l'animal
Sauteler en mangeant un mets si cordial,
S'approche de la vigne et prend sa grappe noire.

Il l'admire, la presse et goûte de son jus
En donne à ses enfants, et leur dit au surplus :
« Le vin est excellent, il nous en faut tous boire. »

Au reste, ce n'est pas là le langage qu'il aimait le plus à tenir dans ses poésies. Mais, pour l'entendre, il faudrait entrer dans des détails étrangers à cet ouvrage, pour dire ce que c'est que le *purin* de Rouen, et en expliquer les exemples.

Ferard (Joseph), professeur d'éloquence à la ville d'Eu, sa patrie, couronné au Palinod de Rouen pour deux odes, dont l'une latine, l'autre française, en 1760. Le fameux vers de Lucain [I, 128]

Victrix causa diis placuit, sed victa Catoni,

fut le sujet de la première, et la seconde était sur la *fragilité humaine* :

. . . .
Vils esclaves de la Fortune,
J'ai vu ramper tous les mortels ;
Partout une foule importune

Encensait ses pompeux autels
Ils s'épuisent en sacrifices
Pour obtenir de ses caprices
Le faux bien qui les éblouit.
La mort vient : à ce coup funeste
Le temps fuit, l'éternité reste,
Et le monde s'évanouit.

Le chrétien est en cette vie
Le seul sage, le seul heureux;
Le ciel, sa dernière patrie,
Reçoit son encens et ses vœux.
A sa foi sa raison docile
Lui rend son néant même utile,
Ses misères font sa grandeur :
Son pouvoir est dans sa faiblesse,
Dans la pauvreté sa richesse,
Dans ses souffrances, son bonheur.
Etc.

Féré (J.), auteur d'un rondeau envoyé au Palinod de Rouen en 1544. Il commençait par

De bien en bien, de grâce en grâce ay sceu.

Ferrière-Courcel (la), de Caen, couronné au Palinod de Rouen, pour un sonnet sur *le Flux et le Reflux de la mer*, en 1674. *V*. Courcel.

Feuardent (François), franciscain de la grande observance, né à Coutances en 1541 (1), avait sauvé des flammes

---

(1) Il faut, selon la remarque de Niceron, reporter à 1639 la naissance de Feuardent. Ce moine justifia son nom par l'activité et l'ardeur de ses controverses, excessives au gré de quelques-uns, et il eut sur les choses religieuses une influence considérable. Plusieurs

la cathédrale de Bayeux en détournant les calvinistes d'y mettre le feu et leur conseillant de l'employer à quelque établissement utile. Cette particularité a été saisie et célébrée par un poète de Caen en 1777 sur le Puy de cette ville.

> *Ergo ratum est eheu! sedes augusta Tonantis,*
> *Egregium artis opus, flammis ferroque peribit.*
> *Fallor, adest precibus supplex vultuque modesto*
> *Inclyta Francisci proles quæ barbara tractat*
> *Pectora : colloquiis jam Fevardentus amicis*
> *Molliit indociles animos, arcetque ruinas.*

V. l'art. Lorier. — Feuardent mourut le 1er janvier 1610. Il avait répondu aux lettres d'un calviniste contre la Sainte Vierge. (*V.* ses œuvres, in-8°.)

Feugère (*Sébastien*) a remporté en 1694 au Palinod de Rouen le prix de l'ode latine. Elle était sur la *Fille de Stilicon*, qu'Honorius épousa.

Feugère (*A.-R.*) de Bouie, concourut aux prix du Palinod de Rouen en 1698 dans le genre de l'allégorie latine. La sienne était sur *Tobie*, et il eut le Laurier.

Feuguerolles (*de*), avocat au présidial de Caen, poète français et lauréat sur les deux théâtres palinodiques de

---

de ses ouvrages ont été réimprimés même après sa mort : par exemple *S. Polycarpe et Arnobe*, Paris, 1639, in-fol.; ses travaux sur S. Irénée ont été repris par tous les éditeurs plus récents. Sa *Theomachia calvinistica*, in-folio dans l'éd. originale, reparut en deux in-4° à Cologne en 1629. Citons encore ses *Réponses modestes aux aphorismes de Me J. Brouaut* (A. Pottier a écrit *Brovart*); Paris, 1601, in-12 ; et *Homiliæ per Adventum;* Paris, 1605, in-8°.

Vers la fin de sa vie, Feuardent fit œuvre de Normand par son *Histoire de la fondation... du Mont-S.-Michel.* Coutances, 1604 et 1616. Ce livre a été traduit en italien.

Caen et de Rouen, à la fin du xvııᵉ siècle. Son début dans la première de ces deux villes fut une ballade sur la main d'un catholique incombustible dans un bûcher :

> Tyran, pour prix de ta vengeance,
> Vois-la, sous ce bois enchanté,
> Confondre encore avec constance
> L'hérésie et l'impiété.

C'était en 1680, où il remporta deux autres prix : un du sonnet sur *Joas*, un autre de l'ode française sur saint Romain, archevêque de Rouen. L'année suivante, il revint à son premier sujet, et de sa ballade il fit un chant royal dont le refrain était :

> Dans les brasiers une main sans dommage.

Une autre ballade sur la pantorbe, et un dixain sur la même pierre précieuse lui en valurent les prix, dont il remercia les juges dans une seule et même pièce de vers. Un sonnet sur l'*Alcyon* avec une ode française sur *Joas* complétèrent sa moisson pour cette année. Il semble abandonner le champ à d'autres en 1682. Il alla à Rouen s'essayer avec d'autres concurrents ; il leur enleva le prix de l'ode française et celui des premières stances : *Hésione* était le sujet de sa première pièce, et les autres vers étaient sur *Joas,* fils d'Alys. Il obtint encore le premier prix du chant royal à Rouen en 1683, et le second du même genre à Caen avec la même pièce sur *Sainte Thècle*. Deux autres prix du sonnet couronnèrent ses succès à Caen dans la même séance ; l'un était sur *la fortune d'Alexandre*, l'autre sur l'*Oiseau des Atlantides*.

Feuillet (Emmanuel), professeur d'humanités à Caen, avait envoyé au Palinod de Rouen une allégorie latine sur l'*Immortalité de l'âme* en 1648, et reçut le second prix. Il mérita le premier du même genre en 1651. Sa pièce était sur *Achille*.

Fevre (noble homme *Pierre le*), sieur d'Esquetot, jadis conseiller et échevin de la ville de Rouen, qui décéda le 9 février 1601, était le cent trente et unième sur la matricule des Princes et associés du Palinod de cette ville. Inhumé à Saint-Lô.

Fevre (noble et sage homme, *M. Toussaint le*), docteur en théologie de la Faculté de Paris, chanoine théologal et pénitencier de l'église cathédrale de Rouen, fut Prince du Palinod de cette ville en 1621. Le poète qui marqua davantage parmi ceux couronnés de sa main est J. Auvray. *V.* son article.

Fillastre ou *Filleul* (*Pierre*), en latin *Filiaster*, remporta l'Étoile en 1614 au Palinod de Rouen, c'est-à-dire le second prix de l'allégorie latine. Celle qu'il présenta était sur la plante *Roraria* ou *Ros-solis*, sujet déjà et souvent traité tant en latin qu'en français.

Fitz-James (*François*, duc de), pair de France, évêque de Soissons, abbé de Saint-Georges-Boscherville, puis de Saint-Victor de Paris, Prince du Palinod de Rouen en 1737. Ce n'est ni une vie détaillée ni un éloge soutenu qu'il s'agit de donner ici ; c'est un protecteur qu'il faut présenter avec sa générosité naturelle, et environné de ceux dont la couronne rehaussait la sienne, au jour de sa Principauté académique, qui fut sans contredit un des plus beaux de sa vie. Plus d'un siècle avant lui un abbé de Saint-Victor, dont il était le troisième successeur dans la même commende, archevêque de Rouen où il était vicaire général, avait donné les prix qu'il allait donner dans le même lycée.

Les programmes avaient fait leur effet, et le concours fut un des plus célèbres. De six lauréats, il y en eut quatre réguliers, dont trois génovéfains, chez lesquels il demeurait à Rouen dans leur Prieuré de Saint-Lô, et un victorin qui garda l'anonyme sous le nom de La Roche, même après avoir remporté le prix d'honneur, celui d'une hymne alcaïque sur l'Assomption (*V.* Baillard). Un génovéfain n'eut qu'un prix particulier, pour pareille composition ; mais il y joignit le premier de l'ode latine, dont le sujet ne pouvait manquer de réussir, le sujet étant tout à la louange du roi Jacques. Ce poète s'appelait J.-B. Cagnard. Un de ses confrères de Paris, le célèbre P. Bernard, eut le prix de l'ode française, et Claude Compain, génovéfain de Saint-Lô, fut couronné pour une allégorie latine sur le dictateur *Camille.* (*V.* leurs articles ainsi que les noms Outin et Virville, qui eurent part à la distribution des mêmes récompenses.)

Les remerciements ne furent pas épargnés. Le P. Bernard tourna le sien en apologue, et ce n'est pas le moins agréable. Dans un autre en grands vers on disait au jeune Prince :

> Digne fils d'un héros dont la sage vaillance
> Fut l'appui de Louis et l'honneur de la France.
> . . . .
> Que ta grandeur me plaît, lorsque par tes exemples
> L'on voit se ranimer la ferveur dans nos temples ;
> Lorsque par tes bienfaits le Parnasse excité
> De la Reine des cieux chante la pureté.

Le Palinod de Rouen ne fut pas la seule académie que protégea M. de Fitz-James : celle de Soissons, dont il fut évêque, éprouva de même les effets de sa libéralité. Il fournit en 1748 une médaille d'or de 300 livres pour exciter l'émulation parmi les auteurs qui pouvaient ambitionner ces palmes.

Après en avoir distribué aux autres et de si glorieuses, il en mérita sans doute aussi, ce Mécène si généreux, mais dans un autre genre et bien différent. On connaît ses ouvrages : son *Instruction pastorale* contre le P. Berruyer, et son *Rituel* qui firent sensation dans le temps, ainsi que ses *Instructions* en 3 vol. in-12 (1) ; mais son meilleur livre est sa propre vie, exemplaire et vraiment sacerdotale. On en a donné une idée sommaire à la tête de ses *Œuvres posthumes*, Avignon, 1769, in-12, 2 vol., auxquelles on a donné l'année suivante un supplément qui est curieux; mais où l'on ne trouve pas quelques anecdotes.

Par exemple, tout chéri qu'il était des chanoines réguliers de Saint-Victor avec lesquels il partageait le temporel de l'abbaye, il y avait toujours quelques petits débats pour le cérémonial et les droits honorifiques. Un jour, il voulait inhumer un des religieux, décédé pendant son séjour à Paris. Grande contestation ; on laissa cependant venir à la sacristie le célébrant; et pendant qu'il s'habillait *in pontificalibus*, on l'y enferma tout le temps que dura l'enterrement du régulier. L'affaire n'eut pas d'autre suite.

Autre particularité sur le compte ou plutôt à la louange du vicaire général de Nic. Saulx-Tavannes, archevêque de Rouen. En l'église Saint-Nicolas, près la cathédrale, était un curé des plus singuliers dans son espèce, nommé

(1) Elles ont reparu dans les *Orateurs sacrés* (t. XCIV), collection Migne.

Jehan de Beaumont, auteur d'une *Vie des Saints* (1) et d'une *Imitation de la Sainte-Vierge*. Au chevet de son église était un des plus beaux vitrages représentant Adam et Eve sous l'arbre fatal. Il y avait des siècles qu'âme qui vive n'en avait pris ombrage. Une des philothées de ce bon pénitencier, qui lui-même n'y avait jamais entendu malice, se scandalisa un jour de cette peinture et vint s'accuser des impressions qu'elle avait faite sur ses sens. Le confesseur, tout électrisé, sort aussitôt de son confessionnal et se met à greffer éteignoir sur éteignoir, tant qu'il parvint à émasculer notre premier père. Eve ne fut pas plus ménagée; elle devait être plus coupable à ses yeux; mais ce n'était pas par les siens qu'il voyait alors.

Pareille expédition ne pouvait pas être secrète, et les paroissiens ne voulaient pas consentir à la laisser impunie. Que fera le directeur indiscret? que fera la pénitente instigatrice? Les voilà tous deux aux pieds de l'abbé de Fitz-James. Officieux et bon par caractère, il alla *per domos* trouver chaque marguillier dans son atelier, et n'en voulut jamais sortir qu'avec sa parole de renoncer à toute procédure contre « le casseux de vitres »; c'était leur expression : et ce fut aussi le sobriquet qui resta au pauvre curé. Toutefois il fut amendé et condamné, lui second, à réparer le vitrage; mais le plomb qu'il fallut employer

---

(1) Cet ouvrage, qui a servi pour les lectures pieuses dans la chaire de nos églises, a eu trois éditions en 1747, 1777, et 1812. Quant à l'*Imitation de la S*^{te} *Vierge*, J. de Beaumont n'en est point l'auteur bien qu'elle lui soit universellement attribuée (R. P. Sommevogel, *Table des Mémoires de Trévoux*, n° 1009). Mais on cite de lui : *Pratiques chrétiennes pour conduire les âmes au ciel*, Paris, 1757; in-12. — Des exemplaires de ses *Pratiques de Dévotion* portent : « Nouvelle édition, beaucoup augmentée. » Qu'en penser, l'approbation et le privilège restant de 1751 ?

pour replacer chaque partie, ne rendit pas au tableau sa beauté primitive et originale.

Un siècle plus tôt cette aventure n'eût pas échappé à David Ferrand, et le banquet du Prince aurait été égayé par quelque ballade ou chant royal sur cette matière.

M. de Fitz-James était né le 9 janvier 1709 et décéda le 19 juillet 1764. Il ne manqua pas d'éloges funèbres, dont quelques-uns vrais et justes, d'autres exagérés et pleins de partialité. Aujourd'hui il serait beaucoup mieux jugé (1) parce qu'on oserait tout dire, à commencer par le trait de la maladie de Louis XV à Metz, et la cause de la disgrâce de l'évêque de Soissons (2); on effacerait d'autre part ce qu'il a dit et fait contre les jésuites (3) au temps de leur destruction. On apprécierait l'encens d'un parti adulateur dans les *Nouvelles ecclésiastiques* depuis 1764 jusqu'en 1772 (4). Il en serait de même des vers consacrés à sa mémoire, de l'élégie en particulier intitulée : *La Religion en pleurs sur le tombeau de M. de Fitz-*

---

(1) Même dans les meilleurs esprits, la vérité ne s'est pas fait jour aussi aisément que l'espérait Guiot. C'est ce qu'on peut voir dans la note ajoutée à la dernière édition des *Mémoires sur l'Histoire ecclésiastique du XVIIIe siècle* par Picot, III, 139; Paris, 1854.

(2) Louis XV paraissant à l'extrémité, le prélat lui fit recevoir les derniers sacrements le 13 août 1744, après une touchante amende honorable sur sa scandaleuse conduite. Le danger passé, les courtisans ne pardonnèrent point à Fitz-James d'avoir rigoureusement fait congédier Mme de Châteauroux et autres.

(3) « On a regardé avec raison comme une tache à sa vie le mandement qu'il publia contre les Jésuites. » *Notice sur les écrivains de la Bibliothèque portative*, par Moysant, p. 13. (Londres, 1803 ; in-4º).

(4) Ce fut dès 1730 que les *Nouvelles ecclésiastiques* s'occupèrent de M. de Fitz-James, et elles furent l'un des moyens dont usèrent les jansénistes pour l'attirer dans leur parti.

James (1), où la religion tient un langage peu digne de l'esprit de douceur et d'humilité qui faisait le caractère principal de son auguste Instituteur, et qui n'était pas ignoré du prélat.

C'est lui qui avait donné les quatre tableaux du sanctuaire de Saint-Victor par Restout.

Flécelles (*François de*), chanoine régulier de la congrégation de France en 1641, né à Paris le 28 février 1623, remporta le prix du sonnet en 1645 au Palinod de Rouen.

> Belle mère d'amour, superbe Cythérée,
> Faites briller ailleurs l'éclat de vos beaux yeux ;
> Ils ne trouveront plus d'autels dedans ces lieux,
> Et vous allez enfin cesser d'être adorée.
>
> Rien ne vous servira cette pomme dorée
> Dont le noble berger, d'un choix judicieux,
> Arbitre qu'il était de la beauté des cieux,
> Seule vous déclara digne d'être honorée.
>
> Sur Minerve et Junon en vain vous l'emportez ;
> Et le beau fruit fatal enflant vos vanités,
> Vous faites gloire aux cieux du jugement d'un homme.
>
> Une divinité dont mon cœur est épris
> Sur toutes les beautés doit remporter le prix,
> Pour n'avoir point de part au péché de la pomme.

Il ne faut pas confondre ce régulier avec un autre génovéfain de son nom et de son sang, Edouard de Flécelles, né à Paris le 5 mai 1627, profès en 1644, mort à Saint-Barthélemy de Noyon, le 11 octobre 1673 ; probablement frère de François.

(1) Les bibliographes n'ont pas gardé trace de la pièce, qui pourrait bien avoir été retirée de la circulation.

Fleurigny (*Jean-Baptiste-Joseph Chaufferde*), né à Rouen (1), commença à être couronné au Palinod de cette ville en 1733, pour une allégorie latine sur *Goliath;* pour pareille composition en 1735, sur *Judith;* l'année suivante il s'éleva jusqu'à l'ode et il en présenta une sur l'*Immortalité de la vertu*, qui réussit également. Ces victoires lui valurent en 1740 l'honneur d'être juge-académicien au Puy qui l'avait couronné.

Fleurival (*de*), avocat au Parlement de Rouen. Le tableau d'une *Tempête* décrite en vers lyriques lui valut le prix de l'ode française au Palinod de Rouen en 1642 ; il réussit aussi dans de secondes stances sur *Narcisse,* une ballade sur l'*Alcyon* fut la seule composition qu'il mit au concours en 1643, et dont il reçut le prix. Il revint encore au même sujet l'année suivante dans une ode française et reprit aussi celui de *Narcisse* dans un chant royal, ce qui lui valut l'un et l'autre prix. Il s'essaya en outre sur le sonnet, et l'*Arc-en-Ciel* dont il donna la description, lui mérita l'Anneau d'or, auquel il voulut joindre le premier prix des stances qu'il obtint également. Elles étaient sur *Andromaque*.

Foloppe (*Jean-Charles*), de Caudebec (2), qui ne commence à se trouver dans les registres du Palinod de Rouen qu'en 1697, a eu depuis un chant royal imprimé dans le Recueil d'Adrien Boccage, p. 87. Il y célébrait :

    Le sang très pur, sous une escorce impure,

dont parle D. Duplessis, *Hist. de la H.-Normandie* au

(1) Il mourut à Paris en 1767, à l'âge de quatre-vingt-sept ans.
(2) Mme Oursel écrit Folloppe, l'appelle Charles-Augustin, et le dit né en 1650.

sujet du Précieux-Sang à Fécamp, à la p. 94. Sa pièce couronnée en 1697 était une allégorie latine sur *Judith ;* en 1700 ce fut une ode latine sur *Achille* préservé des flammes, et elle fut couronnée, ainsi qu'en 1701 une ballade sur *Narcisse,* et un sonnet sur *le duc d'Anjou.*

Fondimare (Guillaume de) ne se trouve que dans le Recueil d'Adrien Boccage, pour quatre chants royaux sur *Esther* et *Joseph,* pp. 41 et 54, un troisième p. 61, sur

> Le riche ouvroir du grand fèvre du monde;

le dernier sur

> L'aimé, l'amant et l'amour tout ensemble.

Cette poésie très métaphysique se trouve placée entre les deux chants royaux couronnés en 1615 ; ce qui peut prouver qu'elle est de cette année, mais qu'elle n'a pas réussi au Palinod de Rouen.

Fondrier de Boirvaux (Joseph), né à Arras, professeur à Saint-Lô de Rouen en 1720, et juge-né du Palinod en 1768.

Fontaine (François de la) avait pris pour sujet d'une allégorie latine une *Eglise de Saint-Etienne,* préservée des flammes, et en remporta le second prix en 1633 au Palinod de Rouen, sous la principauté de Bernard le Pigny.

Fontenelle (Bernard le Bovyer de), né à Rouen, le 11 février 1657, avait été voué par ses parents à la Sainte-Vierge et à saint Bernard ; il porta même l'habit des Feuillants jusqu'à l'âge de sept ans (*Mémoires de Fontenelle,* par l'abbé Trublet). Il fit ses premières études au collège des Jésuites de Rouen. Jamais peut-être talents ne se développèrent de si bonne heure que les siens, et jamais espérances ne furent moins trompeuses (*Eloge de Fontenelle* dans ses œuvres). Dès l'âge de treize ans, il fut en état de concourir aux prix de poésie latine dans les Palinods, et sa pièce fut imprimée dans le Recueil de celles qui avaient mérité des lauriers. Ce premier ouvrage est étonnant : on y trouve déjà toute la délicatesse qui a depuis distingué ses productions (*Eloge de Fontenelle,* par Cl. le Cat). Après ces trois premiers apologistes du jeune Fontenelle, en voici un quatrième ni moins flatteur ni moins vrai : l'abbé Saas dans son élégie sur la mort de Fontenelle :

> *Castalia lactatus aqua, musaque parente,*
> *Debuit a teneris esse poeta, fuit.*
> *Virginis intactæ Latio infans carmine laudes*
> *Concinit, et sociis præripit arma suis.*

C'est en 1670 que le jeune Fontenelle présenta son allégorie latine qui était sur *le Melon,* tandis que le P. de la Rue remportait sur le même Puy le prix de l'ode latine, dont le sujet était l'*Ichneumon* (1).

---

(1) Fontenelle n'avait alors que treize ans. Neuf ans après, il écrivit l'opéra de *Bellérophon,* dont Lulli fit la musique, et qui se donnait encore près d'un siècle plus tard (*Mémoires secrets*, VII, 103). En 1768, on tira de ses œuvres le sujet de la comédie *le Jardinier de Sidon*, et en 1776, celui de la pastorale de *Thémire.* — *La République des Philosophes*, imprimée à Genève en 1768, porte au titre : « Ouvrage posthume de Fontenelle. » Le *Fablier français* de 1771 a réimprimé deux de ses fables.

Fontenelle ne dédaigna point de faire un *Recueil des plus belles pièces des poètes français*, que Barbin publia en 1692, 5 vol. in-8°. — Ses *Nouveaux Dialogues des morts*, dont la 5ᵉ éd. est de 1700, furent réimprimés à Londres en 1716. Son rôle au *Mercure galant*

L'année suivante, il présenta quatre pièces dont deux furent simplement honoraires et données comme celles sur *le Melon;* et deux autres couronnées. Il remporta le Miroir d'argent pour une ode française sur *Alceste*, et l'Anneau d'or pour un sonnet sur l'*Œil;* des stances sur *Clélie*, et une allégorie latine sur l'*Œil*, eurent les honneurs de la lecture et de l'impression. Ses vers français et latins sur l'œil sont peu connus :

> Interprète du cœur, chef-d'œuvre de nature,
> Qui caches au dedans un trésor précieux,
> Petit soleil vivant, miroir officieux
> Qui reçoit des objets la fidèle peinture.
>
> Œil, de qui l'admirable et divine structure
> Forme un charmant dédale, un globe industrieux,
> Et qui prends de toi-même un soin si curieux
> Que tu n'y peux jamais souffrir la moindre ordure.
>
> Puisqu'en toi des objets tu reçois chaque trait,
> Par un nouveau bonheur tu deviens le portrait
> Du plus beau des objets qu'on ait vus dans le monde.
>
> C'est un miroir de grâce, un soleil de beauté,
> Un chef-d'œuvre des cieux, une Vierge féconde
> Dont tu nous peins assez quelle est la pureté.

Il mourut à Paris (1), rue Saint-Roch, le 9 janvier 1757, et non 1767, comme il est dit par erreur dans le nécro-

---

a été résumé par l'Académie de Rouen, 1894-95, p. 173 et 182 ; 1895-96, p. 440.

(1) Dans son discours de réception à l'Académie française le 4 juin 1787, Rulhières a cité ce mot de Fontenelle s'indignant sur le bord de sa tombe « du ton affirmatif et dogmatique de son siècle » : *Je suis effrayé de l'horrible certitude que je rencontre à présent partout.*

loge du IVe volume de la *France littéraire*, où il est cité aux deux années, mais toujours néanmoins au 9 janvier ; ce qui fait cent ans, moins un mois deux jours : sur quoi dom Jean de Yriarte a fait une épigramme :

> *Sæclum unum vixit fama celeberrimus autor,*
> *Posteritas illi vel sua vita fuit.*

L'auteur du *Journal des Beaux-Arts*, qui cite ces vers (septembre 1774, p. 511), observe que cet éloge de Fontenelle, pris dans un certain sens, pourrait être regardé comme une satire. « Un auteur, continue-t-il, à qui l'on dirait que sa renommée est circonscrite aux bornes de la plus longue vie, serait-il content ? »

L'abbé de Bernis, dans son épître à Fontenelle, dit :

> On vit heureux quand on est sage.
> C'est du sein des tranquilles nuits
> Que naissent les jours sans nuages.
> En moissonnant trop tôt les roses du bel âge
> On n'en recueille point les fruits.

Forestier (*Thomas le*), un des plus anciens inscrits sur la liste des Princes et confrères du Palinod de Rouen, le soixante-dixième.

Un célestin du même nom a écrit quelques vers à l'honneur de la Vierge Marie, imprimés à Rouen et autres lieux en 1520, ou environ, dit la Croix du Maine en sa *Bibliothèque française* [I, 245, éd. 1772].

Formage, maître ès-arts et docteur agrégé de l'Université de Paris, professeur d'humanités au collège de Rouen, successeur de Busnel, couronné au Palinod de cette ville pour des pièces d'éloquence et de poésie latines et françaises dans les derniers temps de cet ancien institut. Trois

poèmes latins ont fait particulièrement sa réputation :
l'un moral *In licentiam nostræ poesos* en 1778 ; l'autre
didactique et intitulé *Ignis* en 1779 ; le dernier pittoresque, 1780, sur la *Peste* qui ravagea la ville de Rouen
au siècle précédent. Après avoir obtenu ces trois couronnes, il obtint le prix des stances ; la sienne était sur la
Guerre, dont il était alors question.

Il prétendit ensuite à la palme de l'éloquence et la remporta en 1781. Le sujet avait été indiqué : « La réunion
de la Normandie à la couronne de France sous Philippe-Auguste, et la constante fidélité de cette province à ses
Rois comme à ses ducs. » Ces différents ouvrages sont
d'une certaine étendue, surtout le dernier, et sont imprimés dans le Recueil de l'Académie qui les a jugés dignes
de la récompense. On y remarque des talents exercés et
beaucoup d'imagination, jointe à une délicatesse de sentiment qui ne se trouve que dans les âmes honnêtes. L'auteur
est né à..... diocèse de Lisieux, en 17.. (1).

Formé (*Cloud de*), professeur au collège de Moulins
en Bourbonnais, auteur d'une idylle intitulée : *Tircis,*
couronnée en 1771 au Palinod de Rouen.

. . . .
Les courtisans, honorables esclaves,
Ont beau cacher sous l'or leurs brillantes entraves ;

---

(1) Charles-César Formage, né à Coupesarte (Calvados) en 1749
est mort à Rouen le 11 septembre 1808. Il a publié en 1800 un
Recueil de Fables en 2 vol. in-12 ; et un *Traité sur l'intelligence
de la Mythologie.*

Isidore Mars aimait à raconter que Nicolas Bignon, passant avec
Formage sur la partie de la place d'Auffay qui avoisine l'église et
avait été à l'usage de cimetière, dit à son compagnon : *Corpora
calcamus.* Formage remarquant que ces mots formaient le début
d'un vers, l'acheva aussitôt : *Mox nos calcabimur ipsi.*

> J'approche, cet or tombe, et j'aperçois leurs fers.
> Rongés par les soucis, minés par les alarmes,
> Je les vois tous les jours arroser de leurs larmes
> Leurs vains et pénibles plaisirs.
> Mais, moi, sans remords, sans désirs,
> Si je pleure, c'est de tendresse ;
> C'est lorsque je reçois l'innocente caresse
> D'une épouse chérie, ou lorsque à mon retour
> Mes enfants empressés m'expriment leur amour.
> O paisibles forêts, ô campagnes tranquilles !
> Quel plaisir pur on respire chez vous !
> O vertu qu'ignorent les villes,
> Esclave près des rois, tu règnes parmi nous.
> Tout dans ces aimables bocages
> De la divinité nous montre la grandeur ;
> Elle est peinte sur cette fleur,
> Sur cet émail, sur ces feuillages
> Qui du soleil brûlant interrompent l'ardeur.
>
> . . . .

On avait proposé pour sujet d'éloquence cette assertion : « La Religion élève l'âme et agrandit l'esprit » ; l'abbé de Formé en remporta le prix en 1773. Son discours est imprimé dans le Recueil de l'Académie avec son idylle.

Fossard (Pierre-Nicolas-Joseph), chanoine en l'Église de Rouen, archidiacre du Petit-Caux, prédicateur du roi, abbé de Marcheroux, né à Lillebonne, diocèse de Rouen, est auteur d'un sonnet honoraire présenté au Palinod de Rouen, sur *le Mariage de Louis XV* en 1724 ; l'année suivante, il traita le même sujet en vers latins, et eut le premier prix de l'allégorie. On connaît encore d'autres vers et des emblèmes pour le même lycée (1).

(1) L'abbé Fossard mourut âgé de soixante-treize ans à Ste-Marie-des-Champs, en 1783. Trois ans plus tard, on imprima ses *Ser-*

Fosse (François de la). V. le supplément de la lettre F.

Fosse (Jacques de la), prêtre de la Mission et congrégation de Saint-Lazare à Paris au xviie siècle, auteur de trois volumes in-12, de poésies latines et manuscrites, dont le premier est la vie de Jésus-Christ, le second sur la Sainte-Vierge ; la première pièce est sur la Conception et fut adressée au Palinod de Rouen comme prémices du travail de l'auteur sur ce sujet et les autres mystères. Cette ode n'était qu'honoraire, elle n'a pas été couronnée.

Fouët (Louis), docteur, professeur et prieur des facultés des droits en l'Université de Caen, fondateur des deux odes latines au Puy de cette ville : l'une en vers alcaïques, l'autre en grands vers iambiques.

Fouquet (Robert), le soixante et unième inscrit sur le tableau des Juges, Princes et confrères du Palinod de Rouen à la fin du xve siècle.

Framery (Nicolas-Etienne), né à Rouen, sur Saint-Cande-le-Jeune en 1745, auteur de *la Colonie*, qui a beaucoup contribué à sa réputation, ainsi que d'autres ouvrages dramatiques; il a été aussi l'auteur d'une ode française sur *la Pureté de l'âme*, couronnée en 1769 au Palinod de Rouen (1).

---

mons (3 vol. in-12), que l'abbé Cochet a rendus célèbres par les curieux détails de leur composition. Ils sont au tome LXV des *Orateurs sacrés* de l'abbé Migne.

(1) Bien différents avaient été ses débuts. Encore au collège du Plessis et âgé seulement de dix-sept ans, Framery écrivit pour la comédie italienne *Pandore*, « petite pièce qui promettait des

Don du ciel ! pureté de l'âme,
Pourquoi t'éloignes-tu de moi ?
Pourquoi d'une honteuse flamme
Lâchement subis-je la loi ?
Ah ! mon cœur était fait pour toi ;
Maintenant, repaire du crime
Si mon œil en sonde l'abîme
Il s'en détourne avec effroi.

O pureté ! que je regrette
Les biens dont tu m'as fait jouir !
Quel jour, où mon âme indiscrète
Te changea contre un repentir,
Quel jour affreux vint m'éblouir ?
Pour une fausse jouissance,
J'ai trafiqué mon innocence
Et le bonheur pour le plaisir.

Mais je connais si bien tes charmes ;
Ton retour m'est-il interdit ?

talents, » mais fut fortement retouchée par la censure (*Mémoires secrets*, I, 200).

La Colonie, que cite Guiot, est une comédie en deux actes qui parut en 1775 et fut réimprimée en Italie. Dès 1770, Framery avait fondé le *Journal de Musique*. « Véritable enfant de la lyre, puisqu'il est poète et musicien, il a longtemps jugé les grands hommes du jour dans le *Mercure*, et y a suivi assez bien le plan que nous avons adopté, et dont nous avouons qu'il nous a donné le modèle. » Cet éloge de Rivarol dans son *petit Almanach*, n'est pas médiocre, supposé qu'il ne soit pas ironique, ce qu'il est assez difficile de pénétrer. Il finit par vanter l'extrême facilité de l'artiste, en des termes qui font craindre qu'il ne s'y soit abandonné : « s'immolant à la félicité publique, il va dorénavant faire des paroles pour tous les musiciens, et de la musique pour tous les poètes. »

Membre de l'Institut après la Révolution, Framery mourut à Paris en 1810. L'année précédente, Vincar, dans son *Almanach des Hommes de lettres*, indiquait *Rolland furieux* comme l'œuvre principale de Framery.

> Je puis pour toi verser des larmes,
> Ne puis-je en recueillir le fruit ?
> Ce Dieu qui se venge et punit,
> Est aussi celui qui pardonne ;
> C'est le pécheur qu'il abandonne,
> Mais le pénitent l'adoucit.

V. pour ses autres ouvrages, *la France littéraire*, t. II et III, et les *Siècles littéraires,* où son ode est sous la date de 1770, c'est-à-dire un an trop tard.

Franc (*Jacques le*), prieur des Carmes de la ville de Rouen en 1678, et en cette qualité juge-né du Palinod établi dans son monastère en 1515.

Franqueville (*Claude de*), prieur de Saint-Lô en 1569. Ce ne fut pas sans contestation qu'il obtint cette dignité claustrale; mais sa place palinodique n'en souffrit aucune, et son mérite, plus que sa naissance, lui eût concilié dans les deux corps l'estime de ses confrères, s'il leur eût été conservé plus longtemps qu'une année.

Frémont (*Henry-Catherine*), né à Saint-Germain-en-Laye en 1730, professeur à Saint-Lô en 1753, et juge-né comme le précédent au même lycée.

Fréret (*Robert*), mineur de l'étroite observance, né à Rouen sur Saint-Martin-du-Pont, a remporté en 1762 un troisième prix d'allégorie latine sur l'*Alcyon*, sujet rebattu qu'il sut néanmoins traiter avec élégance et la fraîcheur de la nouveauté.

Fresne, de Rouen, célébra deux mystères de la vie de Jésus-Christ : l'Incarnation et la Présentation, en 1735, et remporta le prix de l'année et un autre réservé. Alors était Prince Fr. de la Bourdonnaye. — *V*. Rougeville.

Frevaus (*de*), composa en 1695 pour le Palinod de Rouen un chant royal sur *Iras, roi des Illyriens*, et en remporta le prix.

Frô (*Jean-Baptiste-Vincent*), d'Etrépagny, diocèse de Rouen, curé de Fontenaille dans l'Auxerrois (1), composa trois pièces latines lyriques pour le Palinod de Rouen, une hymne sur le Sacré-Cœur en 1753, deux odes latines, dont l'une en la même année sur l'*Homme juste*, l'autre en 1766 sur *Minorque*.

Il était également favori des muses françaises, et il publia en 1758 le *Compliment d'un Normand au Roi*, dans le goût et le style de Ducerceau, et un *Remerciement* à l'infante, duchesse de Parme, in-12 (2).

Froideville (*Louis Mithon de*), né à la ville d'Eu, le 1er juin 1626, vicaire général de l'évêque de Coutances pour les paroisses de Saint-Jean et de Saint-Lô à Rouen, était curé de la seconde de ces deux églises en 1668. Alors il avait déjà fait construire la contretable du maître-autel et mis la première pierre. Le zèle qu'il avait pour son église ne nuisit point à celui qu'il montra en qualité de juge-né au Palinod.

(1) Arr. d'Auxerre, *Yonne*.
(2) Guiot semble ainsi désigner confusément les poésies françaises réunies sous le titre de *Abrégé de l'Aventure de la Grand'Louise*, Rouen, 1758 ; que les Bibliophiles normands ont réimprimées en 1874 avec une savante introduction par M. St. de Merval. Cette nouvelle édition ajoute quatre pièces palinodiques, dont une inédite, que l'abbé Frô composa en 1751, 1753 et 1756.

SUPPLÉMENT

Fitz-James, évêque de Soissons et Prince du Palinod de Rouen en 1737, est cité dans le *Musæ Rhetorices*, pour une dédicace en vers latins du troisième livre des poésies contenues dans ce Recueil, t. I, p. 265. Cette pièce n'est composée que de vingt vers élégiaques, et adressée au roi. Cette preuve du talent poétique de M. Fitz-James n'a été publiée qu'en 1745, et l'on ne pouvait en avoir connaissance en 1737 pour l'insérer dans son éloge (1).

Fosse (François de la), chanoine de Rouen (2), l'un des bienfaiteurs de la Bibliothèque métropolitaine et même de l'institut du Palinod, mort le..... 1684. L'inscription qu'on lit sur une plaque de cuivre adossée contre la muraille de l'entrée de la Bibliothèque, explique parfaitement en quoi consiste sa fondation.

(1) L'excuse de Guiot n'est pas valable. Il y a en effet une édition du *Musæ Rhetorices* datée de 1732, où figure cette pièce (p. 129). Elle est signée : FRANCISCUS DE FITZJAMES DE BERWICK, *Rhetor novus*. On la retrouve (p. 150) dans le *Musas Rhetorices*, cinquième édition de ce recueil que Amar donna chez Delalain en 1809.

Le petit poème en hexamètres sur le Sacre et le couronnement de Louis XV, inséré dans les deux recueils, a pour auteur « le rhétoricien Alexandre Asselin de Villequier d'Auberville. »

(2) De concert avec Robert de la Fosse, son frère, le chanoine Fr. de la Fosse fonda en 1665 les matines des dimanches et des fêtes dans l'église S.-Jean de Rouen.

La Révolution a dépouillé la bibliothèque capitulaire des portraits des chanoines Acarie et Behotte. Mais le trésor actuel de la Métropole conserve encore l'inscription commémorative dont Guiot va parler. Elle y est même accompagnée d'un portrait du chanoine de la Fosse.

Un des mss. provenant de sa bibliothèque a pour titre : « Recueil de pièces présentées sur le Puy de l'Immaculée Conception de la Sainte-Vierge, fondé au couvent des RR. PP. Carmes de la ville de Rouen depuis 1486 jusqu'en 1524, » petit in-f° parch. Il est coté n° 60 et cité dans Farin, *Histoire de Rouen*, t II, p. 64. Il manquait une feuille au milieu de ce petit in-f° couvert en parchemin ; on en a restitué le texte à l'aide de mss. de la Biblioth. du Roi, où se trouvent les pièces antérieures et postérieures à celle qui est tronquée dans ce Recueil, le seul complet pour le premier âge du Palinod.

Fieux (*Etienne de*), abbé de Beaulieu, chanoine de Rouen (1), était prince du Puy de Sainte-Cécile en cette ville au milieu du XVIIe siècle ; et c'est à lui que le P. Commire adressa une de ses idylles sacrées sur sainte Cécile. Il était aussi l'un des Juges du Palinod.

G

Gaillard (*Jean*), le soixante-deuxième associé immatriculé sur le tableau des Princes et confrères du Palinod de Rouen, au commencement du XVIe siècle.

Gace ou *Vaice*, né en l'île de Jersey, mort au XIIe siècle, écrivit alors le *Roman de Rou* et des Normands, qu'il dédia à Henri II, roi d'Angleterre, dont il était alors clerc de chapelle. Cet ouvrage était un des plus beaux mss. sur vélin in-fol. de la bibliothèque du duc de la Vallière, et

---

(1) En 1668, Etienne de Fieux était archidiacre du Petit-Caux ; il fut aussi curé de S.-Laurent de Rouen.

si l'on n'y trouve rien sur le Palinod de Rouen qui était encore loin d'exister, on y lit les vers suivants sur la patronne de ce Puy académique (1).

Ici commence la Conception Nostre Dame.

> Ou nom Dieu qui nous doint sa grâce
> Oyez que nos dict mestre Gace,
> En quel temps comment et par qui
> Fut commencé et establi,
> Que la feste fu célébrée,
> Que conçue et engendrée,
> Fu madame saincte Marie,
> N'en fu oncques parole oïe,
> Qu'en nul temps ainçois fait lon
> Feste de la Conception ;
> De cy au temps du Roy Guillaume
> Qui les Angloys et le Royaulme
> Par force et par bataille prit.
> Etc.

(1) Ces vers n'appartiennent pas au *Roman de Rou*. Ils forment le début du poème de Wace sur l'*Etablissement de la fête de la Conception N.-Dame*, publié en 1842 par Mancel et Trébutien (Caen, in-8º).

La citation de Guiot d'après le ms. de la Vallière, diffère par ses trois premiers vers (*Introduction*, p. LXII) du texte adopté par les éditeurs caennais d'après le ms. de Notre-Dame. Voici leur début avec les variantes notables des vers suivants :

> Se aucuns est cui Dieu ait chier
> Sa parole et son mestier
> Viegne oïr que je dirai :
> Jà d'un seul mot ne mentirai.
> Mestre Guaces, uns clers sachanz,
> Nos espont et dit en romanz
> En quel tans, comment.....
> Qu'à nul tans ainçois feist on.....
> Dessi c'au tans le roi Guillaume
> Quant les Englois et.....

Gagniard (*Jean-Baptiste*), chanoine de la congrégation (régulier) de France, né à Paris le 26 octobre 1708, mort à Auxerre le 6 octobre 1743, a remporté deux prix de poésie latine en 1737, au Puy de Rouen, sous François, duc de Fitz-James, Prince de l'année ; la première pièce était une hymne sur l'*Assomption de la Sainte-Vierge*, la seconde était une ode alcaïque sur *le roi Jacques II*.

> *Virtus atroci, quam patiens subit,*
> *Sorti superstes, fit potior throno :*
> *Fastu peregrino soluta*
> *Purior ipsa sibi renidet.*

Gaignon, oratorien, remporta au Palinod de Rouen le Lis, prix du second chant royal, en 1645. Il y faisait la description d'une fleur étrangère nommée Baaras.

Gallopin (*Nicole*), couronné au Palinod de Rouen en 1522 pour une allégorie latine (1). Il ne faut pas le confondre avec Claude Gallopin, chanoine régulier de Saint-Victor au même siècle, prieur de Saint-Guenault à Corbeil en 1560, mort le 20 mars 1578.

Garar (*Clément du Long de*), conseiller au Parlement de Toulouse, déjà connu aux Jeux floraux de cette ville, voulut aussi se faire connaître aux jeux palinodiques de Rouen. En 1649, il y remporta le second prix de l'allégorie latine ; il avait choisi pour sujet *le lever du Soleil*, dont il sut faire une peinture intéressante après toutes celles qu'on en avait déjà faites et couronnées.

---

(1) Un Gallopin, dont le prénom n'est pas exprimé, reçut en second prix l'Étoile pour une pièce en hexamètres sur *la Sphère du ciel*, qui se lit dans Vidoue (f° 77 v°).

Gandon (François-Vincent), né à la Flèche en 1741, professeur à Saint-Lô de Rouen en 1766, et à ce titre juge-né du Palinod de cette ville.

Gaucher (Pierre), ou *Gauchier*, l'un de ceux qui présentèrent différentes poésies au Palinod de Rouen au milieu du xvie siècle. Il avait composé un chant royal et un rondeau ; le refrain de l'un était presque rétrograde,

> D'infini biens, biens de grâce infini ;

et le premier vers de l'autre,

> Dieu est pour moi qui me garde et conforte.

L'année suivante il donna une ballade sur

> Loy en grace et grâce sans loi.

Gaugy (le P. de), docteur en théologie de la faculté de Paris, prieur des Carmes en 1649, et les neuf années suivantes, durant lesquelles il veilla particulièrement aux intérêts du Palinod.

Gaudin (Nicole) s'exerça dans les trois genres de poésies qui étaient d'usage au Palinod au milieu du xvie siècle : un chant royal où il dit :

> Croyez la voix de mon amy parfaict,
> Cueurs qui voulez vostre salut apprendre.
> . . . .

un rondeau où la Vierge dit :

> Seule d'un seul, je suis sans estre au monde.

Ces deux pièces sont à la date de 1544. Une ballade, dont le refrain était :

> J'ai Concept sans grâce et sur loi,

était de 1545.

Gault (Julien-Marie le), né à Rennes, le 10 avril 1704, professait à Saint-Lô de Rouen en 1729, et jouit alors, comme ses prédécesseurs, du droit de siéger en qualité de juge au Palinod de cette ville. Il est mort en 1778.

Gaultier, ou simplement *Gautier*, avocat à Caen. *Une Source* d'eau douce au milieu du golfe de Gênes était le sujet que mit en ballade cet orateur en 1693, et il remporta le prix au Palinod de Rouen.

       Que l'univers est agréable..... *etc.*

Gaultier (Pierre). Le dix-neuvième rondeau dans le ms. de la bibliothèque du roi, in-fol. 6989, est de lui. C'est une prosopopée dans laquelle la Vierge dit :

    Par ung en troys, qui tout fine et commence,
    Et dedans moy print humaine semence,
    J'ay triumphé du roy Egyptien
    Lequel aux mains porte crime antien.

   . . . .

On ignore le succès de cette pièce au Palinod de Rouen.

Gay (Richard le), maître des ouvrages de l'Hôtel commun de la ville de Rouen à la fin du xve siècle, était le cinquante-deuxième sur la liste des Princes et confrères du Palinod de Rouen. On le trouve aussi cité comme notable dans l'inscription de la dédicace de la paroisse de Saint-Lô par Jean de la Massonnaye, évêque d'Hippone, en juin 1533.

Gendre (Louis le), abbé de Notre-Dame de Clairfontaine, diocèse de Chartres, chanoine et sous-chantre en l'Église de Paris, l'un des fondateurs des prix au Palinod de Rouen, était né en cette ville le 12 janvier 1659. Le testament de donation est du 4 février 1733, et porte une somme de « mille livres » destinée à fournir un prix pour « la meilleure pièce » présentée à l'Académie. Les difficultés qu'éprouvèrent les dons et legs qu'avait faits cet abbé, n'ayant été levées que plus de dix ans après sa mort, la nouvelle couronne ne fut donnée qu'en 1750, et le premier qui la reçut fut de la Nos, pour une ode française sur la fidélité de la France à ses Rois. Ce dernier fondateur mourut à Paris le 1er février 1733 à soixante-quatorze ans. *V.* pour ses ouvrages l'*Encyclopédie*, article ROUEN; le Long, t. III, p. 58, à la fin; l'*Histoire du règne de Louis XIV*, t. Ier. Son portrait était par Jouvenet.

Gentil (le) remporta l'Etoile, c'est-à-dire le second prix d'allégorie latine au Palinod de Rouen en 1762. *Phalère* en était le sujet.

Geoffroy (le P. Jacques), prieur des Carmes depuis 1715 jusqu'à 1756, à trois ans près. Vers 1740, a fait de grands biens à sa maison et a beaucoup contribué au soutien du Palinod, dont la reconnaissance est consignée dans plusieurs actes délibératifs.

Gervais (Charles-François), né à Paris en 1701, professait à Saint-Lô de Rouen en 1733, entra comme examinateur au Palinod de cette ville en la même année. Il est mort en 1767.

Gigot (David-Daniel), né au Havre en 17.., avait été licencié de la maison et société de Sorbonne, professeur de philosophie au collège des Quatre-Nations et recteur de l'Université de Paris, procureur de la nation normande en ladite Université, lorsqu'il vint à Rouen après l'extinction des Jésuites pour être principal (le premier) au collège de cette ville le 1er juillet 1763. Au mois de décembre suivant, il prit séance parmi les juges académiciens du Palinod, en qualité de Principal. Il n'était que diacre et a été pourvu peu de temps après d'un canonicat en la cathédrale de Montpellier, où il a péri dans la Révolution.

Girard (*Gilles*), curé de Luc, puis d'Hermanville, diocèse de Bayeux, ancien professeur au collège Dubois à Caen, poète latin, dont le nom est souvent cité dans les annales poétiques du Palinod de Rouen, depuis 1738 jusqu'en 1752, mais par intervalle. La plupart de ses pièces sont lyriques; quatre odes latines, dont la première en 1738 sur l'*Immortalité de l'âme*; l'année suivante, il prit pour sujet le *Qui miseretur et commodat* du psaume [CXI]. Dix ans après, une troisième sur *la Charité*, en tant qu'amour de Dieu; et en 1752, une pièce du même mètre sur la *Naissance du duc de Bourgogne,* qui eut aussi le même succès à Caen. Avant cette dernière victoire, il avait été couronné en 1750 par M. Bailleul, pour une hymne sur la Compassion de la Sainte-Vierge. On ne voit de lui qu'une allégorie latine qui est de 1744 et est intitulée : *Fucus marinus.*

Girardière (*le Clerc de la*), de Caen, pourrait n'avoir concouru qu'une seule fois pour les prix du Palinod de Rouen, puisqu'on ne trouve de lui qu'un sonnet pour lequel il y a été couronné. Ce fut en 1698, et il était sur *Esther.*

Giraud (*Claude-Marie*), docteur en la faculté de Paris, né à Lons-le-Saulnier en Franche-Comté, avait adressé au Palinod de Rouen, en 1777, un Recueil d'hymnes sur les principales fêtes de l'année. Celle de la Pentecôte fut choisie pour donner une idée du talent de l'auteur, et on lui adjugea un des prix de l'ode latine. *V.* les *Siècles littéraires*.

M. Giraud est en outre l'auteur d'un assez grand nombre d'ouvrages, dont beaucoup en vers français. On peut en voir le catalogue dans *la France littéraire*, t. I, II et III, et *les Etrennes de la Vertu*, p. 76 (1).

Gobbey (*Claude*), sieur de Suresnes, chevalier de l'ordre du roi, grand prévôt en Normandie, maître d'hôtel ordinaire du roi, avait été élu Prince du Palinod de Rouen en 1600 ; mais il mourut dans l'année, avant d'avoir pu gérer la principauté. Il y eut un arrêt du Parlement de Rouen pour prélever sur sa succession la somme de 300 livres pour les frais de la cérémonie du couronnement des auteurs.

Godard (*Jean-Baptiste*), sieur de Bracquetuit, conseiller du roi en son Parlement de Normandie, chanoine et thésaurier en l'église de Rouen, était inscrit le cent

---

(1) Les œuvres de ce médecin, notamment ses poèmes héroï-comiques en prose, doivent être parfaitement oubliées. Son *Traité du Scorbut*, qui n'était qu'une traduction du latin, mériterait peut-être quelque souvenir parmi les praticiens.

Les *Poésies satiriques du XVIIIe siècle* (Londres, 1762 ; 2 vol. in-24) ont pourtant inséré (I, 59) son *Épître du Diable à M. de Voltaire* (1760). Suit la réplique que Voltaire n'avait pas manqué d'écrire (1762). Cette épître fut très goûtée et plusieurs fois réimprimée isolément de 1760 à 1823.

quatre-vingt-septième sur la matricule des Princes et confrères du Palinod de Rouen. S'il n'en donna pas les prix, c'est peut-être que sa mort, arrivée en 1640, empêcha son élection.

Godard (Jacques-François), professeur d'humanités au collège Dubois à Caen, remporta le prix de l'ode française au Palinod de Rouen en 1741 ; elle était sur *les Apôtres*. Il devint depuis recteur de l'Université de Caen, et en cette qualité fit le discours d'ouverture au Puy de cette ville, en 1765 et l'année suivante.

Gonfrey (Michel), conseiller et professeur aux droits en l'Université de Caen, fut un des plus ardents mainteneurs de la science palinodique, tant au Puy de cette ville qu'à celui de Rouen, vers la fin du xviiᵉ siècle, tantôt victorieux sur un théâtre, tantôt sur l'autre, quelquefois sur les deux ensemble. Le genre lyrique paraît avoir été spécialement le sien : une ode latine sur *Lyncée* fut probablement son essai à Rouen vers 1671. L'année d'après, celle qu'il composa touchant *la victoire de Louis XIV* sur la Hollande lui valut une double couronne : celle qu'il reçut à Rouen et celle qu'on lui adjugea en même temps à Caen. Cette même année fut marquée pour lui par d'autres succès : à Caen, pour une épigramme latine sur *Marie Stuart;* à Rouen, pour une ballade sur *le tombeau de saint Servais*. En 1677 il se trouva *ex-æquo* avec le poète Pradon pour une ode latine *Ariarathe;* et une ballade sur *Saint-François de Sales* lui valut, en 1678, le même prix que pour Saint-Servais. Trois ans après il reparaît dans la lice, et c'est pour y recueillir autant de palmes : un lis pour accessit d'une ode française sur le fleuve *Anaure*, le Soleil pour des premières stances sur *Hippomène;* le Miroir pour une ode latine sur *Médée.* Le même prix lui fut adjugé en 1692 pour des vers alcaïques sur les *Psylles;* et celui de la ballade, qui était sur *le Laurier.* On le retrouve encore en 1680 pour un chant royal sur une *Palme* verdoyante parmi les feux du Mont Coryte. Cette dernière pièce, qui eut le premier prix à Rouen, n'eut en la même année que le second à Caen.

Gouel (noble homme maître *Roger*), seigneur de Poville et Villers, président en la cour des Généraux, fut élu Prince du Palinod de Rouen pour l'année 1516 et y couronna des auteurs de marque dans ce temps : Pierre Avril, Guillaume Cretin. Il vivait encore en 1530.

Gouël (*Charles*), seigneur de Poville, président de la cour des Aides à Rouen, comme son père dont il eut la survivance en 1530, était le trente-cinquième sur le tableau des Princes du Palinod. Il gît avec le précédent à Saint-Ouen.

Goupil (*Robert le*), curé de Villiers, était d'une famille honorable (1) à Rouen ; se trouve le vingt-cinquième sur la matricule des Princes et associés du Palinod de cette ville.

Gouget, de Harcourt, licencié en droit, eut l'Anneau d'or en 1727 au Palinod de Rouen pour un sonnet sur *la Primevère;* il ne faut pas le confondre avec l'abbé Goujet, qui a bien écrit, à la vérité, sur le Puy de la Conception de Rouen et sur ses lauréats dans sa *Biblio-*

(1) Le renom de cette famille remonte au xve siècle pour le moins.

thèque Française [X, 22], mais qui n'a jamais concouru pour les prix.

Goujon (Jacques), nom plus connu peut-être dans l'histoire de la sculpture que dans celle de la poésie; celui-ci cependant annonçait en 1617 des talents qui pouvaient lui faire une réputation dans cette carrière. Il remporta deux prix d'allégorie latine, l'un en cette année, l'autre en la suivante au Palinod de Rouen. On trouve encore son nom à un sonnet couronné en 1636; ce sonnet est sur *la Conception*.

Graffard (Jean), sieur de Mailly, de Rouen, était un des plus anciens confrères du Palinod de Rouen, où il se trouve marqué le soixante et onzième sur la matricule des associés.

Grainville (Jacques de)... Ode française couronnée en 1613 au Palinod de Rouen sous la principauté de Charles de la Rocque.

> Quand Diane la coursière
> Prend son rouge accoutrement,
> Eole ouvrant sa barrière,
> L'austre se donne carrière
> Dans le venteux élément.
> Le ciel de cholère gronde,
> Et le noir orage épars
> Bruyt et siffle dessus l'onde
> Esclattant de toute part.
> etc.

Grandin (J.-Baptiste-Parfait), d'Elbeuf proche Rouen, d'une famille dont les talents sont héréditaires. Celui-ci fut couronné au Palinod de Rouen, en 1751, pour une allégorie latine sur *la Naissance du duc de Bourgogne*. C'était une matière qu'on lui avait donnée au collège ainsi qu'aux meilleurs sujets de sa classe qui sont aussi nommés avec lui : Morin et Desroches ; ce qui rappelle les talents précoces du jeune Fontenelle, de Bailleul, de Brinon, etc. (1).

Gras (*Robert le*) était prieur de Saint-Lô lors de l'érection des Palinods à Saint-Jean de la même ville. Il était juge-né du nouvel institut, puisque l'église paroissiale dans laquelle il prit naissance dépendait du prieuré de Saint-Lô. Mais, outre le droit, il avait pour lui des qualités personnelles qui l'eussent fait rechercher pour unir ses lumières à celles des autres juges.

Elles l'avaient déjà fait choisir pour chef de la maison en 1483, et il justifia les suffrages par le plus grand zèle à réparer les lieux réguliers ; le cloître fut achevé en 1487. Le temporel n'était pas dans un meilleur état ; il le rétablit entièrement, et son activité ne cessa qu'avec sa vie. Ce fut en 1502, le 19 octobre ; et sa sépulture était devant l'autel de la chapelle de la Vierge, à laquelle il avait toujours eu une tendre dévotion. Son épitaphe portait : *Hic jacet piæ memoriæ Robertus Pinguis, Rotomagi oriundus vir utique religiosus, dumq. ageret in humanis, Prior hujus magni Prioratus, qui XX annorum lapsu mores subditorum ad Deum ut potuit alliciens, temporalium cura minime spreta, claustri cæterorumque ædificiorum instaurator exstitit magnificus. Obiit an 1502, 14 cal. nov.*

(1) J.-B.-P. Grandin (1736-1807) a travaillé sur l'histoire naturelle. La bibliothèque d'Elbeuf conserve ses manuscrits.

Gras (Robert le), avocat au parlement de Rouen et l'un des anciens Princes et confrères du Palinod de cette ville, parmi lesquels il était le quarante-sixième sur le tableau. C'était aussi un des plus éclairés parmi les juges.

Gravois (Marc-Antoine), récollet italien, auteur d'un ouvrage latin sur l'Im. Concept. intitulé : *De ortu et progressu cultus ac festi Immaculati Conceptus B. Virg. Dei genitricis Mariæ, autore P. f. Marco-Ant. Gravois, Ordin. min. S^{ti} Francisci*, in-4°; Lucæ, 1764; typis Joannis Riccomini.

Il y a un chapitre particulier sur les Carmes de Rouen, où l'on examine *Cur apud Carmelitas Rotomagenses festum Immaculatæ Conceptionis Virginis M. peculiari honore celebratur ?* C'est dans ce chapitre qu'il parle du Puy des Palinods de Rouen en ces termes : *Erat pia institutio ejus ludi poeseos in laudem Conceptionis Virg. apud adyt. paroch. S. Joan.-B. Rothom.....; vocaturque ille ludus honorarius vulgi sermone* les Palinods; *an 1486*.

L'auteur y marque aussi exactement la date de leur translation aux Carmes en 1515.

Grémonville (Nicolas de), de Rouen, a remporté la Rose, en 1662, au Palinod de cette ville, sous la Principauté de Louis Bretel de Grémonville, archevêque d'Aix.

Grenet (Pierre-Paul), né à Rouen, curé de Saint-Pierre-du-Châtel en cette ville, juge invité par les Académiciens du Palinod en 1769.

Grenier (Pierre-Bonaventure), docteur en théologie de la Faculté de Paris, Principal (second) au collège de

Rouen et en cette qualité juge-né au Palinod de cette ville. Saint-Lô, diocèse de Coutances, est le lieu de sa naissance, en 17...

Greveren (*Raoulin*), vers 1530, se trouve auteur d'un chant royal autographe dans l'ancien ms. in-8º du Palinod de Rouen.

    Assemblez-vous et faictes comparance :
    Au champ royal l'en vous baille journée
    Pour combattre à toute diligence,
    Contre la secte mauldicte et forsenée.
    Vous, l'Eglise, faictes cette mesnée.
    Pour le premier vous ferez l'avant garde
    Entrez dedans que nul ne vous retarde.
    Ouvrez libvres de la saincte Escripture,
    Et gardez bien qu'il n'y ayt créature
    Qui dédye vos souverains édicts.
    Faites crier à humaine nature
    Vive la fleur, Royne de Paradis.

Grisel (*Jean* et *Hercules*). V. le *Supplément*.

Grojean (*J.*), mentionné dans le Recueil d'Adrien Boccage, p. 43, pour un chant royal sur *Esther*.

    Son front reluit d'une double lumière
    Dont le beau jour passerait en clarté
    Du blond soleil l'estoile avant-courière.
    Son teint meslé semble un Eden planté
    D'œillets, de roses et de lis argenté.
    De Pasithée elle a la contenance ;
    Et la vertu qui la suit dès l'enfance
    Faict à la voir qu'icy-bas, à bon droict,
    Dessous l'habit d'une femme mortelle
    Chacun ravy, pour déesse prendroit
    La royne Ester, sur toutes la plus belle.

Gros (*Nicolas*), curé de Sainte-Croix-Saint-Ouen de Rouen, juge invité au Palinod de cette ville, en 1744, était né à Bolbec en 1705. Ses dispositions pour les sciences furent prématurées, et après avoir brillé dans ses études, il fit une éducation honorable, devint curé de Frénouville, diocèse de Bayeux (1), puis de Sainte-Croix. Il versifiait et prêchait avec facilité. C'est de lui qu'était l'inscription de la fontaine publique au pied des degrés de son église :

> *Quam bene juncta simul nostræ monumenta salutis :*
> *Aufer aquam, quid crux ? Tolle crucem, quid aqua ?* (2).

Il mourut à Rouen, à soixante-dix-huit ans, le 8 février 1781, sans avoir jamais eu besoin de médecin. L'abbé Hamel lut son Eloge à la séance publique de cette année, et il est imprimé dans le Recueil qui en renferme les pièces couronnées.

Groulard (*Claude*), chevalier, seigneur et baron de Monville, premier président au Parlement de Normandie. Prince du Palinod en 1596. « Lequel volontai-
« rement se rangea sous la protection de la Vierge, releva
« le dit Puy abattu, en rendit le théâtre plus magnifique,
« régla la dépense qui s'y faisait et augmenta le nombre
« des compositions de deux stances en l'honneur de la
« Vierge, desquelles il fonda les prix à perpétuité, donnant
« une Tour (il en portait trois dans ses armes) pour la
« plus parfaite stance, et un Soleil pour la meilleure
« d'après, qui devra [être] acheptée par le prix de six
« livres la première, et la seconde par 60 sols. Le dit

---

(1) Arr. de Caen, *Calvados*.
(2) *Crux*, instrument de la Rédemption, dont la grâce ne s'obtient que par *l'eau* du baptême.

« seigneur présida lui-même au jugement des composi-
« tions sur le dit Puy en l'année 1596. » V. *Le Puy de
la Conception de N.-D.*, par Alphonse de Bretteville,
in-8°, p. 26. L'Eloge de M. Groulard a été fait au Palinod par l'abbé Lurienne, ancien secrétaire du Puy, d'après des mémoires envoyés par l'abbé Guiot, académicien vétéran en 1788. *V.* Farin, article des Célestins, et le *Suppl.* à la lettre G.

Groulard (Claude), seigneur de Torcy, conseiller au Parlement de Rouen, Prince du Palinod de cette ville en 1611 et fondateur du second prix des stances.

Grout de Bellesme, de Saint-Malo, suivant la signature où il y avait *Maclovæus*, a remporté en 1736 le laurier au Palinod de Rouen pour une allégorie sur *la Perle*.

Gruchet (Vincent de), sieur de Soquence (1), était au premier temps de l'institution du Palinod de Rouen le cinquantième immatriculé sur le tableau des Princes et associés.

Guéniot, médecin à Avallon, en Bourgogne, auteur de stances intitulées : « La servitude abolie dans le domaine de Louis XVI, ode qui a remporté le prix de l'Im. Conception de Rouen le 19 décembre 1782, par M. Gueniot, docteur en médecine à Avallon, en Bourgogne ». A Paris, chez Belin, 1783 ; in-8° de 16 pages.

Voici un poète qui réside en province, dit l'abbé de Fon-

---

(1) Farin appelle cette famille *Grouchet*, au temps même dont parle Guiot.

tenay dans ses *Affiches*, n° 14, 1783, et qui peut le disputer aux poètes *si merveilleux* de la capitale. Osons le dire hardiment, il en est peu parmi ceux-ci qui soient capables de produire une ode où il y ait autant de verve, de chaleur et tant d'enthousiasme ; on ne peut désirer qu'un peu plus d'harmonie en général ; et c'est une attention qu'on ne saurait trop recommander à l'auteur, parce qu'il n'y a point de vraies poésies sans le rythme cadencé qui flatte si délicieusement l'oreille d'un connaisseur. Quelques tournures un peu forcées, quelques expressions un peu prosaïques sont encore des taches que la critique peut relever dans l'ode de M. Guéniot, qui d'ailleurs est digne par son talent qu'on l'avertisse des défauts dont il lui est si facile de se corriger (1). » Il attribue, d'après le président Hénault, l'origine de la main-morte aux peuples du Nord ; et après avoir peint leurs ravages dans une belle prosopopée où il fait parler l'humanité, le poète s'écrie :

> Malheureux humains, votre vie
> Echappe au soldat en fureur ;
> Mais l'œil baissé, l'ignominie
> Vous conduit au char du vainqueur
> C'est peu qu'un honteux esclavage
> Asservissant votre courage
> Enchaîne enfants, femmes, époux ;
> La terre que vos bras sillonnent
> Et les fruits que vos mains moissonnent,
> Vont être esclaves comme vous.

Il montre ensuite Louis détruisant les restes des siècles de cruauté, et il ajoute :

---

(1) « Egalement heureux en vers et en prose (ce qui ne serait pas beaucoup dire, d'après l'article que cite Guiot), M. Guéniot, conclut Rivarol, tourne surtout le madrigal ».

> Je vois dans ce nouvel Alcide
> Mon libérateur et mon roi.
> Louis, poursuis ce monstre avide;
> Il disparaîtra devant toi.
> Quel triomphe pour ta jeunesse ;
> Il tombe aux pieds de ta sagesse,
> De tes États il est banni :
> Des bienfaits que tu nous dispenses
> La gloire est le prix : tu commences
> Comme Marc-Aurèle a fini.

Le poëte, par une licence très permise, fait découler du bienfait inestimable de la liberté rendue aux serfs la naissance du Dauphin, et les victoires de nos généraux en Amérique. Il termine son ode par une strophe sur la paix :

> Louis, la paix et la victoire
> Ont gravé ton nom sur l'airain.
> Je monte au temple de la gloire,
> J'ouvre le livre du destin :
> J'y vois la discorde enchaînée,
> L'indépendance couronnée,
> La liberté rendue aux mers;
> Ton trident a calmé leurs ondes.
> Vis pour le bonheur des deux mondes,
> Et sois l'amour de l'univers.

M. Guéniot a mis à la suite de son ode quelques notes, dans l'une desquelles il dit : « Il reste encore une servi-
« tude presque aussi dure que celle de la main-morte; c'est
« celle des rentes non rachetables dues au clergé. L'auteur
« a conçu et offre de communiquer un projet qui respecte
« les propriétés, qui conserve à perpétuité leur usufruit
« aux titulaires de ces rentes, qui procure au clergé un
« bénéfice de plusieurs millions, et qui délivre en même

« temps le peuple d'une chaîne éternelle. On ne voit
« guère, ajoute-t-il, de projets qui réunissent autant
« d'avantages que celui-ci. »

Assurément si ce projet est bien conçu, il mérite d'être accueilli et exécuté.

M. Guéniot a été couronné en 1784 pour une ode sur *l'Electricité*.

Guerentes (*Jean*), docteur en médecine à Rouen depuis 1623 (1). Chaque année fut marquée pour lui par quelque triomphe palinodique en sa patrie, durant dix ans. La première le fut par un second chant sur « l'huile odorante enclose dans la pierre ». L'or, qui résiste à l'eau-forte, fit le sujet d'une ballade en 1624, et il y joignit en la même année une ode française sur *les Noces de Cana*, ce qui n'était pas sans allusion au banquet du prince François de Harlay, qui la couronna. Un chant royal sur le *Pyragnus* lui valut la Palme en 1625 ; et les trois années suivantes, il remporta constamment le même symbole en peignant

> Le lis français que le foudre n'offense ;

en célébrant la valeur de *la Pucelle d'Orléans*, en décrivant *le Siège de la Rochelle*. Il revint à l'ode française en 1630 ; elle était sur *un Enfant* qui reçut la vie d'une mère qui venait de la perdre. *Un marbre* flottant sur les eaux fut la matière d'un sonnet couronné en 1631, et *la Terre de Gessen* d'un chant royal l'année suivante ; des stances sur *la Conception* cette même année

(1) Cette famille est citée à Rouen dès les premières années du xive siècle. L'un de ses membres, proche parent de Jean, est l'un « des plus habiles médecins » qui, en octobre 1562, aidèrent à « ressusciter » de Civille.

semblèrent être le *nec plus ultra* de son zèle académique. On s'empressa alors de se l'associer en qualité de juge examinateur. En 1617 il avait composé une hymne en forme de chant royal (1) sur la réforme de Jumiéges par François de Harlay, qui lui donna un bénitier d'argent.

Guérin (Pierre) du Rocher, ex-jésuite, supérieur des nouveaux convertis à Paris, né à Sainte-Honorine (2), diocèse de Séez, proche Falaise, le 1er mars 1731, avait professé la rhétorique à Rouen en 1755, et en cette qualité fut juge-né du Palinod de cette ville. Il s'est depuis immortalisé par un ouvrage qu'il n'a pu achever, intitulé : *Histoire véritable des temps fabuleux* « 1re partie, qui contient les temps fabuleux de l'Hist. d'Egypte dévoilés par l'histoire sainte » ; 3 vol. in-8º, Paris, Berton (3). Sur quoi l'on peut consulter *l'Année littéraire* 1776, nº 38, p. 169 ; — *les Annales politiques*, de Linguet, nº 12, p. 269 ; il suffira d'ajouter ce que l'abbé de Marolles en dit dans ses *Mélanges et fragments poétiques*, in-16, 1777 :

> Fière et docte Albion qui, dans un coin des mers,
> Prétends au premier rang de la littérature
> Pour avoir à nos yeux dévoilé l'univers
> Et le vrai plan de la nature.
> De tes discours hautains rabaisse enfin le ton :
> La France ta rivale ose égaler ta gloire,

(1) C'est l'envoi seul qui a la forme d'un chant royal.
(2) Aujourd'hui commune de Saint-Julien-le-Faucon, arr. de Lisieux, *Calvados*.
(3) Outre quatre éditions françaises, on en cite une belge. Liége, 1779 ; 4 vol. in-8º.

> Ce que pour la Physique l'a fait le grand Neuton
> Du Rocher l'a fait pour l'histoire.

Ce savant est mort à Paris, le 2 septembre 1792, précipité d'une fenêtre au séminaire des Bons-Enfants.

Guérin *(François-Robert) du Rocher*, ex-jésuite et missionnaire, frère du précédent, né à Saint-Julien-du-Repos, proche Falaise, diocèse de Séez, le 23 octobre 1736, avait le talent de la poésie grecque, latine et française. Il en fit hommage en ses derniers temps à la patronne du Palinod de Rouen. La pièce de poésie qu'il y présenta en 1786, a eu le double avantage d'être dans une des plus curieuses langues qu'aient parlé les hommes, et d'avoir pour objet la Sainte Vierge en la troisième année séculaire de l'institution du Puy de Rouen. Le début de son ode grecque rappelle un peu l'*Hymne au Soleil*, par l'abbé de Reyrac. Parmi les différents peuples dévoués au culte de Marie, le poète distingue les habitants de la Neustrie, contrée féconde en grands hommes, que les armes et les lettres ont rendu recommandable. Un tableau bien tracé met sous les yeux les fameuses expéditions des Normands, si célèbres dans nos annales. On y voit nos guerriers rendre tributaires de leur valeur l'Angleterre, la Sicile, etc. Le poète, en choisissant les vers saphiques et adoniques, a pris un genre de mètre un peu léger pour un sujet aussi grave. L'ode a néanmoins un tour élevé, de la pompe et de l'harmonie. Si l'on se fût néanmoins éloigné de la forme pindarique, on aurait pu éviter l'uniformité, varier les mesures et profiter de toutes les licences que comportent ces sortes d'ouvrages lyriques, comme a fait Léonard Villars dans l'ode imprimée à la fin du dernier Recueil de l'Académie. Comme le suivant n'a pas paru et n'aura point lieu, on va placer au moins ici cette pièce extraordinaire, traduite en français :

« Astre étincelant d'une éternelle lumière, que le Tout-
« Puissant a placé dans l'heureux séjour des saints pour
« y briller aux yeux de toutes les nations, et qui, pareil
« au soleil même, avez paru dans tout votre éclat dès le
« premier instant de votre course glorieuse ; vous en qui
« tout est pur, adorable et charmant, agréez nos humbles
« et tendres hommages, ô Marie, relevez le culte que doit
« le monde entier à celle qui a enfanté son Créateur et
« son Maître. Mère auguste d'un Dieu, qui, à ce titre
« merveilleux et inconnu aux mortels, avez uni celui de
« vierge sans tache et innocente, dont la beauté compa-
« rable à une rose toute fraîche encore, n'a jamais été
« ternie. C'est la double vérité que nous apprit à révérer
« en vous un ambassadeur du Très-Haut, cet ange des-
« cendu du ciel d'un vol rapide pour vous adresser les
« plus agréables comme les plus étonnantes paroles qui
« pussent jamais frapper vos chastes oreilles. Il vous
« félicita de ce qu'il n'y a rien en vous qui n'ait été
« l'ouvrage de la grâce, produit ou embelli et sanctifié
« par elle. Vous êtes née, ajouta-t-il, pour écraser d'un
« pied intrépide la tête de l'énorme et furieux dragon de
« l'enfer. Vous renfermez dans votre sein virginal, qui
« sera pour l'univers une source de bonheur et de gloire,
« le doux pasteur et le père de tous les peuples.

« Dès lors, les tranquilles et fortunés habitants du
« céleste palais arrêtèrent sur vous leurs regards pleins
« de respect et d'admiration : les monstres hideux du
« Tartare dans leur prison enflammée jetèrent des cris
« épouvantables ; troublés et consternés, ils poussèrent de
« longs et tristes hurlements. Chacun d'eux faisait retentir
« les voûtes infernales d'un bruit semblable à celui du

« tonnerre. La terre en même temps se réveille comme
« d'un profond sommeil, et, transportée de la plus vive
« allégresse, elle s'empresse de reconnaître sa libératrice
« et sa reine.

« Parmi les peuples nombreux qui environnent cette
« seconde nourrice des hommes, il n'en est point aussi
« qui dans tous les temps ait montré pour vous plus d'atta-
« chement et de zèle. Si une intrépidité à l'épreuve de
« tous les dangers, une vigueur et une audace héroïque,
« jointe à tous les talents et à un goût décidé pour tous
« les arts, forment le caractère de cette nation indus-
« trieuse et magnanime, il n'est pas moins vrai qu'une
« foi vive et sa piété envers vous est ce qui brille le plus
« avec elle.

« Heureux sentiment qui lui a mérité les plus constants
« et les plus admirables effets de votre aimable bonté. La
« belliqueuse Angleterre, les agréables contrées de la
« Grèce, Naples, la Sicile, les bords enchantés de l'Oronte,
« qui baigne les murs de la superbe Antioche, conservent
« encore d'illustres monuments de ses victoires, dont elle
« est redevable à votre puissante protection, ainsi que de
« cette inaltérable prospérité, de ces autres prodigieux
« succès qui ont rendu son nom à jamais fameux dans
« l'histoire. Ses braves et généreux guerriers qui éten-
« dirent leur domination sur tant de vastes États, comp-
« tèrent pour rien tous ces bruyants exploits, jusqu'à ce
« qu'ils eussent consacré uniquement au service de leur
« Souveraine et à la gloire de son divin Fils leurs armées
« triomphantes. Pleins d'une sainte ardeur, ils attaquèrent
« les Arabes brutaux et impies, qui osaient marcher inso-
« lemment sur le sol sacré que vos pieds augustes avaient
« touché. Votre patrie fut délivrée du joug de ses profa-
« nateurs impurs. Ils disparurent devant ses cohortes

« terribles, plus vite que l'aquilon ne chasse devant lui
« un léger tourbillon de poussière. La noble et florissante
« postérité de ces héros antiques vous appartient au
« même titre : elle vous est également dévouée. Leurs
« enfants se font gloire d'être à vous : c'est le même sang
« qui coule dans leurs veines; ce sont les mêmes senti-
« ments qui règnent dans les cœurs. Aussi votre tendresse
« pour eux est celle d'une mère à qui rien ne coûte, qui
« semble craindre d'aimer moins qu'elle n'est chérie, et
« dont la complaisance ne connaît point de bornes. Com-
« bien de faveurs inestimables, combien de dons inat-
« tendus ne leur prodiguez-vous pas ? Ne l'ont-ils pas
« reçu de vos mains bienfaisantes ce prince qui dès l'âge
« le plus faible fait aujourd'hui leur espérance et leur
« joie !

« Au moment qu'ils l'attendaient le moins, a paru
« ce gage précieux de votre amour pour eux, tel qu'un
« météore brillant, qui s'allume soudain au milieu d'une
« nuit obscure et paisible, et darde à nos yeux éblouis
« d'abord ses rayons gracieux. Vierge pure et sainte,
« aimable protectrice de l'empire des lis, cet enfant vous
« sera toujours cher ; sans cesse vous abaisserez sur lui
« des regards favorables. Permettez que nous le portions
« humblement au pied de votre trône.

« Dans cet asile redoutable, il n'a point à craindre les
« fureurs du farouche tyran de l'enfer. Ce monstre n'ose
« approcher de vous : il frémit, il tremble, lorsque ses
« yeux caves et pleins d'un feu sombre s'arrêtent sur vous.
« Il se souvient encore du coup accablant que vous lui
« avez porté ; sa blessure est sans remède, et se traînant à
« peine il sent qu'il peut être anéanti. Unissez vos vœux
« à ceux que je forme, peuple protégé de Marie et digne
« de l'être, vous surtout jeunes serviteurs et jeunes favo-

« rites de celle dont nous entourons les autels. La can-
« deur et l'innocence qui ornent votre front vous donne-
« ront auprès d'elle un facile accès ; que vos voix
« mélodieuses s'élèvent jusqu'à elle. Vos doux accords
« pénètrent la voûte majestueuse des cieux : une pluie
« abondante de biens ne cessera de tomber sur vos têtes.
« Marie veillera sur ce tendre rejeton d'une race féconde
« en princes justes et religieux, dont elle voit déjà une
« troupe réunie dans le ciel et conduite par le plus saint
« de nos rois.

« Le père digne d'être proposé pour modèle de tous les
« monarques, le fils destiné à nous en tracer la vivante
« image, tous nos princes ensemble feront le bonheur de
« la France ; toutes les nations qui savent goûter les
« douceurs de la paix sont dociles aux oracles de la raison,
« et se plaisent à admirer les charmes de la vertu. »

L'auteur estimable de cette pièce a eu le sort de son frère, le 2 septembre 1792, au même séminaire. Il s'était caché dans une armoire ; mais il n'échappa pas aux recherches et il fut le dernier victime dans cette maison.

Guerout, né à Fécamp, a été couronné par M. d'Estampes en 1738, pour une allégorie latine sur *le Jugement de Salomon*, au Palinod de Rouen.

Guerout (*François-Charles*), prêtre à Saint-Martin de Caen, professeur au collège du Mont en cette ville, a remporté quelques prix au Puy y établi, en 1766, 1770 et 1774. Sa première couronne fut méritée par une épigramme latine sur *Lysimachus*, la seconde pour des ïambes sur *Goliath*, la troisième pour des vers de la même nature en l'honneur de *M. de Miromesnil*. Trois autres années il ne donna pas d'autre forme à ses poésies à la gloire de M. de Janville et de M. Duperré, juges honoraires du Puy, et pour l'ouverture de ce Palinod en 1776, où après une invitation aux poètes, il prit pour sujet de l'ode qu'il y joignit : « l'Immortalité qui est assuré à la bravoure ».

Guéroult (Louis), de Rouen, jeune ecclésiastique trop tôt enlevé à l'Église et aux lettres, à la fin de 1774, avait reçu trois couronnes au Palinod de Rouen les années précédentes : en 1770, il avait pris pour sujet d'une allégorie latine le sacrifice de *Louise de France* dans l'ordre du Carmel, pièce intéressante à plus d'un titre, qui fut traduite alors par l'abbé Guiot en vers français ; l'année suivante, le nouveau lauréat exprima dans une ode latine *le Bonheur du Juste*, qui vit de la foi, suivant la pensée de l'Apôtre [Rom., I, 17]. Enfin la plus remarquable production de L. Gueroult fut un poème latin d'une certaine étendue sur *les Spectacles*. Le choix des citations serait embarrassant : on peut d'ailleurs voir les pièces mêmes dans les Recueils de l'Académie.

Guilbourt, plein de la lecture de Claudien et de ce que dit de la vertu ce poète élégant :

Ipsa quidem virtus pretium sibi (1).....

fit passer toutes les beautés de sentiment du Romain dans notre langue dans une ode couronnée au Palinod de Rouen en 1754 :

---

(1) C'est le début du panégyrique qu'a écrit Claudien sur le Consulat de Théodore. Les commentateurs observent que c'est une pensée chère à l'antiquité. Les moralistes chrétiens ne l'adopteraient pas sans objections.

. . . .
Vous dont le rang seul fait la gloire,
Cessez de flatter votre orgueil :
Sans la vertu, votre mémoire
Vous suivra de près au cercueil.
La vertu fait tout notre lustre ;
C'est elle et non un rang illustre,
Qui rend les hommes immortels ;
Et leurs tombeaux que l'on encense,
Sont, par sa suprême puissance,
Moins des tombeaux que des autels.
. . . .

Guilhermier, de Bolini, en Provence, remporta en 1768 le prix extraordinaire proposé par le Palinod de Rouen pour la meilleure ode sur *la Résurrection*.

. . . .
Tu t'applaudis, race perfide,
Ton vœu cruel est satisfait ;
Et la synagogue homicide,
Jouit du prix de son forfait.
Tu dis dans ton aveugle rage :
« J'ai proscrit la tête du Sage,
« Le tombeau couvre ses vertus.
« Par lui fut ma gloire outragée ;
« Mais son supplice l'a vengée,
« Et mon ennemi ne vit plus. »

Insensés ! quelle erreur extrême !
Libre dans les bras du sommeil
Se repose l'Être suprême ;
Voici l'instant de son réveil.
O mort, tu vas le reconnaître
Pour ton vainqueur et pour ton maître ;

>   Les temps prédits sont révolus.
>   Lève-toi, Seigneur ; et le monde
>   Rougi du sang qui le féconde
>   Va se peupler de tes élus.

>   . . . .

>   Il vit : sa vertu triomphante
>   Perce les enfers étonnés,
>   Et sa présence étincelante
>   Frappe les gardes consternés.

>   . . . .

Guillebert (*Nicolas*), prêtre de Rouen, auteur de plusieurs pièces de poésies palinodiques qui se trouvent dans le Recueil d'Adrien Boccage, pages 16, 19, 24, 147 et 139. Ce sont des stances, une ode française, toutes sur la Conception ; un sonnet sur *la Perle*, autre que celui couronné en 1612 au Palinod de Rouen, commençant par « Astres luisants, etc. ». Trois ans après, il remporta le deuxième prix des stances ; la signature porte, il est vrai, « par Pompône le Roux de Tilly », mais on lit de suite « par M. Guillebert » ; ce qui signifie qu'en l'absence de l'auteur, sa pièce fut lue par M. de Tilly. En 1627, il reparut encore dans la lice et y remporta le premier prix des stances. Elles étaient sur *le Péché originel*, il reçut ce prix des mains de M. Hallé d'Orgeville.

Ce qu'on peut citer de cet auteur, pour donner une idée de sa manière, est son sonnet sur *la Perle*.

>   Lorsque laissant son vieillard chassieux
>   L'Aurore espand ses larmes de rosée,
>   De cette humeur la conque disposée
>   Conçoit la perle agréable à nos yeux.

>   Ainsi, plorant le mal de nos aïeux,
>   L'humanité de grâce déposée,

De l'Eternel la clémence arrosée,
Vierge, conçut votre corps précieux.

L'Egyptienne en dépense excessive
Corrompt la perle et sa beauté naïfve
Dans la liqueur d'un vinaigre espanché ;

Mais, franchissant l'ordonnance fatale,
Votre beau lustre, ô perle orientale,
Ne se corrompt en l'aigreur du péché.

V. sur ce poète français l'abbé Goujet dans sa *Bibliothèque française*, t. XV, p. 347. Nic. Guillebert est mort curé de Rouville, diocèse de Rouen (1).

Guillemot (Alexandre) se distingua au Palinod de Rouen, particulièrement dans le genre lyrique, et commença à s'y voir couronner en 1630. Un *Oiseau* extraordinaire, qu'il ne nomme cependant pas, l'éclat de *l'Aurore*, le *Prix de la Perle*, la *Naissance du Dauphin*, une *Image miraculeuse* de la Vierge à Arras, tels furent les différents sujets de ses odes françaises; toutes lui valurent le Miroir d'argent de la fondation, excepté la première qui n'ayant eu que l'accessit fut cependant récompensée d'une turquoise.

(1) D'autres disent de Berville. La bibliographie de ce laborieux curé est insuffisante ; en voici un complément quelconque : Sa traduction de *Maxime de Tyr* a été réimprimée. — Sa *Paraphrase des Psaumes* a eu au moins quatre éditions : Rouen, 1620 ; Paris, 1638, 1645, 1647, in-8º. — *Les Proverbes de l'Ecclésiaste paraphrasés*; Paris, 1627, in-8º. — *Les Proverbes de Salomon, expliqués en forme de paraphrase*; Paris, 1633, in-8º. — *L'Ecclésiastique paraphrasé*; Paris, 1635, in-8º. — *Le Pastoral de S. Grégoire*; Paris, 1635, in-8º. — *Le Conducteur conduit, ou la Joséphine de J. Gerson, traduite et paraphrasée*; Paris, 1645, in-8º. — *L'Histoire évangélique de N.-S.*; Rouen, 1652. — *Paraphrase sur toutes les Epîtres, Evangiles*, etc.; Rouen, 1655, in-8º.

Vous qui au clair de la lune
Sur les eaux tenez le bal,
Belles nymphes de Neptune,
Sortez de vostre canal
Pour venir sur le rivage
Voir un oiseau gracieux,
Dont la beauté du plumage
Et la douceur du ramage
Charme l'oreille et les yeux.

L'azur, le pourpre et l'ivoire
De l'arc en ciel paraissant
Comme amoureux de sa gloire
Vont sa plume embellissant

. . . .

De ses confuses couleurs,
Qui fait que la belle aurore
Lorsque le jour se redore
De honte en jette des pleurs.

Une amoureuse nayade
Pour le surprendre dans l'eau,
Est toujours en embuscade
Au pied de quelque roseau :
Thétis qui d'envie est pleine
Vient traverser leurs amours
D'une course si soudaine
Que le courant de la Seine
En déborde à contre-cours.

Les autres poésies de Guillemot consistent en deux chants royaux, l'un sur

L'arbre immortel dans une eau pestifère

qui mérita la palme en 1636; l'autre sur un autre

Arbre qui prend d'un bois mort sa naissance

pour lequel il eut également le premier prix en 1640. On trouve encore un chant royal donné en 1669, et portant son nom ; mais ces derniers vers pourraient bien n'être pas du même poète. Ils sont sur *les Travaux d'Hercule* et adressés à Hercule de Rohan,

<blockquote>Prince guerrier, grand héros de notre âge,</blockquote>

Prince au Palinod en l'année 1626.

Guillermet, professeur au collège de Rouen. Le Palinod de cette ville avait proposé en 1767 un prix extraordinaire pour la meilleure ode française sur le Déisme. M. Guillermet ne le remporta pas, quoi qu'il eût travaillé sur cette matière ; mais on lui adjugea le Miroir, prix accoutumé de l'ode française. Cette pièce est anonyme dans les Recueils ; mais elle lui est rendue dans le catalogue des auteurs couronnés. Sept ans après, il obtint le même prix pour une autre ode française sur le *Bonheur de la France* sous Louis XVI.

Guillot, de la Faculté de droit à Caen, couronné au Puy de Rouen en 1759 pour une ode iambique sur *Susanne.*

Guillots (noble homme *Pierre de*), sieur de Touffreville, était le cent dix-septième dans la nomenclature des Princes et confrères du Palinod de Rouen au XVIe siècle. Il fut second consul en cette ville en 1587, avec le titre de conseiller notaire et secrétaire du roi.

Guingnart ou simplement *Guignard,* apothicaire, dont la Croix du Maine parle dans sa *Bibliothèque française* [I, 357], et qu'il dit avoir fait des chants royaux imprimés à Rouen en 1520, ou environ, est aussi mentionné page 53 dans le Recueil du P. Vidoue, qui parut en effet vers ce temps. Le chant royal qui porte son nom est ainsi annoncé :

> Cet air si pur que je veulx dire,
> C'est Marie en concept sans tache ;
> Et le port que je nomme grâce
> J'entends le divin ciel Empyre ;
> L'air infect qui tout corps empire,
> C'est péché régnant lors au monde ;
> Le triacleur (1) faux et immonde,
> C'est Sathan des maulvais le pire.

Il s'agit d'une épidémie ou d'une peste dont l'auteur fait le tableau et qu'il attribue à quelque charlatan de son temps, dont peut-être il veut faire la satire.

> . . . .
> Devant cet air causant peste mortelle,
> Soubs beau parler farcy de menterie,
> Ung triacleur, inventeur de cautelle (2),
> Venant du port de la grand Tartarie,
> Pour préserver baillait par tromperie
> A l'homme sain, délicat et sensible,
> Venin infect, au corps humain nuisible.
> Si que par luy chascun souffrit douleur,
> Jusqu'à ce jour que, contre sa fallace,
> Dieu procréa, en puissance et valeur,
> L'air cler et pur venant du port de grâce (3).
> . . . .

(1) Triacleur est pour *thériaqueur*, inusité, c'est-à-dire, marchand d'orviétan, charlatan.

(2) Variantes du texte de Vidoue : « *Inventif* de candelle... délicat, *insensible*.

(3) Y aurait-il là quelque allusion à la ville du Havre, qui se fondait alors ?

Guiot (*Joseph-André*), chanoine régulier en l'abbaye royale de Saint-Victor à Paris, poète lauréat, juge vétéran, ancien secrétaire et historiographe du Palinod de Rouen, sa patrie, etc., né en cette ville le 31 janvier 1739 (1). Auteur de plusieurs pièces de vers latins couronnées par cette Académie, telles qu'une allégorie latine sur *la Victoire de Saint-Caast* (2) par le duc d'Aiguillon, 1758; une autre allégorie sur *les Enfants de la fournaise*, l'année suivante; et une troisième sur *Wesel*, en 1760; avec une ode saphique sur *le Péché originel*; invitation aux poètes en vers latins pour l'ouverture des séances publiques, en 1764 et 1766; *Discours* préliminaires, en 1766 et 1767; plusieurs Éloges de Princes et de juges de l'Académie; traduction en vers français et latins de quelques pièces couronnées; Edition des Recueils de poésies dont les prix avaient été remportés depuis 1760 jusqu'à 1767; un poème latin intitulé *Tumulus Joan. Sassii*, un autre sur l'arrivée de Joseph II à Rouen, etc.; enfin une Histoire manuscrite de l'Académie de la Conception, comprenant les *Trois siècles* de son existence en 3 vol. in-f° partagés en 6 livres (3); tel est l'aperçu de ses

---

(1) Les *Affiches de Normandie* (14 mars 1776) ont inséré de lui trente distiques sur l'entrée solennelle de Mgr de Séez dans son diocèse.

(2) Une descente des Anglais sur les côtes de Bretagne y fut brillamment repoussée, le 11 septembre 1758. (Barbier, *Journal*, VII, 93; éd. 1866.)

(3) On connaît de l'abbé Guiot sur les Palinods:

Les trois siècles palinodiques. C'est l'ouvrage que publie aujourd'hui la Société de l'Histoire de Normandie.

Histoire de l'Académie de l'Immaculée-Conception, 1776-1782; 362 pp.

Idem, « livre VIe et dernier »; 382 pp.

Table chronologique des Princes ou présidents, etc.; 198 ff.

veilles pour le maintien de cette Société littéraire, durant plus de trente ans, à l'exemple de la Loubère qui releva aussi les Jeux floraux.

Considéré ensuite comme prêtre (car les ouvrages dont on vient de parler n'étaient que pour remplir les moments que lui laissait l'exercice de son ministère), on le trouvera pendant quinze ans sur toutes les listes des stationnaires d'Avant et de Carême dans la capitale. Il la quitta en 1785 pour desservir et rebâtir un prieuré de son ordre à Corbeil. Après la suppression de ce bénéfice, Melun fut le théâtre de son zèle et de nouvelles épreuves; partout il fut plaint et regretté. Outre ses sermons, il a laissé beaucoup de matériaux pour l'Histoire de Normandie, surtout dans la partie littéraire. Résidant à Corbeil, il en rechercha les antiquités et en donna une notice périodique pour les années 1789 et 1790. Il comptait en faire autant, durant son séjour à Melun; mais les circonstances ne lui ayant jamais été favorables, rien d'achevé n'est sorti de sa plume. Il sera cependant toujours à citer en preuve de ce que, sans des talents de premier ordre, l'on peut faire avec du zèle et du travail (1).

Règlements et délibérations de l'Académie...; 118 pp.
Chants royaux, ballades, etc.; 2 vol. de 134 et 102 pp.
Chants royaux, etc., les 116 premières pages.
(*Catalogue Omont*, nos 1059, 1061, 1066, 2677-2681.)

La meilleure récompense que Guiot reçut de ses longues recherches fut l'analyse qu'en entendirent les membres du Palinod aux deux dernières séances de cette Académie (1787 et 1788). Cette analyse resta incomplète parce que la séance de 1789, d'abord remise, n'eut pas lieu (*Ms. des Trois siècles*, pp. 406-408).

(1) M. de Duranville avait recueilli dans sa bibliothèque un *Recueil des Palinods de 1776-1781*, précieux par les pièces annexes qui le terminent. Car les *Adieux d'un curé à ses paroissiens,* ouvrage

V. le *Moréri des Normands*, in-fol. ms.; la *France littéraire*, t. IV; les *Siècles littéraires* (1), etc.; ses *Mémoires* olographes (2).

Guyot (Pierre-François) Desfontaines, né à Rouen le 29 juin 1685 d'une bonne famille; entra chez les jésuites en 1700 et en sortit quinze ans après, pendant qu'il régentait la rhétorique à Bourges (3). Il devint curé de Thorigny en Normandie (4), quitta son bénéfice qu'il ne desservit jamais, et fut un des plus fameux critiques de

---

anonyme de Guiot (1802), mentionnent en forme d'annonces au dernier feuillet (p. 60) quelques écrits de Guiot que personne n'a cités :

Chant de Paix ou nouvelle paraphrase du *Te Deum*; Corbeil, 1801, in-18 ; et en distiques latins.

Cérémonie de la Confirmation à Corbeil ; item.

Poème latin en vers élégiaques, au concours de la Société litt. de Rotterdam; plus de 300 v., texte gravé; Paris, s. d. 15 pp. Cette brochure est reliée dans le vol.

Guiot ayant consigné dans cette bibliographie plusieurs cantiques, il ne semble pas téméraire de lui attribuer les deux cantiques qui terminent le recueil :

« *Cantique d'actions de grâces*, chanté par les demoiselles de Saint-Nicolas-du-Chardonnet..., le 26 février an XII (1804), à l'occasion de la messe solennelle pour la conservation des jours du PREMIER CONSUL » ; Paris, Egron, s. d., 4 pp.

« *Cantique en l'honneur de saint Thomas de Cantorbéry*, patron de Boissy-sous-Saint-Yon, près Arpajon, pour le jubilé de 1804 »; s. l. n. d., 4 pp. Il doit manquer un feuillet pour les notes.

(1) Il s'agit des *Siècles littéraires de la France*, par le Normand Des Essarts ; Paris, 1800-1803, 7 vol. in-8o.

(2) Ils sont publiés en tête du volume, à la suite de l'Introduction, pp. 13-36.

(3) Il l'avait d'abord professée à Rennes. A cette période de sa vie remontent quelques poésies religieuses.

(4) Arr. de Saint-Lô, *Manche*.

son siècle (1). Comme Fontenelle, il avait fait l'essai de ses talents sur le même Palinod à Rouen en 1699. Il y fut couronné pour une allégorie latine sur *Métellus* délivré de la mort par son fils (2) : on peut consulter pour le reste de ses ouvrages et les particularités de sa vie, tous les dictionnaires et les bibliographes. Il mourut à Paris le 16 décembre 1745, à soixante ans.

SUPPLÉMENT

Graville (Anne de), dont on a parlé dans cet ouvrage à l'article Cauquinvilliers, était fille de l'amiral de France de ce nom sous Louis XI, Charles VIII et Louis XII (3). Épouse de P. de Balzac, seigneur d'Entragues. Le marquis de Paulmy possédait dans la belle Bibliothèque de

---

(1) Cet éloge n'a rien d'excessif. Avec ses tendances très libérales, Hatin l'a plutôt accentué dans son *Histoire de la Presse* (II, 337, 1re éd.), et dans sa *Bibliographie de la Presse*, p. 43.

En 1785, Crignon le plaçait ainsi en tête de son ode sur les *Grands Hommes de Normandie* :

> Aristarque renaît ; j'entends ses lois sévères.
> Tremblez, du docte mont assaillants téméraires,
> Tremblez : le dieu du goût lui remet son flambeau.
> Desfontaines vous interroge ;
> Votre haine, vos cris font son plus bel éloge.
> Il s'assied sur le Pinde entre Horace et Boileau.

Une note ajoute qu'en 1724 l'abbé Desfontaines « ressuscita » le *Journal des Savants*.

(2) Sa première publication est un petit recueil d'inscriptions latines pour les fontaines de Rouen, qu'il imprima dès 1704. M. Bouquet en a donné en 1873 une savante édition pour les Bibliophiles normands.

(3) Le souvenir de Louis Malet de Graville a été naguère renouvelé non seulement par la découverte de son cœur dans l'abbaye de ce nom, mais mieux encore par la belle *Etude* qu'a publiée M. Perret, archiviste paléographe. Paris, 1889 ; in-8°.

l'Arsenal, à Paris, un manuscrit des poésies de cette dame, très bien écrit sur vélin et orné de douze belles figures. Il y a apparence que ces poésies n'ont jamais été imprimées. Elles consistent en trois pièces dont la plus considérable est le roman en vers de deux amants *Palémon et Arecte*, et de la belle et sage *Emilia*, sujet tiré de la *Théséide* de Boccace, et qui en forme la seconde partie. On cite plusieurs morceaux de ce roman versifié par Anne de Graville, lesquels donnent une idée favorable de son talent poétique dans le genre gracieux. L'ouvrage finit par « une grande diatribe contre les jeunes gens indiscrets, et « ceux qui se vantent des bonnes fortunes qu'ils n'ont « jamais eues. Aurait-elle donc, dit l'auteur, trouvé de ces « insolents sur son chemin, et étaient-ils communs à la « cour de Louis XII ? » Ce qu'il y a de sûr, c'est qu'elle aimait fort la discrétion ; car elle avait pris pour devise : *Va, n'en dis mot.*

(*Mélanges tirés d'une grande Bibliothèque*, Recueil G, par le marquis de Paulmy (1), cités dans *l'Esprit des Journaux*, 1781, p. 123.)

Gravois·(*Marc-Antoine*). Il est fait mention de ce religieux dans la *Bibliandrothèque* de Corbeil, livre II, en ces termes :

---

(1) Paulmy y analyse assez longuement les œuvres de cette femme poète et en fait quelques citations (p. 67-82). Il remarque, non sans surprise, que ses poésies comprennent la première épître insérée dans toutes les éditions sous le nom de Clément Marot.

Anne de Graville est aussi l'objet d'une bonne notice dans Du Verdier, *Bibl. fr.*, I, 81-83. On y voit que le roman de Boccace fut traduit « par le commandement de la reine Claude, femme de François 1er ».

Appendice (1) *et tu* Graviere *frueris amore,*
Natalis quamvis Itala terra tibi;
De puro *mecum bene sentis Virginis* ortu,
Hinc bene semper oles tu mihi, et usque places.

Groulard (*Claude*) (vide supra). *Claudii Grularti in supremo Normaniæ Senatu Præsidis obitus, oratio Joan Roënni.* Parisiis, Jacquin; 1608, in-8°.

Guernier (*Nicolas du*), *Garnier* ou *Grenier*, « Normand, dit la Croix du Maine, poète latin et français, l'an 1536. Jean le Blond le loue fort en son livre qu'il a intitulé *le Printemps,* imprimé au dit an (2). »

Guerville (*Jacques*), né à Caen en 1630 ; il y est mort le 18 juin ....; a fait un office de la Compassion de la Sainte Vierge (3).

---

(1) C'est à tort que Guiot (car la *Bibliandrothèque* est de lui) a fait longue la pénultième de ce mot.

(2) *Bibliothèque française*, II, 164, éd. 1772. Cette édition porte : *Nicolas du Guernier,* et ajoute : « C'était son vrai et unique nom ». La remarque a son prix, car elle prévient toute confusion avec le théologien Nicole Grenier, dont il reste de nombreux ouvrages.

(3) Guerville, curé de N.-D. de Caen, mourut dans cette ville en 1676. On cite de lui quelques livres de piété. Ses *Vérités de la religion chrétienne,* publiées en 1672, ont eu au moins quatre éditions avant 1735.

FIN DU TOME PREMIER

ADDITIONS

Page 19. — Guiot eût résumé avec fruit sur la bibliothèque de Saint-Victor ce qu'en a dit Piganiol de la Force dans sa *Description de Paris* (IV, 668-672 ; éd. 1742).

Page 146, n. — On cite des refus de sacrements à Caen, à Dieppe et à Verneuil. Le cas de cette dernière ville fut discuté par l'assemblée générale du clergé de France, et donna occasion à quatre publications sans lieu ni date (la plus courte porte pourtant : « imprimé à Rouen ») qui renferment près de 400 pp. in-12.

Page 202, art. Coste. — Le vers

Nec primam similem visa est nec habere sequentem

date du IVe siècle et a pour auteur le poète chrétien Sedulius (*Carmen pasch.*, II, 68). On le retrouve dans une homélie faussement attribuée à S. Bède (*Patrol. lat.* XCIV, 421, D.) et aussi dans S. Bernard (*Hom.* IV *sur l'Assomption*, n° 5 ; t. I, p. 2153, A.-B., éd. Gaume). Par une fortune plus honorable encore, l'Eglise l'a officiellement inséré dans sa liturgie, aux laudes de Noël, et plus tard aux vêpres de la fête du 18 décembre.

Page 333, art. Guérente. — Voir sur ce personnage un intéressant article de M. Héron dans *la Normandie* du 1er juin 1898.

www.ingramcontent.com/pod-product-compliance
Lightning Source LLC
Chambersburg PA
CBHW070851170426
43202CB00012B/2037